Voir au N° 15877 — 8 vol. in 8°
le grand ouvrage d'al. Lenoir
sur le Musée des monuments français

DESCRIPTION

HISTORIQUE ET CHRONOLOGIQUE

DES

MONUMENS DE SCULPTURE,

RÉUNIS AU MUSÉE

DES

MONUMENS FRANÇAIS.

AVERTISSEMENT.

Cet ouvrage, orné de gravures au trait, sera divisé en quatre volumes qui paraîtront successivement. Le prix de chaque volume qui contient quarante planches environ, est de 6 francs (1).

---

(1) Pour prévenir les contrefaçons, et avoir le droit de poursuite contre les contrefacteurs, il sera fait à la Bibliotheque nationale un dépôt, conformément à la loi, de chaque volume et des gravures.

DESCRIPTION

HISTORIQUE ET CHRONOLOGIQUE

DES

MONUMENS DE SCULPTURE,

RÉUNIS AU MUSÉE

DES

MONUMENS FRANÇAIS;

Par ALEXANDRE LENOIR,

Conservateur et Administrateur de ce Musée;

Augmentée d'une dissertation sur la Barbe et les Costumes de chaque siecle; et suivie d'un traité de la Peinture sur verre, par le même auteur.

Cinquieme édition, corrigée et augmentée. Prix, 2 fr. 40 cent. pour Paris, et pour les départemens, 3 fr. 60 cent. franc de port.

A PARIS,

Chez { l'Auteur, au Musée, rue des Petits-Augustins.
LAURENT GUYOT, graveur.
GIDE, Imprimeur-Libraire, place Sulpice, n°. 547.
H. AGASSE, Impr.-Libr., rue des Poitevins, n°. 18.

AN VIII DE LA RÉPUBLIQUE.

TABLE DES MATIERES.

Avant-propos.   Page   1
Ttableau des artistes cités dans cet ouvrage.   21
INTRODUCTION.   25

ARCHÉTYPES ANTIQUES.

N°. I.	Tombeau égyptien.	50
I (*bis.*)	Pierre sépulchrale chargée d'une inscription.	52
II.	Pierre sépulchrale avec inscription.	53
III.	Pierre sépulchrale avec inscription.	54
IV.	Pierre sépulchrale avec inscription.	55
V.	Inscription grecque.	56
VI.	Pierre sépulchrale avec inscription.	57
VII.	Pierre sépulchrale avec inscription.	58
VIII.	Pierre sépulchrale avec inscription.	ibid.
IX.	Bas-relief antique.	ibid.
X.	Marbres d'Athenes.	59
XI.	Inscription grecque.	61
XII.	Statue de Bacchus, antique grec.	63
XIII.	Statue de Méléagre, antique grec, l'origine de cette divinité.	65
XXI.	Bas-relief, représentant Silene.	71
XXII.	Bas-relief antique, représentant une fête.	ibid.
XXIII.	Bas-relief antique romain.	73
XXXIV.	Vase en albâtre.	74
XXXV.	Pierre sépulchrale du Bas-Empire.	ibid.
XXXVI.	Bas-relief allégorique du Bas-Empire.	ibid.
XXXVII.	Bas-relief du premier style grec.	76

MONUMENS FRANÇAIS.

MONUMENS CELTIQUES.

De l'origine des arts chez les Gaulois.	86
1. Autel érigé à Jupiter par les Parisiens.	90
Costume des Gaulois.	98

ij   TABLE

N°.   2. Autre autel.   Page 99
       3. Suite du même autel.   105
       4. Débris du même monument.   108
     423. Monument à Nehalennia.   110

MONUMENS DU MOYEN ÂGE.

       De l'origine des arts en France.   114
       Armures des Français sous Clovis.   120
    5. Tombeau de Dagobert, statue de
       Nantilde, sa femme.   123
    6. Tombe qui couvrait Childebert.   ibid.
  424. Tombeaux de Morard et d'Ingon.   124
       Description du tombeau de Morard.   126
       Description du tombeau d'Ingon.   129
       Description des étoffes trouvées dans
       ces tombeaux.   130 et 131
  425. Pierre sépulchrale de Clotaire.   131
  426. Pierre sépulchrale de Berthrude.   132
       Description des sieges de ce tems.   ibid.
       Description de la chevelure et orne-
       mens de tête.   ibid.
       Dessins des rois Mérovingiens qui se
       voyaient au portail de Saint-Denis.   ibid.
  427. Pierre sépulchrale de Childéric.   133
    7. Tombe qui couvrait Frédégonde   134
       Dessin des figures de Chilpéric et de
       Frédégonde qui se voyaient au portail
       de Notre-Dame.   135
  428. Tombeau de Charlemagne.   ibid.
       Armures sous Charlemagne.   136
    8. Statue en bois de la Vierge.   137
       Peinture à l'eau d'œuf, préparation de
       cette peinture.   138

MONUMENS DU TREIZIEME SIECLE.

       Description de la salle du 13°. siecle,
       et dissertation sur l'état des arts à
       cette époque.   139
    9. Pierre sépulchrale de Clovis.   141
       Costume de ce prince.   ibid.

DES MATIERES. iij

N°. 10. Pierre sépulchrale de Clovis II. Page 142
11. *Idem*, Charles Martel. ibid.
12. Statues couchées de Pepin et de Berthe. 143
13. Statues couchées de Carloman et d'Ermentrude. ibid.
14. Statues couchées de Louis et de Carloman, son frere. ibid.
15. Statue couchée de Eudes. ibid.
16. Statue couchée de Hugues Capet. 144
Description des costumes de ce tems. ibid.
17. Statues couchées de Robert le Pieux et de Constance d'Arles. 145
Invention de la musique à plusieurs tons. ibid.
18. Statue couchée de Philippe de France. ibid.
19. Statue couchée de Constance de Castille. ibid.
20. Pierres gravées en creux. 146
Costumes des sergens d'armes. ibid.
21. Tombe émaillée de Louis de France. 147
22. Statues couchées de Louis de France, et de Jean son frere. ibid.
23. Statue en pied de Louis IX. 148
24. Statues couchées et en marbre de Philippe III et d'Isabelle d'Aragon. 149
Premieres marques de distinction accordées aux artistes. 150
25. Statue de Pierre d'Alençon. ibid.
Description des costumes, dissertation sur la barbe. ibid.
26. Statue de Charles de France, roi de Sicile. 152
27. Bas-relief, représentant Louis et Philippe, petits-fils de Louis IX. 153
28. Statue en pied de Marguerite de Provence. ibid.
29. Statue en marbre de Robert, comte de Clermont. ibid.
30. Statue en pierre de Childébert. ibid.
31. Statue de la Vierge. 154
32. Bas-relief, représentant des sujets de dévotion. ibid.
33. Bas-relief en marbre, représentant Saint-Denis, etc. ibid.

iv TABLE

N°. 34. Bas-relief en pierre, représentant les armes de France de ce tems. Page 155
35. Bas-relief en pierre, représentant Saint-Hyppolite. ibid.
36. Buste inconnu. ibid
37. Piece d'orfevrerie de Raoul, orfevre de ce tems. ibid.
Idem. Trois bas-reliefs en albâtre de Lagni. 156
429. Pavé mosaïque; autre pavé gravé en creux. ibid.
Projet de faire de l'abbaye Saint-Denis un marché couvert. ibid.
Descriptions de ces pavés; description de l'abbaye de Saint-Denis. 157
430. Bas-relief en pierre, représentant un sujet de dévotion. 158
431. Fragment d'un autel orné de peintures de ce tems. 159
432. Bas-relief en albâtre, représentant l'Annonciation. ibid.
433. Autre bas-relief orné de véroteries. 160
434. Pierre chargée d'armoiries en verres de couleur. ibid.
435. Bas-relief, représentant la vie de Saint-Benoît. ibid.
436. Autre bas-relief, représentant la vie de la Vierge. ibid.

MONUMENS DU QUATORZIEME SIECLE.

Dissertation sur l'état des arts à cette époque. 161
38. Statue en marbre et couchée de Marguerite, comtesse d'Evreux. 162
39. Statue, *idem*, de Philippe IV, *dit le Bel*. ibid.
Invention de la boussole, par Flavio Goya. ibid.
Dissertation sur les costumes de ce tems. ibid.
40. Statue couchée de Louis X, *dit le Hutin*. 163
41. Statue, *idem*, du petit roi Jean. ibid.
42. Voyez le n°. 29. 153
43. Statue couchée de Louis, comte d'Evreux. 164

DES MATIERES.

	Dissertation sur les animaux que l'on voit aux pieds des statues.	Page 164
Nº. 44.	Statue couchée de Blanche, la jeune.	165
45.	Statue couchée de Philippe V, *dit le Long*.	ibid.
46.	Statue couchée de Charles d'Alençon.	ibid.
47.	Statue couchée de Charles IV, *dit le Bel*.	166
48.	Statue couchée de Charles d'Estampes.	ibid.
	Epoque des armes à feu.	ibid.
49.	Deux statues en albâtre, représentant la Vierge.	ibid.
50.	Statue couchée de Guillaume de Chanac.	167
51.	Satue couchée de Jeanne de Navarre.	ibid.
	Mort tragique de cette femme.	168
52.	Statue couchée de Philippe de Valois.	ibid.
	Dissertation sur les costumes de ce tems.	ibid.
53.	Statue couchée de Jean II, *dit le Bon*.	169
54.	Statue couchée de Marie d'Espagne.	170
	Note sur les costumes des femmes.	ibid.
55.	Statue couchée de Jeanne, veuve de Charles-le-Bel.	ibid.
56.	Statue couchée de Jean de Dormans.	ibid.
57.	Statue couchée de Blanche, fille de Philippe de Valois.	171
58.	Statue couchée de Jeanne de Bourbon.	ibid.
59.	Les statues couchées de Bertrand Duguesclin et de Louis de Sanierre.	ibid.
60.	La statue couchée de Charles V.	172
	Bas-reliefs en bois, représentant la Passion.	ibid.
	Fondation de l'académie de Saint-Luc.	ibid.
	Fondation de la premiere bibliotheque publique.	ibid.
61.	Statue couchée de Marguerite de Flandres.	ibid.
62.	Statue en pied de Béatrix de Bourbon.	173
63.	Une statue, représentant Sainte-Geneviève.	ibid.
64.	La statue couchée de Blanche de France.	ibid.
437.	La statue à genoux de Pierre d'Orgemont.	174
65.	La statue couchée de Léon de Lusignan.	ibid.
438.	La statue en pied de Marie de Bourbon.	ibid.

a 3

TABLE

N°. 67. La statue couchée de M. de Braque. Page 175
68. Petite statue de Vierge. ibid.
69. Idem. ibid.
70. Trois petites statues, idem. ibid.
71. Quatre statues de la Vierge. 176
72. Voyez le n°. 91. 191
73. Un bas-relief en pierre à porc. ibid.
    Description de cette pierre volcanique. ibid.
74, 75 et 76. Modeles d'architecture. ibid.

MONUMENS DU QUINZIEME SIECLE.

Description de la salle, et dissertation sur l'état des arts à cette époque. 178
Tableau des dépenses faites pour la construction de cette salle. 180
77. Statue couchée de Louis de France. 181
78. Statue, idem, de Valentine de Milan. ibid.
79. Statue, idem, de Pierre de Navarre. 182
80. Les statues de Philippe d'Orléans et de Charles son frere. ibid.
Poésie de Charles d'Orléans. 183
81. Statue couchée de Charles VI. 184
Invention des cartes à jouer. ibid.
82. Les statues à genoux de Juvenel des Ursins et de Michelle de Vitry. ibid.
83. La statue couchée de Jeanne de Betfort. 185
84. Idem, d'Isabelle de Baviere. 186
439. Statue couchée de Philippe de Morvilliers, et le buste de Jeanne du Drac. ibid.
85. Buste de Charles VII. ibid.
Colonne arabesque. 187
86. Statue couchée de Catherine d'Alençon. ibid.
87. Le buste de Marie d'Anjou. 188
Description des costumes sous Charles VII. ibid.
88. Bas-relief en pierre. 189
89. Statue couchée de Tannegui du Châtel. 190
90. Deux petites statues de la Vierge. ibid.
91. Squelette en albâtre. 191
440. Bas-relief en pierre. ibid.

DES MATIERES.

N°. 441. Deux colonnes ornées d'arabesques. Pag. 192
442. Quatre statues en pierre, représentant des Apôtres. ibid.
92. Meuble en bois. ibid.

MONUMENS DU SEIZIEME SIECLE.

Dissertation sur l'état des arts à cette époque, description de la salle. 193
443. Buste de Louis XI. 195
93. Monument de Philippe de Comines. ibid.
444. Pilastres arabesques. 196
Destruction du tombeau de Charles VIII. 197
Description des costumes sous Charles VIII. ibid.
94. Description du tombeau de Louis XII. 198
445. Statues couchées de Louis XII et d'Anne de Bretagne. 199
446. Buste en marbre de Louis XII. 200
95. Monument de Renée d'Orléans. ibid.
96. Statues couchées de Louis Deponcher et de Roberte-le-Gendre. 201
447. Description du tombeau de Philippe Villiers, de l'Isle-Adam. ibid.
97. Statue en bronze d'Albert de Carpi. ibid.
Portrait d'Erasme. 203
98. La statue de Philippe Chabot. ibid.
99. Description du monument de François Ier. 204
Tableau des personnages célebres de ce siecle. 206
448. La statue couchée et en marbre de François Ier. 207
Noms des barbares qui ont gravé leurs noms sur cette statue. 208
De la barbe sous François Ier. ibid.
100. Statue de Charles Maigné. 209
101. Bronze, représentant André Blondel. ibid.
102. Description du tombeau des Valois. 210
103. Les statues couchées de Henri II et de Médicis. 211
104. Description du monument de François II. ibid.

a 4

N°. 449. Description du monument d'Anne de
Montmorency. Page 212
450. Les statues couchées d'Anne de Montmorency et de sa femme. 213
105. Description d'un autre monument érigé
au même. 214
451. Description d'un autel d'Ecouën. 215
452. Grouppe en albâtre de Lagni. 216
106. Monument érigé à Timoléon Cossé. ibid.
107. Monument érigé à Gougeon. ibid.
253. Tombeau de Jean Cousin. 218
454. Tombeau de Germain Pilon. ibid.
455. Tableaux en fayence. ibid.
Notes sur Bernard Palissy. 219
108. Statues de René Birague et de Balbiani. 220
109. Statue de Jeanne de Vivonne. 221
110. *Idem*, celle de Catherine Nogaret. ibid.
111. Grouppe des Graces. 222
212. Monument érigé à Charles de Bourbon. 224
456. Monument érigé à Henri III. 225
Quatre tableaux en émail de Poitiers. ibid.
113. Statue en pied de Henri IV. 226
Exhumation de Henri IV. ibid.
Bas-relief, représentant la bataille d'Ivry. ibid.
114. Statue d'Albert de Gondi. 227
115. Statue de Claude-Catherine de Clermont-
Tonnerre. 228
Bas-relief de Pilon. ibid.
Médaillon de Cosme de Médicis. ibid.
Médaillon de Ferdinand de Médicis. ibid.
Médaillon de Léon Alberti, architecte. 229
116. Statue en pied de Henri IV. 230
457. Statues à genoux de du Séjour et de sa
femme. 231
117. Statue de Pierre de Gondi. ibid.
118. Statue de Diane de France. 232
119. Statue de Diane. ibid.
120. Statue en marbre de l'Etude. 233
121. Statue de David. ibid.
Trois bas-reliefs de Pilon et Cariatides. 234
122. Terre cuite de Pilon. ibid.

DES MATIERES.

N°. 123. Deux terres cuites de Pilon. Page 234
124. Grouppe, représentant la Résurrection. ibid.
458. Statues couchées et vêtues de Henri II
et de Médicis. 235
125. Etude anatomique. ibid.
459. Archétypes de Pilon. ibid.
128. Saint-François, *idem*. ibid.
130. Figures académiques, bronze. 236
133. Bas-relief en pierre. ibid.
460. Deux bas-reliefs archétype. ibid.
135. Cuve en pierre. ibid.
136. Vase en bronze. ibid.
137. Modeles en plâtre. 237
Inscription proposée pour la fontaine
des Innocens. ibid.
461. Statue de Pomone. ibid.
142. Bas-relief en marbre. ibid.
144. Bas-relief en pierre. 238
145. Buste de François Ier. ibid.
146. Monument érigé à Charles-Quint. ibid.
147. Médaillon en bronze. ibid.
148. Buste de Frœlich. 239
149. Buste de Jean-Baptiste de Gondi. ibid.
462. Buste de Michel Montaigne. ibid.
463. Buste du même d'une autre main. ibid.
150. Buste de de Thou. ibid.
152. Bustes des Montholon. 240
153. Buste d'un Briçonnet. ibid.
154. Les bustes de Brulart et de sa femme. ibid.
155. Buste d'un d'Ormesson. ibid.
464. Buste de Dominique Sarrede. ibid.
Piece de vers pour son tombeau. 241
465. Bustes en bas-reliefs. ibid.
156. Mosaïque. ibid.
157. Tableaux en émail. 242
466. Statue de Diane de Poitiers. ibid.
Description de ce monument et son
acquisition. 243
Description du château d'Anet. 245
Artistes qui ont travaillé à la décoration de ce château. 248

TABLE

Proposition au ministre de l'intérieur d'acquérir le portique pour ce Musée. Page	251
N°. 158. Emaux de Léonard.	253
159. Autres par le même.	ibid.
467. Description d'une fontaine, par Gougeon.	254
468. Bas-reliefs en bronze, *idem*,	ibid.
469. Monument érigé à Philibert de Lorme.	ibid.
160. Description du tombeau de Pibrac.	255
La vie de ce philosophe, en latin.	ib. et 256
Quatrains en vers français.	257
470. Bas-relief en pierre, acquisition de ce morceau.	258

MONUMENS DU DIX-SEPTIEME SIECLE.

Dissertation sur l'état des arts à cette époque.	259
161. Statue de la femme Cœur.	261
162. Statue couchée d'un Douglas.	262
163. Statue de la Trémouille.	ibid.
164. Statue de la femme Barbezier.	ibid.
165 et 166. Les statues d'Auguste de Thou, et de ses deux femmes.	ibid.
471. Description du tombeau de Louis XI, annecdote à ce sujet.	263
De l'érection premiere de ce monument.	264
167, 168 et 169. Description des tombeaux érigés à Berulle.	265
462. Statue de Philippe de Castille ; acquisition de cette statue.	266
170. Statue de Charlotte de la Trémouille.	267
171. Statue d'un Phélipeaux.	268
172. Statue d'Etienne d'Aligre.	ibid.
173. Statue d'Amador de la Porte.	ibid.
174. Mausolée du cardinal de Richelieu.	ibid.
175. Statue en bronze de Louis XIII.	269
176. Statue de Louis Potier.	ibid.
177. Statue de Jacques Douglas.	270
178. Statue de la Rochefoucault.	ibid.

DES MATIERES.

N°. 179. Statue de Marguerite de Luxembourg.	Page 270
180. Médaillon de Descartes.	ibid.
Epitaphe latine pour le même.	271
Epitaphe française pour le même.	272
181. Statue de Magdeleine Marchand.	ibid.
182. Statue de Charles de Valois.	273
183. Grouppe de Henri Chabot.	ibid.
184. Mausolée de Jérôme Bignon.	ibid.
185. Statues de la Vieuville et de sa femme.	274
186. Statue de Charles Rostaing.	ibid.
187. Mausolée du cardinal Mazarin.	ibid.
188. Mausolée de Henri de Bourbon Condé.	275
473. Archétypes des bas-reliefs de ce monument.	276
189. Statue en bronze d'Anne d'Autriche.	ibid.
474. Statue de Louis XIV, enfant.	ibid.
Reste de ce monument déposé au Musée des arts.	ibid.
190. Mausolée de Cureau de la Chambre.	ibid.
191. Mausolée de Jacques Souvré.	277
192. Statue de René Potier de Tresmes.	ibid.
193. Mausolée d'Anne-Marie Martinozzi.	278
194. Mausolée de Jean Casimir V.	ibid.
195. Description du tombeau de Turenne.	279
475. Description du mausolée de Frédéric-Maurice de Bouillon.	281
— Proposition adressée au ministre par le cit. Lenoir, pour placer ce monument en face de celui de Turenne, son frere.	285
196. Statue d'un d'Aligre.	ibid.
197. Mausolée de la mere de Lebrun.	ibid.
198. Mausolée de Paul de Gondi.	286
199. Mausolée d'Henriette Selincart.	ibid.
200. Mausolée de Jean-Baptiste Colbert.	ibid.
201. Mausolée des Castellans.	287
202. Mausolée et buste de Lulli.	ibid.
203. Mausolée et buste de Charles Lebrun.	ibid.
Son épitaphe rétablie.	288
204. Statue de Tristan de Rostaing.	289

TABLE

N°. 205. Monument de Louvois. Page 289
206. Mausolée de François-Louis Bourbon. 290
207. Pyramide de Longueville. ibid.
208. Bas-reliefs de la place des Victoires. 291
209. Statue de Silly. ibid.
210. Statue de Charlemagne. 292
211. Statué de Louis IX. ibid.
212. Modele de la place Vendôme. ibid.
213. Statue de Louis XIV. ibid.
214. Autre, *idem*. ibid.
476. Grouppe, représentant la Fronde vaincue. 293
Annecdote sur ce monument. 294
215. Grouppe en terre cuite. ibid.
216. Statue de Saint-Ambroise. ibid.
477. Statues, représentant la Force et l'Espérance. 295
218. Statue de Saint-Denis. ibid.
220. Grouppe, représentant une sainte Famille. ibid.
223. Autre grouppe, *idem*. ibid.
226 et 227. Deux statues, l'une de la Vierge, et l'autre représentant Saint-Jean. ibid.
228. La Vierge, statue colossale. 296
229. Statue en pierre de Tonnerre. ibid.
231. Sainte-Marguerite, statue en marbre. ibid.
232. Monument érigé à Michel Letellier. ibid.
233. Sainte-Catherine, statue en marbre. 297
478. Erigone, statue en marbre. ibid.
234. La Religion, *idem*. ibid.
235. Saint-Benoît, statue, *idem*. ibid.
479. Le Baptême de Christ, grouppe, *idem*. ibid.
480. Jupiter, statue en pierre. ibid.
481. Minerve, *idem*. 298
482. Junon, *idem*. ibid.
483. L'Hiver, statue en marbre. ibid.
236. Nicolas Poussin, statue en pied. ibid.
237. Eustache Lesueur, *idem*. ibid.
238. Jacques Sarrazin, *idem*. ibid.
239. Pierre Puget, *idem*. ibid.
484. Pierre Corneille, terre cuite, de grandeur naturelle. ibid.

DES MATIERES. xiij

N°. 240. Louis XIV, modele en bronze.	Page 298
241. Monument érigé à Louis de Marillac.	ibid.
242. Bas-relief en bronze, représentant Potier de Gesvres.	300
243. Bataille de Kochersberg, bas-relief.	ibid.
485. Bas-relief, allégorique en marbre.	ibid.
Acquisition de ce monument.	301
244. Bas-relief en marbre servant de tombeau.	ibid.
245. Grouppe d'enfans, bas-reliefs en marbre.	ibid.
246. La Justice, la Charité, la Force et la Prudence, bas-reliefs.	ibid.
247. Bas-relief en bois, par Sarrazin.	ibid.
249. Deux esquises, par Anguier.	302
251. Henri III, bas-relief.	ibid.
252. La Justice, bas-relief en pierre.	ibid.
254. Deux lions, bas-reliefs en marbre.	ibid.
Description des portes de la salle du 17ᵉ. siecle.	ibid.
256. Christ donnant la communion, bas-relief.	303
258. Saint-Charles Boromée, bas-relief en bronze.	ibid.
260. Les derniers devoirs rendus à l'Humanité, bas-relief.	ibid.
486. Le Purgatoire, bas-relief.	ibid.
487. Combat d'Athletes.	ibid.
261. Elie, bas-relief en bois.	ibid.
264. Monument de Henri de Lorraine.	304
488. Passage du Rhin, grand bas-relief.	ibid.
265. Henri IV, buste.	ibid.
266. Louis XIII enfant, buste.	ibid.
267. Louis XIV, buste en bronze.	ibid.
268. Louis XIV, médaillon.	ibid.
269. Louis de France, buste.	305
270. Buste de Pompone de Bellievre.	ibid.
271. Buste de Guillaume du Vair.	ibid.
272. Têtes d'étude en bronze.	ibid.
273. Buste en marbre de Peyresc.	ibid.
274. Buste, *idem*, de Claude de Bullion.	306
275. Buste de Sully.	ibid.
276. Buste du cardinal de Richelieu.	ibid.

N°. 277. Buste en bronze du même. Page 306
278. Buste de J. Rotrou. ibid.
489. Buste en marbre de Henri du Bouchet. ibid.
279. Buste, *idem*, de Thomas Briçonnet. ibid.
280. Buste, *idem*, de Mazarin. 307
281. Buste de Moliere. ibid.
282. Buste en marbre de Turenne. ibid.
283. Buste de Colbert. ibid.
284. Buste de Pierre Corneille. ibid.
285. Buste en bronze de Michel le Tellier. ibid.
286. Buste en marbre du Grand Condé. ibid.
288. Buste de Quinault. 308
289. Buste en marbre de Henri d'Harcourt. ibid.
290. Buste de Jean de la Fontaine. ibid.
291. Buste en marbre d'Edouard Colbert. ibid.
292. Médaillon en marbre, représentant le même. ibid.
293. Buste en marbre de Pierre Mignard. ibid.
490. Buste en marbre de Fénélon. ibid.
491. Buste en terre cuite de Lamoignon. ibid.
294. Buste de Jean-Baptiste Santeuil. 309
295. Buste de Jean Racine. ibid.
296. Buste en marbre d'André Lenostre. ibid.
297. Buste, *idem*, de Marie Serre. ibid.
298. Buste, *idem*, de Pierre-Silvain Regis. 310
299. Buste, *idem*, de Jules Hardouin Mansard. ibid.
300. Buste de Thomas Corneille. 311
301. Buste en marbre de Charles le Jay. ibid.
302. Buste, *idem*, de Guillaume Lesrat. ibid.
303, 304, 305 et 306. Bustes en marbre de la famille des Rostaing. ibid.
307. Cénotaphe en marbre. ibid.
308. Buste en marbre de Méderic Barbezieres. 312
309. Tête d'expression en bois. ibid.
310. Bustes en marbre de Mercure, Flore, Apollon et Pomone. ibid.
312. Buste de Boileau. ibid.
313. Tableau mosaique. ibid.
314. Monument érigé à Jacques Rohault. 313
Epitaphe faite à ce philosophe, par Santeuil. ibid.
315. Tombe qui couvrait Santeuil. 314

DES MATIERES.

MONUMENS DU DIX-HUITIEME SIECLE.

Dissertation sur l'état des arts dans ce siecle. Page 315
Vien a restauré l'art, et apprit à ses éleves à connaître les beautés de l'antique. ibid.
Epître adressée à Vien par Ducis, membre de l'Institut. 316
Description des ouvrages de Vien. 317 et 318
Description du tableau d'Achille, par Regnault. 319
Description du tableau de Rodogune, par Taillasson. ibid.
Description d'un tableau de Vincent, représentant Molé, président, arrêtant une sédition. ibid.
Description des tableaux des Horaces et de Brutus, par David. 320
Description du tableau que David vient de terminer. 321

N°. 316. Lutrin en bois orné de sculptures. 324
492. Description du monument de Créqui. ibid.
Acquisition de ce monument. 325
317. Statue en marbre de Jean Lecamus. ibid.
318. Statue, *idem*, de la Vierge. ibid.
319. Grouppes de l'Amour et Psyché. ibid.
321. Tombeau de Girardon. 326
322. Statue en plâtre, par Van Cleve. ibid.
324. Descente de Croix, grouppe en marbre. ibid.
325. Vierge en pierre de Conflans. 327
326. Mausolée du cardinal Dubois. ibid.
Epitaphe remarquable faite pour ce Prélat. ibid.
327 Statue de Louis XIII. 328
329. Statues en marbre de Saint-Ignace et de Xavier. ibid.
330. Saint-Jérôme, colosse en marbre. ibid.
331. Neuf figures de dévotion en pierre de Tonnerre. ibid.
332. Le Christ portant sa croix, *idem*. ibid.

xvj TABLE

N°. 333. Monument érigé à Gergy.	Page 329
334. Copie du Christ de Michel-Ange.	ibid.
Anecdote à ce sujet.	ibid.
336. Monument érigé à Fleury, cardinal.	ibid.
337. Iris, statue en marbre.	330
338. Le Baptême de Jean, grouppe en marbre.	ibid.
339. Monument érigé à Henri-Claude d'Harcourt.	ibid.
340. Monument érigé à Maupertuis.	331
341. Monument érigé à Crébillon.	332
342. Modele en bronze de la statue de Louis XV.	333
343. Monument érigé à Pierre Mignard.	ibid.
344. Statue en pied de Louis XV.	ibid.
Observation sur son costume.	334
493. La Vierge, statue en marbre.	ibid.
347. Monument érigé à M. A. Hocquart de Cossé.	ibid.
348. Monument érigé à Félicité Brûlart.	ibid.
350. La Justice, statue en marbre.	ibid.
354. Christ mourant, statue en pierre.	335
494. Monument érigé à Marie-Joseph Peyre.	ibid.
Remarques sur la vie de cet artiste célebre.	ibid.
355. Monument érigé à Jean-Germain Drouais.	ibid.
Description de ses productions, sa vie, etc.	338, 339 et 340
495. Monument érigé à Jean-Baptiste Brizard.	341
Son épitaphe en vers français.	342
496. Buste de Nicolas Coustou, terre cuite.	343
497. Buste d'Hector de Villars.	ibid.
498. Statue en pied d'un Richelieu.	343
362. La Vierge, terre cuite.	ibid.
363. La Mélancolie, statue colossale.	ibid.
364. Sainte-Monique, statue *idem*.	ibid.
365. Statue en marbre de Saint-Jean.	344

N°. 366.

DES MATIERES. xvij

N°. 366. L'Amour, statue en marbre.	Page 344
Note sur la vie de Tassaert.	ibid.
367 et 368. Saint-Joseph, statue en plâtre; la Vierge, *idem*.	ibid.
369. La Vierge, statue en marbre.	ibid.
370. Monument en ivoire.	ibid.
371. La Vierge, statue en marbre.	345
372. Bas-relief, par Barrois.	ibid.
373. La Vierge, médaillon en marbre.	ibid.
374. Christ au tombeau, bas-relief.	ibid.
375. Monument érigé à M. Lauraguais.	346
499. Buste en marbre de Brissac.	ibid.
500. L'abbé de Marolle, médaillon en marbre.	ibid.
376. Monument érigé à Caylus.	ibid.
501. Statues en marbre de Bousseau.	ibid.
502. Phorbas et Œdipe.	ibid.
379. Christ au tombeau, bas-relief en plâtre.	ibid.
380. Bas-relief en marbre, par Broche.	347
381. Têtes de Meduse en bronze.	ibid.
382. Les miracles de Saint-Philippe, bas-relief en plâtre.	ibid.
383. Bas-reliefs en cuivre, sujets de dévotion.	ibid.
384. Allégorie relative aux succès de la République, bas-relief.	ibid.
386. Sainte-Barbe, bas-relief en bois.	348
387. Six petits bas-reliefs en bois, sujets de dévotion.	ibid.
388. Autre, *idem*.	ibid.
389. Buste de Coyzevox.	ibid.
390. Buste de Paulmy d'Argenson.	349
391. Buste de Philippe d'Orléans, régent.	ibid.
392. Buste de Jean-Baptiste Rousseau.	ibid.
393. Médaillon en marbre de Bidal d'Asfeld.	ibid.
394. Buste de Pierre Lepaultre. Description des ouvrages de cet artiste.	ibid.

b

N°. 395. Buste en marbre de Maurice de Saxe.	Page 350
396. Buste de Destouches.	ibid.
397. Buste de la Chaussée.	ibid.
398. Buste de Montesquieu.	ibid.
399. Buste de Fontenelle.	ibid.
400. Buste en bronze d'Astruc.	ibid.
401. Buste de Winckelmann.	351
402. François de Chevert, médaillon en marbre.	ibid.
Son épitaphe en vers français.	ibid.
403. Buste d'Helvétius.	352
404. Buste de Piron, son épitaphe.	ibid.
405. Buste de du Belloi.	ibid.
406. Buste de Voltaire, son épitaphe en vers français.	ibid.
407. Buste en marbre de Jean-Jacques Rousseau.	353
408. Buste, *idem*, de Buffon.	ibid.
503. Buste de d'Alembert.	ibid.
410. Buste de Lucius Verus.	ibid.
412. Buste de Diderot.	ibid.
413 et 414. Bustes de la famille Gougenot.	ibid.
415. Buste en marbre de Gluck.	ibid.
416. Buste de Raynal.	354
417. Médaillon de Bernard Cherin, son épitaphe.	ibid.
418. Buste de Silvain Bailly.	ibid.
504. Buste de Dewailly, architecte.	ibid.
505. Médallon en marbre de Vaucanson.	ibid.
419. Vase en marbre, copié d'après l'antique.	355
420. Peinture sur marbre.	ibid.
421. Portrait mosaïque de Louis XV et de la Pompadour.	ibid.
Pavé mosaïque.	ibid.
Plan de la salle d'introduction, approuvé par le ministre.	ibid.
De la mosaïque chez les anciens.	356
De l'origine du chapiteau Corinthien.	ibid.

DES MATIERES. xix

De la mosaïque chez les Goths. Page 357
De la mosaïque dans les siecles derniers. 358
Proposition d'établir à Paris une Ecole de mosaïque. ibid.
Proposition de faire exécuter en mosaïque les belles productions de David, Vincent, Regnault, Gerard, Girodet, etc. ibid.

N°. 422. Epitaphe de Winslow. ibid.
506. Monument érigé à la mémoire d'Héloïse et d'Abélard. 360
Des sépultures chez les Egyptiens. 361
Des sépultures chez les Grecs, les Romains et les Goths. 362
Décret du sénat Français en faveur des sépultures. ibid.
507. Sarcophage contenant les ossemens de Descartes. 363
508. *Idem*, contenant les restes de Moliere. ibid.
Son épitaphe en vers français. 364
509. Sarcophage contenant le corps de J. la Fontaine. ibid.
Son épitaphe en vers français composée par lui-même. ibid.
Son portrait par lui-même. 365
510. Monument à quatre faces, contenant les bustes des personnages célebres du 17ᵉ. siecle. ibid.
511. Sarcophage contenant le corps de Turenne. ibid.
Son inscription en prose. 366
Autre en vers français. ibid.
512. Sarcophage de Mabillon. ibid.
513. Sarcophage de Montfaucon. ibid.
Composition de son tombeau avec des monumens antiques. 367
Pieces justificatives. ibid.

TABLE

VITRAUX.

N°.	1. Vitraux du 12e. et 13e. siecle.	Page 368
	Description de ces vitraux.	378
	2. Portraits en pied des rois Jean et Charles VI.	368
	Description de ces vitraux.	381
	16. Christ allant au supplice.	368
	17. Noé sortant de l'Arche.	ibid.
	18. L'Annonciation.	ibid.
	3. Le mariage de la Vierge, portrait d'Anne de Bretagne.	ibid.
	Description de ces vitraux.	384
	4. Sujets de l'Apocalypse.	369
	Description de ces vitraux.	382
	5. Portrait en pied de François Ier.	369
	6. La nativité de Christ et la Circoncision.	ibid.
	Description de ces vitraux.	387
	7. Ecce-Homo, d'Albert Durer.	369
	Description de ces vitraux.	379
	8. L'histoire de Psyché.	369
	Description de ces vitraux.	386
	19. Christ prêchant dans le désert, Abraham, et le combat des Israélites.	370
	9. Saint-Gervais et Saint-Protais, d'après Eustache Lesueur.	ibid.
	Description de ces vitraux.	388
	10. La fuite en Egypte, *idem*.	370
	11. Panneaux arabesques, *idem*.	ibid.

N°. 12. Sujets de la vie de Jean de la Barriere.	Page 370
Description de ces vitraux.	389
13. L'exposition des Reliques.	370
14. L'emprisonnement de la Barriere.	ibid.
15. L'entrée d'Henri IV dans Barcelone.	ibid.
Traité de la peinture sur verre.	373
De la verrerie chez les Phéniciens, les Egyptiens, les Grecs et les Romains.	ibid.
Morceaux d'albâtre employés à Herculanum au lieu de verre.	374
Verres colorés dont parle Caylus.	ibid.
Observation de Boze sur le verre plat des Romains.	376
Théâtre orné de verrerie.	ibid.
Verre de Sidon.	ibid.
Description des vitraux en usage dans les premiers siecles.	377
Description des vitraux de Saint-Denis.	378
Description des vitraux de l'église du Temple à Paris.	379
Description des vitraux de Sainte-Marie-Egyptienne.	380
Description des vitraux des Célestins.	381
Description des vitraux de Vincennes.	382
Description des vitraux des Bons-Hommes de Passy.	384
Description des vitraux d'Ecouën.	386

TABLE DES MATIERES.

Description des vitraux de Saint-Gervais.	Page 387
Description des vitraux de Saint-Paul.	388
Description des vitraux de Saint-Etienne-du-Mont.	ibid.
Description des vitraux des Feuillans.	389
Idem, de ceux de la chapelle de Versailles.	ibid.
Idem, de ceux du parc de Versailles.	ibid.
Idem, de ceux de Notre-Dame de Paris.	ibid.
De la pratique de la peinture sur verre.	390

Fin de la Table des matieres.

AVANT-PROPOS.

AVANT-PROPOS.

La culture des arts chez un peuple, aggrandit son commerce et ses moyens, épure ses mœurs, le rend plus doux et plus docile à suivre les lois qui le gouvernent. L'assemblée nationale, pénétrée de cette maxime, après avoir décrété que les biens du clergé appartenaient à la *chose publique*, chargea son comité d'aliénation de veiller à la conservation des monumens des arts qui étaient renfermés dans ces domaines.

« Les Athéniens se trouverent dans des circonstances plus favorables. Après l'expulsion des tyrans, ils changerent la forme de leur gouvernement et publierent la démocratie : dès-lors tout le peuple prit part aux affaires publiques, l'esprit de chaque habitant s'aggrandit, et Athenes même s'éleva au-dessus de toutes les villes de la Gréce. Le bon goût étant devenu universel, et les citoyens opulens s'étant attiré la considération de leurs concitoyens par l'érection de superbes monumens publics, l'on vit affluer dans cette puissante ville, comme les fleuves affluent dans la mer, tous les talens à la fois. Les arts s'y fixerent avec les sciences ; ce fut là leur centre, et ce fut de là qu'ils se répandirent dans d'autres contrées. La prospérité de l'Etat fut le principe des progrès du goût. Florence, dans les tems modernes, atteste la vérité de notre proposition : cette ville, devenue opulente, vit disparaître les ténebres de l'ignorance, et fleurir les arts et les sciences. » (*Winckelmann*, tome I.)

Le philantrope Larochefoucauld, président de ce comité, fit un choix de savans et d'artistes qu'il réunit pour procéder au choix des monumens et des livres que ce comité voulait conserver.

La municipalité de Paris voulant remplir les intentions de l'assemblée nationale et chargée de l'exécution du décret, nomma aussi des savans et des artistes d'un mérite reconnu pour les adjoindre à ceux que le comité d'aliénation avait choisis pour se faire assister par eux dans ses opérations. Ces savans ainsi réunis formerent une commission, nommée *commission des monumens*. Dès-lors on chercha des lieux convenables pour recevoir les trésors que l'on voulait préserver de la destruction. *Le comité d'aliénation* affecta la maison *des Petits-Augustins* pour les monumens de sculpture et les tableaux; celles des Capucins (1), des Grands-Jésuites (2), et des Cordeliers pour les livres, manuscrits, etc. La commission publia une instruction savante sur les moyens de conserver les objets précieux qu'elle se proposait de recueillir.

Un des membres de cette commission, le citoyen Doyen, dont j'ai été élève pendant quinze ans, me présenta à la municipalité pour être garde du dépôt des monumens des arts, rue des Petits-Augustins : je fus accepté le 4 janvier 1791 (3),

---

(1) Rue Honoré.

(2) Rue Antoine.

(3) *Municipalité de Paris ; administration des biens nationaux ; bureau d'agence générale.* (Extrait des registres, du 6 juin 1791.)

L'administration prévient M. Lenoir, que par délibération du 3 de ce mois, le comité l'a *constitué :* Garde

AVANT-PROPOS.

et c'est à la bienveillance du citoyen Camus, aussi membre de cette commission, que je dois la confirmation de l'établissement, et de ma nomination à cette place par un décret. Et si depuis j'ai obtenu quelque succès dans mes travaux, je les dois à l'amitié du citoyen Leblond, célebre antiquaire, qui a bien voulu m'aider de ses conseils.

La convention nationale donna aussi des preuves de son amour pour les arts, en rendant plusieurs décrets en leur faveur ; son *comité d'instruction publique* créa une commission composée de gens de lettres, et d'artistes de tous genres qui s'étaient distingués par leurs travaux, pour veiller à la conservation des monumens des arts. Bientôt de cette réunion précieuse, sortit un nombre considérable de mémoires, d'adresses et de rapports qui porterent la lumiere dans les départemens, et l'on parvint à arrêter le bras de la sottise qui abattait les statues, déchirait les tableaux les plus précieux, et fondait les plus beaux bronzes.

De l'abbaye de Saint-Denis, que le feu semble avoir incendiée du sommet des voûtes jusqu'au fond des tombeaux, l'on a retiré les magnifiques mausolées de Louis XII, de François Ier et de

---

général de tous les monumens des arts et effets précieux, qui sont et seront déposés au couvent des Petits-Augustins de la reine Marguerite, et l'a autorisé, en cette qualité à se faire aider pour le placement, l'arrangement et la conservation des objets qui seront mis à sa disposition, de deux personnes à son choix, auxquels le comité accordera les appointemens qu'il jugera convenables.

Signé *les administrateurs*, FALLET, LARDIN, etc.

Henri II. O douleur! ces chefs-d'œuvre de l'art avaient déja éprouvé la fureur des barbares. J'en ai recueilli les restes précieux que je puis restaurer. Déja je montre celui de François Ier dans tout son éclat, et celui de Louis XII commence à s'élever dans le quinzième siecle; heureux si je puis faire oublier à la postérité ces destructions de l'ignorance! Vers cette époque, le député Grégoire publia trois rapports contre le vandalisme: ces ouvrages intéressans, tirés à un nombre considérable d'exemplaires, furent envoyés dans les départemens. Cette derniere touche savamment appliquée, fit recouvrer au gouvernement beaucoup d'objets précieux, et fit conserver ce qui restait de monumens dans nos provinces.

Malgré les observations multipliées de divers artistes, j'ai constamment sollicité le transport des monumens du moyen âge, qu'ils regardaient comme inutiles aux arts. Cependant à force de demandes réitérées, je suis parvenu à les obtenir, et l'on peut juger maintenant de leur utilité, puisqu'ils forment les deux premiers siecles de ce Musée (1).

---

(1) *Le 7 fructidor, 2e année républicaine; le président de la commission des arts, adjointe au comité d'instruction publique: au citoyen Lenoir, conservateur, etc.*

La commission des arts voit avec satisfaction l'ordre que tu as établi dans le dépôt confié à ta garde, et les soins que tu prends pour la conservation des monumens des arts. Le témoignage que te rend le comité doit être pour toi la plus flatteuse récompense comme le plus puissant mobile pour exciter et augmenter même, s'il

AVANT-PROPOS.

Le 19 thermidor de l'an II, j'ai remis à ce comité un ouvrage historique et chronologique des tableaux et des sculptures conservés dans mon dépôt : cet ouvrage a été reçu avec faveur ; le comité a arrêté qu'il en serait expédié deux copies manuscrites pour être déposées dans ses archives (1).

Présent à l'exhumation des cadavres de l'abbaye de S^t.-Denis, j'y ai fait des remarques intéressantes. Plusieurs des personnages qui y avaient été enterrés, dans les premiers siecles de la monarchie, dans des sarcophages en pierre, usage qui remonte à cette époque, furent trouvés avec leurs vêtemens encore intacts, et avec des ustensiles à leur usage : ces objets, précieux pour la chronologie des costumes,

---

est possible, ton zele civique et ton activité pour la surveillance que tu portes aux objets de sciences et arts confiés à tes soins.

Reçois les félicitations du comité avec autant de plaisir que j'ai à t'en faire part.

Salut et fraternité,

Signé *le représentant du peuple, président le comité d'instruction publique*, MATHIEU.

(1) *Le 30 thermidor*, 2e *année*. (Extrait des registres du comité d'instruction publique.)

Il sera écrit à Lenoir, conservateur du dépôt, rue des Petits-Augustins, pour lui témoigner que le comité a vu avec satisfaction ses travaux. Il sera tiré deux copies manuscrites du catalogue historique et chronologique des monumens qui sont confiés à ses soins, qu'il a présenté au comité.

Pour extrait conforme, signé *le représentant du peuple*, MATHIEU, *président.*

ont été dénaturés, et les matieres portées à la monnaie. Henri IV fut trouvé dans une conservation telle qu'il n'était aucunement défiguré.

Une masse aussi imposante de monumens de tous les siecles, me fit naître l'idée d'en former un Musée particulier, historique et chronologique, où l'on retrouvera les âges de la sculpture française dans des salles particulieres, en donnant à chacune de ces salles le caractere, la physionomie exacte du siecle qu'elle doit représenter, et de faire refluer dans les autres établissemens et les tableaux et les statues qui n'auraient aucun rapport, soit à l'histoire de France, soit à l'histoire de l'art français. Je présentai ce plan au comité d'instruction publique, qui le reçut avec intérêt; l'on m'engagea à en faire la lecture, et le résultat fut l'adoption d'un Musée particulier de monumens français pour Paris, et l'acceptation de mes plans à l'unanimité (1).

---

(1) *Extrait du registre des délibérations du comité d'instruction publique, ce 29 vendemiaire, an 4 de la république française une et indivisible.*

Après avoir entendu la lecture d'un mémoire du citoyen Lenoir, conservateur du dépôt national des monumens des arts, rue des Petits-Augustins, dans lequel il présente le projet d'un *Muséum particulier de Monumens français*. Le comité arrête ce qui suit :

1°. Qu'il sera fait mention dans son procès-verbal du zele avec lequel le citoyen Lenoir a administré le dépôt qui lui a été confié.

2°. Qu'il sera formé à Paris un Musée de monumens français.

3°. Que le projet du citoyen Lenoir sera renvoyé à la seconde section pour l'examiner et en faire un rapport.

4°. Que jusqu'au rapport il ne sera distrait aucun

AVANT-PROPOS.

Enfin, c'est à la cinquieme division du ministere de l'intérieur que je dois l'organisation définitive du Musée des monumens français (1). Des fonds me furent accordés, et je marchai rapidement, malgré les envieux (2).

La commission des arts, après avoir prodigieusement avancé ses travaux, le nombre de ses

---

monument du dépôt national de la rue des Petits-Augustins.

Signés LANTHENAS, *président;* BORDET, DELEYRE, PLAICHARD, BARAILLON, LAKANAL, LALANDE, WANDELAINCOURT, etc.

(1) *Le ministre de l'Intérieur, au citoyen Lenoir, conservateur du Musée des monumens français.* — *Le 19 germinal, an IV de la république française une et indivisible.*

J'ai pris connaissance, Citoyen, des projets que vous avez présentés relativement à l'érection du dépôt des Petits-Augustins, en *Musée* des *antiquités* et *monumens français*, et de l'arrêté du comité d'instruction publique, du 29 vendemiaire dernier, qui ordonne la formation de ce *Musée spécial*.

Je vous engage à tirer le meilleur parti du local qu'occupe le dépôt des Petits-Augustins, en y déposant les objets dans l'ordre convenable, et en suivant surtout l'ordre chronologique que vous annoncez dans votre plan. . . . .

Le zele que vous avez montré jusqu'ici m'assure que vous continuerez à mériter la confiance et l'estime que vous vous êtes acquises.

Salut et fraternité,

Signé BENEZECH.

(2) Le citoyen Ginguené, et les chefs de cette division du ministere m'ont prodigieusement encouragé, et si j'ai obtenu les suffrages du public, c'est à ces amis des sciences et des arts auxquels j'en suis redevable.

membres fut réduit ; son expert, le citoyen Jollain, fut conservé, et sa nomination confirmée par le ministre. C'est elle qui exerce encore aujourd'hui sous le titre de *Conseil de conservation des objets de sciences et arts.*

Le 9 floréal an IV, le ministre nomma le citoyen Peyre (jeune) architecte pour surveiller les constructions de bâtimens, et pour y maintenir la solidité, me réservant néanmoins le placement, la reconstruction et la restauration des monumens, l'arrangement des siecles, leur distribution, le style qui leur est propre, les couleurs à donner tant aux monumens qu'aux murailles, et en général tout ce qui peut contribuer à rendre mes portraits exacts. Toute cette partie de mon attribution spéciale s'exécute sur mes dessins, tous correspondans au plan général ci-dessus proposé.

Cet artiste, quoique jeune, a montré des talens et de l'intelligence ; fils d'un artiste, et d'une famille recommandable, il a reçu de son respectable pere les élémens de son art, et comme lui il dessine avec grace ; lorsque ce jeune homme aura été à même de mûrir son talent par l'âge et par l'expérience, il pourra marcher dans la route qui lui a été frayée par son pere et son oncle, dont on remarque les talens et la moralité.

Le Musée des monumens français fut ouvert au public, pour la premiere fois, le 15 fructidor an III ; depuis, cette ouverture n'a point été interrompue. Je publiai en même tems l'histoire chronologique des monumens contenus dans cet établissement unique en Europe, et cet ouvrage est déja à sa cinquieme édition.

AVANT-PROPOS.

Enfin, aidé des lumieres des hommes de lettres et des amis des arts qui veulent bien m'éclairer et m'aider de leurs conseils, je suis parvenu à montrer quatre siecles et une chambre sépulchrale qui contient le tombeau de François Ier, que je viens de restaurer dans son entier. Des détails infiniment précieux, tels que les doigts des pieds et des mains, avaient été brisés; le citoyen Beauvallet, sculpteur statuaire, a bien voulu, par amitié pour moi, consacrer son talent à la restauration de plusieurs monumens mutilés; aussi l'a-t-il fait d'une maniere brillante, et l'on s'apperçoit aisément qu'il a été guidé plus encore par l'amitié que par l'intérêt.

Une salle d'introduction m'a paru indispensable pour servir d'ouverture à mon Musée : cette piece contiendra des monumens de tous les siecles, chronologiquement placés; l'artiste et l'amateur verront d'un coup-d'œil l'enfance de l'art chez les Goths, ses progrès sous Louis XII, et sa perfection sous François Ier; l'origine de sa décadence sous Louis XIV, et sa restauration vers la fin de notre siecle.

Les plans d'architecture pour la décoration de cette salle intéressante, ont été composés par le citoyen Peyre (jeune) (1), et le ministre, François (de Neufchâteau), vient de me donner un nouveau témoignage de son goût et de son amour pour les arts, en les acceptant, et en m'accordant quelques fonds pour y faire travailler.

---

(1) Cette salle pourra faire honneur à cet artiste, s'il veut accéder à de légers changemens que je lui ai proposés.

Déja on y remarque le tombeau de Diane de Poitiers, célèbre par son caractere et par ses amours pour François Ier et Henri II.

« L'ordre, l'art, la lugubre magie que *Lenoir* a mis dans la distribution de ce Musée, donnent tout à la fois l'histoire de son ame et de son génie et de ses connaissances. Il semble que sa main puissante soutient les siecles sur les bords de l'abîme, les range chacun à leur place, et leur défend de s'anéantir, pour montrer leurs arts, leurs grands hommes, leurs tyrans, et souvent leur ignorance. Remontons les âges avec cet artiste, et partons du tombeau de Clovis.

» Dans un vaste caveau dont les voûtes en arêtes sont parsemées d'étoiles, faiblement éclairé par des croisées gothiques, sont couchés ces princes fainéans qui séparent Clovis de Charles Martel. Ce conquérant les laisse à sa droite, et voit à sa gauche ses descendans arrivés jusqu'à Hugues Capet. Depuis Robert, les tombeaux descendent jusqu'à Philippe III, qui ferme la porte du caveau comme Clovis semble l'ouvrir. Le conservateur a donné à ce caveau le titre générique de treizieme siecle, parce qu'il termine en effet la liste des tombeaux qui y sont renfermés, quoiqu'il contienne les effigies des personnages vivans dans le commencement du sixieme jusqu'à la fin du treizieme ; mais on sait que ces cénotaphes avaient été érigés dans le treizieme siecle par Louis IX. Les âges ont usé presque toutes ces figures, dont aucune n'est de marbre, sans pouvoir effacer l'ignorance qui les a sculptées ; et l'on est forcé de se dire :

» voilà les hommes qui n'ont eu que la puissance
» du glaive.

» En sortant de ce caveau on entre dans le
» cloître, où l'on retrouve encore les siecles pro-
» menant le mépris des arts sur les tombeaux des
» grands hommes et des femmes célébres de ces
» tems reculés.

» En arrivant à la salle d'introduction, on
» apperçoit les Valois se cacher dans des cha-
» pelles obscures, jusqu'à ce que Léon X fasse
» sortir François Ier de la poussiere, et avec lui
» les marbres, les colonnes, les arts et la gloire.
» Alors la scene change; le deuil se revêt de sa
» lugubre majesté. Au milieu de ces colonnes
» d'albâtre, de jaspe, de porphyre, augustes or-
» phelines des tabernacles renversés, semées
» comme au hasard dans ce temple, qui n'offre
» plus à la piété que le culte des souvenirs, l'ha-
» bile ciseau du statuaire m'a laissé sur ces figures
» l'histoire des caracteres. Je retrouve sur la
» bouche de François Ier le touchant adieu dont
» il honora Léonard de Vinci; je revois ce front
» qui défait les batailles, et cette main ouverte
» si prodigue des trésors qu'elle distribue avec
» grace aux artistes et aux savans. La mort est
» paisible sur le sein de Henri II; elle est tou-
» chante dans les humides yeux de ce jeune Fran-
» çois second. Cet obélisque, dites-vous, ren-
» ferme le cœur de cet enfant? Ah! vous avez
» raison: l'immortalité n'est faite que pour l'in-
» nocence. Mais pourquoi ne reste-t-il pour cou-
» ronne à Catherine de Médicis que ses cheveux
» hérissés? Est-il donc vrai que la mort est
» affreuse pour les méchans? Quoi! Louis XIII

» et Louis XIV dans cette posture suppliante ?
» Le vainqueur de la Rochelle, et le conqué-
» rant de l'Europe prosternés! et devant qui ?
» Homme, courbe ta tête à l'aspect de ce Dieu
» qui regne sur l'univers. Il fut aussi le tien,
» Richelieu ! toi dont le mausolée semble do-
» miner encore sur tant de monarques étendus
» près de toi. Ta politique vient des hommes ;
» mais ton génie, tu ne le tiens que de lui
» seul.

» Mais quelle est cette salle spacieuse, éclairée,
» soigneusement décorée, où je pénétre en sor-
» tant de ce temple ? Qu'a donc écrit le conser-
» vateur sur les attiques de ses portes ? *Etat des
» arts dans le dix-septieme siecle.* Peut-être Le-
» noir eût-il mieux fait d'écrire, *état des vertus
» que état des arts ;* car je vois là Turenne, Mon-
» tausier, Colbert, Moliere, Corneille et Racine.»
(*Semaines critiques,* n°. 13.) Philosophe et aimable écrivain, pourquoi laissez-vous reposer
votre plume savante ? Agréez les témoignages de
ma reconnaissance. J'aimais à vous lire, et je
cherche encore celui qui a si obligeamment écrit
sur le *Musée des monumens français.*

C'est cette suite chronologique de statues en
marbre et en bronze, bas-reliefs et tombeaux des
hommes et des femmes célébres ; monumens
échappés à la hache des destructeurs et à la faulx
du tems, que je me propose de décrire dans cet
ouvrage. J'ai joint à ce travail une description
particuliere des monumens antiques qui ont cessé
d'appartenir par leur caractere à ce Musée, qui
ne doit renfermer que des monumens français,
et qui depuis peu sont retournés à leurs Musées

respectifs : statues et bas-reliefs dont j'ai fait tirer des archetypes que je placerai dans une salle particuliere pour servir à la chronologie de l'art, base principale de mon travail. Cette suite précieuse est composée d'un monument égyptien, vu sur ses deux faces, d'une suite de tombeaux antiques apportés en France par l'ambassadeur Nointel, qui avait voyagé pour Louis XIV dans la Grece et dans l'Archipel, et de plusieurs statues antiques que Robert Strozzi avait données à François Ier.

Dans la premiere partie du *Musée des Monumens français*, je donne la description des monumens de l'ancienne Gaule, et de suite ceux érigés aux rois de la premiere race, tels que ceux de Dagobert, Clovis, Frédégonde, Childebert, Charibert, Charlemagne, etc.

Les guerres continuelles et l'ignorance ayant laissé un long intervalle dans la culture des arts, on passera au treizieme siecle, où de timides artistes, serviles copistes de la nature et des costumes du tems, ont commencé à tracer des ensembles et à donner une sorte de forme à leurs statues : on y trouve l'origine de l'architecture arabe en France, introduite à la suite des Croisades.

Le quatorzieme siecle fait voir les monumens intéressans du sage Charles V, du bon connétable (Duguesclin), du brave Sancerre, et même d'Isabeau de Baviere, etc.

Les tombeaux des d'Orléans, de Juvénal des Ursins, de Philippe de Commines, de Pierre de Navarre, de Tannegui du Châtel, forment l'introduction du quinzieme siecle.

La seconde partie est composée des monumens du seizieme siecle, et continuée jusqu'au dix-neuvieme.

Avant que François Ier eût créé les arts en France, notre école étoit plongée dans la plus affreuse barbarie. Déja la peinture et la sculpture étaient florissantes en Italie; déja en Allemagne Albert Durer avait fondé une école d'arts, lorsque, dominés par la superstition, nous osions à peine former un trait. On trouvera dans le tombeau de Louis XII, le commencement des formes raisonnées et du bon goût. Vient ensuite celui de François Ier. Le monument érigé par Catherine de Médicis à la famille des Valois, exécuté par Germain Pilon, d'après les dessins de Philibert de l'Orme, offre aussi de grandes perfections.

Vous, Goujon et Cousin, dignes fondateurs de l'Ecole française, vous avez aussi aggrandi les arts, et l'érection de vos tombeaux est une dette que j'ai voulu payer en faveur des siecles à venir. Ces Monumens ont été exécutés d'après mes plans et mes dessins; ainsi qu'une grande partie des monumens renfermés dans ce Musée, que j'ai été obligé de recomposer et de rajuster selon leur âge, à cause des prodigieuses mutilations qu'ils avaient souffertes.

Un génie bienfaisant a sans doute enfanté le dix-septieme siecle pour l'honneur de la nation française; guerriers, poëtes, hommes d'Etat, peintres, statuaires, graveurs, etc., tous ont marché sur la même ligne vers l'immortalité. On retrouvera avec intérêt, sans doute, les monumens de Richelieu, de Mazarin; ceux de Turenne, Condé, Bignon, Lulli, Lebrun, Mignard, et les statues

AVANT-PROPOS.

de Lesueur, Sarrazin, Pujet et celle de Nicolas Poussin, le peintre des poëtes et des philosophes.

Le dix-huitieme siecle porte aussi son caractere particulier; et l'art, quoique dégénéré par un goût faux qui s'était introduit, offrira des détails intéressans pour son histoire. Les Coustou, Bouchardon, Lemoine et Pigalle nous ont laissé des monumens curieux par les personnages qu'ils représentent, et l'on verra, sans doute, avec plaisir les Crébillon, Maupertuis, Chevert et Caylus orner notre recueil.

O Drouais! fils d'un artiste estimable, tu illustras aussi ton siecle! tu ne vis plus pour les arts, mais tu laisses à la postérité ton nom, ta Cananéenne et ton Marius. Oui, ton tombeau honorera cet ouvrage, et les ames sensibles reconnaîtront l'amitié dans son auteur.

La troisieme et derniere partie offre une dissertation historique sur la peinture sur verre, et une chronologie intéressante des principaux vitraux depuis l'origine de l'art, et particuliérement de ceux qui ont été exécutés d'après les dessins de Raphaël, Primatice, Albert Durer, Jean Cousin, Lesueur, Elie *le Belge*, etc.

Les amis des arts et des lettres espéraient retrouver dans cette collection, plusieurs monumens de notre histoire épars dans les départemens, et qu'il a été impossible jusqu'à présent de préserver des mutilations du tems et de la malveillance. C'est ainsi que s'exprime sur ce sujet, un citoyen distingué par ses talens littéraires et ses connaissances en beaux-arts.

« Puisqu'enfin voilà un véritable *Musée de sculpture française*, pourquoi ne l'enrichirait-on pas d'une foule de Monumens épars dans les départemens? Il existait à Bourg en Bresse, des tombeaux très-précieux de la maison de Savoie; à Joinville, on voyait ceux des Guises, à Ploërmel, à Nantes, ceux des ducs de Bretagne; à Josselin, celui du connétable de Clisson; à Moulins, celui de Montmorency; à Vienne, celui de Montmorin; à Dijon, ceux des ducs de Bourgogne, etc. Il est desirable que le citoyen Lenoir presse le gouvernement de l'autoriser à rassembler tous ces monumens historiques, dont on risque de perdre les débris; car ils ont partout eu à souffrir du dernier vandalisme. Il appartient sans doute de les restaurer à celui qui a développé un vrai courage pour nous en conserver un si grand nombre, et montré un talent réel à les bien disposer. » (Voyez *la Clef du Cabinet*, n°. 84, pag. 837.)

Pour répondre à des vues aussi patriotiques que sages, j'ai sur ce plan, adressé une demande au ministre, qui m'a fait espérer que dans des tems plus heureux pour les finances, il pourrait me seconder dans cette entreprise, et réunir dans le *Musée des monumens français*, tout ce qui pourra completter cette collection.

Dans le moment qu'une paix glorieuse pour la république française, va réunir tous les peuples de l'Europe dans le sanctuaire de la liberté, (*la France*) et amener dans notre grande cité les admirateurs de nos arts; il est du devoir de ceux qui les cultivent de faire des efforts pour activer les atteliers, et donner une nouvelle vie à des travaux qui ne peuvent

AVANT-PROPOS.

peuvent qu'être avantageux à la société, et qui doivent nécessairement honorer une grande nation et exciter l'industrie du commerçant ; c'est ce qui m'a déterminé à publier et à faire graver *in-folio* les monumens que j'ai rassemblés dans le Musée que je dirige. Ces gravures seront accompagnées d'une dissertation sur chaque monument, d'un précis de la vie des personnages qu'ils représentent, et des détails sur l'art et les artistes de chaque époque ; ouvrage que le *directoire a honoré de sa souscription*, et qui mettra les étrangers à même de connaître nos arts et nos talens, dont je fais remonter la chronologie au commencement de notre ère.

Un Elysée m'a paru convenir au caractere que j'ai donné à mon établissement, et le jardin m'a offert tous les moyens d'exécuter mon projet. Dans ce jardin calme et paisible, on voit plus de quarante statues ; des tombeaux posés çà et là sur une pelouse verte, s'élevent avec dignité au milieu du silence et de la tranquillité. Des pins, des cyprès et des peupliers les accompagnent ; des larves et des urnes cinéraires posées sur les murs concourent à donner à ce lieu de bonheur la douce mélancolie qui parle à l'ame sensible. Enfin on y retrouve une pierre, débris du tombeau d'Héloïse, sur laquelle j'ai fait graver les noms de ces infortunés époux ; les cénotaphes et les statues couchées du bon connétable et de Sancerre, son ami ; dans des sarcophages exécutés sur mes plans et dessins reposent les illustres restes de Descartes, de Moliere, de la Fontaine et ceux de Turenne ; plus loin une colonne supporte dans un vase le cœur de Jacques Rohault, digne émule de Descartes. Près de ce

B

cœur philantrope on découvre l'épitaphe touchante et modeste de Jean-Baptiste Brizard, ce favori de Melpomene qui nagueres faisait aimer la scene française.

On trouvera dans cet ouvrage des gravures soignées, des points de vues les plus intéressans de cet Elysée.

Mode d'inscription ou de souscription, sans avance, de l'ouvrage in-folio, *publié et rédigé par le citoyen* LENOIR.

Chaque livraison, composée de quatre estampes *in-folio* et de trois feuilles de texte, est de *six francs*, pour les personnes qui se feront inscrire pour la totalité de l'ouvrage, qui sera de trente à trente-six livraisons ; et de *neuf francs* pour ceux qui ne voudront pas se faire inscrire. Les épreuves seront délivrées aux inscripteurs dans l'ordre de la liste qui sera imprimée dans la quatrieme livraison. Il en paraîtra neuf à douze par an (1), à dater du 12 nivôse de l'an 6.

On s'inscrit à Paris, chez les auteurs et propriétaires de cet ouvrage, le citoyen LENOIR, au Musée, rue des Petits-Augustins, fauxbourg Germain ; et chez le citoyen GUYOT, artiste, qui s'est chargé de la gravure et de sa direction,

---

(1) Les circonstances malheureuses ont arrêté pour quelque tems la suite de cet ouvrage, qui paraîtra sitôt que les propriétaires seront à même de le continuer avec l'intérêt qu'il exige.

AVANT-PROPOS.

rue de la Monnaie, n°. 20, et à l'Elysée-Bourbon, fauxbourg Honoré ; à Augsbourg, chez M. TEZARI et Compagnie.

Pour prévenir les contrefaçons et avoir le droit de poursuite contre les contrefacteurs, il sera fait à la bibliotheque nationale un dépôt, conformément à la loi, de chaque livraison aussitôt qu'elle paraîtra.

Une grande partie des dessins étant faite, le citoyen LENOIR peut en faciliter la vue aux amateurs qui desireraient en prendre connaissance. Cet artiste invite les personnes qui auraient des renseignemens à lui communiquer sur les monumens de notre histoire, de vouloir bien les lui adresser, francs de port.

Le Musée des Monumens français est ouvert au public, les 3 et 6 de chaque Décade, depuis dix heures jusqu'à deux heures, et le décadi jusqu'à quatre heures.

TABLEAU DES ARTISTES
CITÉS DANS CET OUVRAGE.

NOMS et PRÉNOMS DES ARTISTES.	LIEUX où ils sont nés.	Années de la naiss.	mort.
A.			
Adam, (Lambert Sigisbert).	Nanci.	1700.	1759.
Algardi, (Alexandre)	Bologne.	1602.	1654.
Anguier, (François)	Eu en Normandie.	1604.	1699.
Anguier, (Michel)	Idem.	1612.	1686.
B.			
Barrois, (François)	Paris.	17	06.
Benoit,		incon	nues.
Bernin, (Jean-Laurent)	Rome.	1598.	1680.
Bocciardi,		incon	nues.
Boizot,		viv	ant.
Bouchardon, (Edme)	Chaumont en Bas.	1698.	1762.
Boudin,		incon	nues.
Bourlet, (Jacq.) fr. Bénédictin.		1663.	1740.
Bridan,		viv	ant.
Broche,		Id	em.
Buyster, (Philippe)	Bruxelles.	1595.	1688.
C.			
Cadene,		incon	nues.
Caffieri, (Jean-Jacques)	Paris.		1791.
Challe, (Simon)	Paris.		1765.
Chardin,		viv	ant.
Clodion, (Michel)	Nanci.	17	78.
Collignon, (Gaspard)			1702.
Cotton, (éleve d'Anguier)		incon	nues.
Coustou, (Nicolas)	Lyon.	1658.	1733.
Coustou, (Guillaume)	Idem.	1678.	1746.
Coysevox, (Antoine)	Id. (orig. d'Esp.)	1640.	1720.
Cellini, (Benvenuto)	Florence.	1500.	1570.
Cousin, (Jean)	Près de Sens.	15	60.

NOMS ET PRÉNOMS DES ARTISTES.	LIEUX où ils sont nés.	Années de la naiss.	Années de la mort.
D.			
Daniel Ricciarelli,	De Volterre.	1509.	1566.
Daujon,		viv	ant.
De Seine,		Id	em.
Desjardins, (Martin Vanden Bogaert)	Breda.	1640.	1694.
D'Huez,		incon	nues.
Dupré,		s. Hen	ri IV.
Duquesnoy,	Bruxelles.	1594.	1646.
Duret,		viv	ant.
E.			
Espercieux,		viv	ant.
F.			
Falconet, (Etienne)	Paris.	17	60.
Flamen, (Anselme)	Saint-Omer.	1647.	1717.
Francin pere, (Claude)	Strasbourg.	1701.	1773.
Francin fils, (Guillaume)	Paris.	viv	ant.
François Flamand, (*voyez* Duquesnoy.)			
Foucou,	Provence.	viv	ant.
Francavilla, (Pierre)	Cambray.	1549.	. . .
G.			
Gentil, (François)	Troyes.	vers	1560.
Girardon, (François)	Troyes.	1630.	1715.
Gois, (Adrien)		viv	ant.
Goujon, (Jean)	Paris.	. . .	1572.
Guérin, (Gilles)	Paris.	1606.	1678.
Guillain, (Simon)	Paris.	1581.	1658.
H.			
Houdon,		viv	ant.
Hurtrelle, (Simon)	Béthune.	1648.	1724.

NOMS ET PRÉNOMS DES ARTISTES.	LIEUX où ils sont nés.	Années de la naiss.	mort.
J.			
Joly,		incon	nues.
Julienne,	Provence.	Id	em.
Juste, (Jean.)	Tours.		1550.
K.			
Keller, (Jean-Balthasar)	Zurich.	1638.	1702.
L.			
Le Comte pere, (Louis)	Boul.-lès-Paris.	1643.	1694.
Le Gros, (Pierre)	Paris.	1666.	1719.
Le Lorrain, (Robert)	Paris.	1666.	1743.
Le Moine, (Jean-Baptiste)	Paris.	1704.	1778.
L'Espingola, (François)	Joinville.		1705.
Lestocart, (Claude)		incon	nues.
M.			
Marsy, (Balthasar)	Cambray.	1628.	1674.
Mazeline, (Pierre)	Rouen.	1633.	1708.
Mazière, (Simon)		incon	nues.
Michallon, (Claude)	Lyon.	1750.	1798.
Monnot,		viv	ant.
Mouchy,		Id	em.
N.			
Nourrisson, (él. de Girardon)		incon	nues.
P.			
Pajou, (Augustin)		viv	ant.
Pilon, (Germain)	Paris.		1605.

NOMS ET PRÉNOMS DES ARTISTES.	LIEUX où ils sont nés.	Années de la naiss.	mort.
Pigalle, (Jean-Baptiste)	Paris.	1714.	1785.
Ponce Trebati, (Paul)	Florence.		1562.
Poncet,		incon	nues.
Prieur, (Barthelemi)		15	50.
Primatice, (François)	Bologne.	1490.	1570.

R.

Raggi, (Antoine)	Lombardie.	1624.	1686.
Regnaudin, (Thomas)	Moulins.	1627.	1706.
Renard, (Nicolas)	Nanci.	1654.	1720.
Ricciarelli, (voyez Daniel.)			

S.

Sarrazin, (Jacques)	Noyon.	1590.	1660.
Slodtz, (René-Michel, dit Michel-Ange.)	Paris.	1705.	1764.
Solario, (André) él. de Léonard de Vinci.	Milan.		

T.

Tassaert,		viv	ant.
Thibault, (Frere-Jean)	Orléans.	1637.	1708.
Tuby, (Jean-Baptiste)	Rome.	1630.	1700.

V.

Van Cléve, (Corneille)	Paris.	1645.	1732.
Vassé pere, (Antoine)	Provence.	1683.	1736.
Vassé fils, (Louis-Claude)	Paris.		1772.
Vinci, (Léonard de)	Florence.	1445.	1518.

INTRODUCTION.

Les arts éprouvent des révolutions comme les empires : ils passent successsivement de l'enfance à la barbarie, et retournent peu-à-peu au point d'où ils étaient partis.

L'architecture peut être considérée comme le plus ancien de tous les arts : la nécessité de s'abriter a sans doute porté l'homme à la construction des cabanes et à l'emploi du chaume : ne cherchant alors que le simple nécessaire, il a coupé des arbres, taillé des madriers, et s'est, par ce moyen naturel, formé une demeure pour sa famille. Peu-à-peu cet art s'est aggrandi ; l'idée du beau a suivi le nécessaire, et cet art simple à sa naissance, a été porté au plus haut degré de perfection.

L'homme devenu artiste, se propose, en cherchant le beau, de construire des temples, d'élever des palais immortels et de dresser des statues. Ce ne sont plus ces cabanes rustiques, formées de simples piliers de bois, où il goûtait au milieu des siens tous les plaisirs de l'âge d'or, qui peuvent satisfaire ses desirs et ses besoins : poussé par les moyens que donne la civilisation, laissant derriere lui l'enfance de l'art, il exploite des carrières, il dompte la dureté des granits et des porphyres, il en obtient un vif poli ; il surmonte tous les obstacles, et des villes magnifiques s'élevent au milieu des déserts immenses.

Ce n'est que par les monumens que l'on peut donner un âge fixe aux arts. Le tems considérable qui s'est écoulé depuis l'établissement des Assyriens, jusqu'à la Gréce florissante, a causé tant de ravages dans ces contrées, qu'il n'a laissé aucuns vestiges de ces monumens durables sur lesquels on peut fixer les bases principales de l'état de l'art chez un peuple.

On croit que l'art de la peinture a pris naissance dans la Gréce; cependant Diodore de Sicile rapporte que Sémiramis fit peindre au pont qu'elle fit bâtir dans Babylone plusieurs figures coloriées, de différens animaux. Le même auteur parle aussi de statues en pierre et en bronze qui décoraient cette superbe ville.

Les Egyptiens n'avaient que des notions légères de la peinture: il est aisé de s'en convaincre en examinant les dessins qu'ils nous ont laissés sur les bandelettes et les coffres de leurs mômies. Ces figures ne sont que des hyéroglyphes mal dessinés et peints en détrempe. Tout était mystique chez ce peuple religieux, et la superstition avait tellement arrêté les progrès des arts au milieu des sciences, que leurs statues repoussent au lieu d'attirer.

Ces peuples qui rapportaient tout à leur culte, commencerent à s'occuper de la sculpture et de l'architecture, dit *Pline, liv. 36, chap. 13*, en parlant du superbe labyrinthe dédié au Soleil sous Psammeticus.

Les colonnes, les pyramides, les obélisques, et les autres monumens en granit et en porphyre, transportés depuis en Italie, sont des preuves du genre d'architecture pratiqué chez les Egyptiens.

Tacite, dans sa narration sur les *Voyages de Germanicus à Thebes*, dit formellement que cette ville était remplie de monumens superbes : déjà, à cette époque, elle avait été ruinée.

Argos, Sicyone et Athenes ont offert, presque dès leur berceau, des monumens des arts. Le cheval de bois, le bouclier d'Achille, les pénates qu'emporta religieusement Enée; le palladium de Troye, sont des autorités qui attestent la pratique des arts dans l'Asie-Mineure.

Les arts florissaient également chez les Carthaginois. La statue d'Apollon érigée dans le temple de ce dieu au port de Carthage, les dépouilles des maisons et des édifices publics que les soldats de Scipion emporterent, et que ce général fit servir à son triomphe; le bouclier d'Asdrubal, si renommé par la perfection de son dessin et de sa cizelure, qu'il fit appendre au capitole ; tous ces monumens prouvent assez que le goût des arts est un sentiment inséparable de l'homme en société, et que leur pratique est nécessairement liée à l'existence des grands gouvernemens.

Bularchus, Polygnotus et Mycon, furent les premiers peintres connus dans la Gréce ; et ce ne fut que vers la quatre-vingt-dixieme olympiade, sous le regne d'Alexandre, que la peinture prit une forme raisonnée, dit Pline. Cet art, avant cette époque brillante, était encore à son ébauche, et le peintre, resserré dans des bornes étroites, n'osait former que des traits avec une couleur égale en forme de camayeux (1).

Apollodore et Zeuxis, son élève, sont les pre-

---

(1) Cléophante de Corinthe inventa la peinture monochrone (ou camayeux) vers l'an 840, avant notre ère.

miers, suivant Quintilien, qui osèrent distribuer des lumières et des ombres dans leurs tableaux (1).

Les Grecs, après avoir passé plusieurs siècles à perfectionner le style dans les arts dépendans du dessin, éprouvèrent tant de révolutions dans leur gouvernement, que l'art déclina insensiblement, jusqu'au moment où il passa en Italie, après la conquête de Métellus.

Les Romains puisèrent le vrai goût des arts chez les Grecs. Fiers d'avoir vaincu le peuple qui faisait l'admiration des autres nations, ils emportèrent leurs statues, leurs bronzes et tous leurs objets précieux ; ils portèrent cet enthousiasme jusqu'à enlever des portions de murailles peintes par les plus habiles artistes de la Grèce : ils bâtirent des temples magnifiques pour recevoir ces trophées de leurs victoires (2).

Ce fut l'an 490 de Rome, sous le consulat de Messala, que les arts d'imitation furent portés au dernier période chez les Romains, dit Pline ; Fabius, Marcus Scaurus et Auguste, furent de zélés protecteurs des arts. Vitruve dédia son ouvrage à ce dernier, comme un hommage dû à son génie et à son goût pour les sciences.

―――――――――――

(1) Les artistes, en Grèce, jouissaient d'une haute considération, et leurs productions leur étaient payées en conséquence de cette considération. L'étude des arts, et en général des sciences exactes, n'était permise qu'aux jeunes gens d'une naissance libre.

(2) Ils enlevèrent d'Ambracie, ville où les rois d'Epire faisaient leur résidence, les neuf Muses, statues en marbre. Ce sont ces belles statues qui ornent maintenant notre beau Musée central des arts.

L'art de sculpter le marbre parfaitement se maintint à Rome dans toute sa pureté jusqu'au regne d'Hadrien, qui fit aussi des dépenses énormes pour encourager les artistes et propager le progrès des sciences. Cet empereur porta l'amour des beaux-arts jusqu'à faire restaurer dans l'Asie-Mineure une partie des anciens monumens qui avaient été ravagés. « *Avec Hadrien l'art se plaça sur le trône, et le courage des Grecs fut ranimé,* dit Winckelmann. »

On s'occupait encore des arts sous Hérode Atticus; il fit ériger des statues à ceux de ses affranchis qu'il affectionnait le plus : il fit élever des monumens à Athenes et dans plusieurs villes de la Gréce.

L'époque de la destruction des arts en Italie, est celle où Constantin quitta Rome pour aller se fixer à Bysance. Il enleva d'abord les statues les plus précieuses, et ensuite il emmena avec lui les artistes les plus instruits. C'est ainsi que l'art fut entiérement éteint dans Rome.

L'an 412 de l'ère chrétienne, un siecle après Constantin, Alaric, roi des Goths, ravagea l'Italie et prit Rome. En 456, Odoacre, roi d'Italie, saccagea cette ville et la mit au pillage. Genseric, roi des Vandales, la rendit presque déserte par ses ravages. Sa plus grande ruine arriva en 545, sous l'empire de Justinien, lorsque Totila, roi des Goths, ne se contenta pas d'en faire abattre les murailles, mais y mit le feu, qui dura treize jours. Les peintures devinrent la proie des flammes. Les sculptures furent en partie brisées ou mutilées, et les mosaïques partirent en éclats.

Dès le commencement du christianisme, il y eut des sectaires qui firent pour les églises souterraines, quelques tableaux en relief, qui représentaient des sujets de l'Ancien et du Nouveau Testament ; mais comme dans cette classe d'hommes il n'y avait point à Rome d'artistes célebres, et que leur croyance leur défendait de communiquer avec des hommes autres que de leur secte, ils ne purent tracer que des choses infiniment imparfaites.

En 624, les sectaires de Mahomet se porterent en Arabie, en Syrie, en Afrique et en Espagne ; ils y exercerent leurs ravages sur tout ce qu'ils rencontrerent offrant des images de choses vivantes, ainsi que le prescrivent leurs dogmes. Les Sarrazins détruisirent à la même époque, dans toute l'Italie, ce qui restait de monumens des arts ; sous le pontificat de Léon IV, ils entrerent dans Rome, prirent le bourg du Vatican, et incendierent l'église de Saint-Pierre.

Un siecle après Mahomet, parut la secte des Iconoclastes, secte dont les arts ont le plus à se plaindre : ils ravagerent et détruisirent ce que Constantin et ses successeurs avaient réuni dans Constantinople et les autres villes. Conon l'Isaurien, plus connu sous le nom de Léon, était à la tête de ces dévastateurs ; Constantin Copronyme, son fils, ajouta encore aux excès de son pere. Léon, fils de Copronyme, surpassa son ayeul et son pere en destruction.

Enfin après plusieurs règnes de ce genre, Théophile, fils de Michel le Begue, monta au trône en 829. Il prit de son pere un si grand acharnement contre la peinture, qu'il défendit à tout artiste d'exercer son talent (1).

Les Goths, après avoir ravagé l'Italie, voulurent aussi s'occuper des beaux-arts ; mais leur état continuel de guerre les maintint long-tems dans l'ignorance et dans la barbarie.

Les anciens Gaulois, guerriers par nécessité, s'occupaient peu des beaux-arts. Les forêts et les champs étaient leurs temples. Des élévations en pierre brute et sans ornement, leur servaient d'autels.

Il nous reste peu de monumens de ces peuples sauvages ; ceux qui nous sont parvenus annoncent un commencement de civilisation, puisqu'ils sont revêtus de bas-reliefs et d'inscriptions.

On voit dans ce Musée six pierres celtiques dont la forme est quarrée, et qui paraissent être les débris d'un autel érigé à Jupiter, sous le regne de Tibere, par des Parisiens commerçant par eau, ainsi que l'annonce l'inscription suivante, gravée sur l'une de ces pierres :

TIB. CAESARE
AVG. JOVI OPTVMO.
MAXSVMO (*Ara*) M
NAVTAE PARISIACI
PVBLICE POSIERVNT.

---

(1) Un moine nommé Lazare, peignant des tableaux de dévotion, fut découvert ; l'empereur lui fit souffrir

Ces monumens trouvés à Paris dans le chœur de Notre-Dame, en faisant des fouilles, ont été publiés la même année (1711) par Baudelot, Moreau de Mautour, etc., et depuis par Félibien.

Piganiol prétend que Notre-Dame a été bâtie sur les débris d'un temple dédié à Jupiter.

Childebert, en 554, ordonna la démolition des temples et des idoles dédiés à un autre culte que le sien; ainsi l'opinion de Piganiol peut être fondée.

Les Goths, pendant leur séjour à Rome, produisirent peu de monumens, soit en sculpture, soit en architecture.

Théodoric, beau-frere de Clovis, fit construire à Rome, et dans les principales places de la Romagne, plusieurs églises que l'on y voit encore, toutes d'un genre très-éloigné du beau, et d'un goût gothique qui fut imité, non-seulement dans toute l'Italie, mais encore dans toute l'Europe.

Les Lombards, qui séjournerent 218 ans en Italie, continuerent leur mauvais goût gothique.

Les églises construites par Clovis et Dagobert, sont absolument gothiques-lombardes, ainsi que

---

de grands tourmens; étant guéri, il retourna à son travail; Théophile le fit arrêter, et lui fit appliquer aux mains des lames de fer ardentes, afin de lui brûler les chairs; ses blessures se cicatriserent, et il s'adonna encore en secret à son talent, qu'il cultiva après la mort de ce tyran.

Après une lutte de près d'un siecle et demi entre les empereurs et les arts, ils dûrent nécessairement s'anéantir, et la secte amateur d'images a dû finir par n'en plus posséder que de très-mauvaises.

Saint-

INTRODUCTION.

Saint-Denis et les autres basiliques que ce dernier fit bâtir tant en France qu'en Allemagne.

Ce mauvais goût se perpétua sous la premiere et la seconde race des rois de France, comme le prouvent les édifices bâtis par Charlemagne. L'architecture fit alors quelques pas vers le beau, si l'on en juge par l'église élevée à Florence, en 805; monument qui servit de modele à d'autres édifices. Vers 1178, un architecte grec bâtit à Venise l'église Saint-Marc dont le portique existe encore.

L'histoire rapporte que les Normands pendant les incursions qu'ils firent à Paris, sous différens regnes, ravagerent les temples des chrétiens, briserent les statues et les images de leur culte, dilapiderent les tombeaux, et mutilerent les monumens des arts. Plusieurs rois de France firent rétablir à leurs frais les basiliques et les monumens qu'ils avaient ravagés. Sainte-Genevieve fut restaurée par Robert *le pieux*; l'abbaye de Saint-Denis par Suger et Louis IX : Christophe de Thou fit restaurer l'église des Cordeliers de Paris.

Cependant sous Louis IX le célebre Montreau (1) parut à Paris; il y bâtit plusieurs édifices publics, tels que la Sainte-Chapelle, le réfectoire de Saint-Martin-des-Champs, celui de Saint-Germain-des-Prés, et la grande chapelle de la Vierge. Ce genre

---

(1) Saint-Louis employa pour la bâtisse Pièrre Montreau, fameux architecte de son tems; dont on a encore des ouvrages recommandables par la délicatesse et la solidité, tels que le réfectoire et la grande chapelle de la Vierge de l'abbaye de Saint-Germain-des-Frés, qui n'est pas beaucoup inférieure en étendue et en beauté à la Sainte-Chapelle. (*Voyez* l'histoire de la Sainte-Chapelle.)

INTRODUCTION.

hardi d'architecture, imité des Arabes, est encore admiré.

On conservait dans cette chapelle, la tombe en pierre de liais qui couvrait cet artiste; il y avait été inhumé le 17 mars de l'an 1266, avec Agnès son épouse.

Cette pierre qui avait été gravée en creux, le représentait avec une regle et un compas à la main : l'inscription suivante était gravée sur cette pierre sépulchrale.

Flosplenus morum, vivens doctor, Latomorum Musterolo natus jacet hic Petrus tumulatus quem rex cœlorum perducat in alta polorum, christi milleno, bis centeno duodeno.

Cum quinquageno quarto decessit in anno.

Ce monument vient d'être retrouvé dans des décombres, et reprendra bientôt sa place dans cette collection.

Le goût gothique en France se prolongea dans la sculpture et dans la peinture, sous la deuxieme et en partie sous la troisieme race, jusqu'à Louis XII.

Les Toscans furent les premiers qui commencerent à retirer les arts d'imitation du mauvais goût et de la barbarie dans laquelle les Goths les avaient laissés.

En 1013, on construisit à Florence une église qui fut dédiée à Saint-Miniate.

Dès ce moment, le goût commença à se développer; plusieurs artistes adapterent, avec intelligence à leurs bâtimens, les bas-reliefs antiques qui se découvraient alors; ils attirerent dans leurs villes des sculpteurs et des peintres grecs dont le mérite se bornait à faire de simples camayeux; car à cette

INTRODUCTION.

époque, l'art du clair-obscur était encore ignoré. Ces artistes grecs apprirent aux Italiens l'art de la peinture en détrempe, de la fresque et de la mosaïque.

Peu de tems après naquit Cimabué pour rendre à la peinture la splendeur que tant de siecles de barbarie et de guerres lui avaient enlevée. Cimabué apprit son art de deux peintres grecs appelés à Florence pour peindre la chapelle de Gondi. Cimabué, lié d'amitié avec le Dante et le célebre Pétrarque, ne tarda guere à perfectionner son talent et à répandre la lumiere dans toutes les parties des beaux-arts. De nos jours, l'Institut national nous présente une réunion semblable de talens qui ne peut que rendre de grands services aux arts et aux sciences.

Sous François Ier, les sciences et les arts furent portés à un très-haut point de considération. Cet ami des arts fit venir de l'Italie un nombre d'artistes habiles qu'il encouragea, non-seulement par des travaux, mais encore par des récompenses honorables. Il tint à honneur de tenir dans ses bras Léonard de Vinci expirant, qu'il avait fait venir auprès de sa personne. Enfin cet homme de goût sut, à force de travaux et d'encouragemens, fonder les arts dans un pays qui jusqu'alors avait été barbare.

L'école française fut fondée en 1540, et François Ier après avoir reçu les derniers soupirs de Léonard, donna sa confiance à Jean Cousin, peintre-sculpteur et géometre célebre. Jean Cousin fut le fondateur de cette école immortelle, qui depuis attira sur elle les regards de l'Europe (1).

---

(1) Jean Cousin est mort en 1589, fort avancé en âge; on ignore la date de sa naissance.

Sous les regnes orageux de Médicis et de Charles IX, les arts furent aussi encouragés ; quantité de monumens furent érigés, et l'art se maintint dans sa perfection.

Pendant que Henri combattait pour monter au trône de France, les ligueurs se porterent à l'abbaye de Saint-Denis, et y mutilerent les monumens des arts qui montrent encore aujourd'hui les marques de leur fureur (1).

La sculpture rendue à toute la pureté par Goujon et Pilon, avait pris une haute considération, lorsque la peinture, le plus agréable des arts, pour ainsi dire délaissée et abandonnée, languissait en France, malgré les efforts que fit Jean Cousin pour l'établir avec succès. Ce peintre statuaire publia sur cet art, des principes faits pour enseigner la route que Michel-Ange et Raphaël avaient si puissamment tracée dans toutes les branches de l'art du dessin. Vains efforts, ce ne fut que vers 1615 que l'on s'occupa sérieusement de la pratique de la peinture ; jusqu'alors on avait employé des artistes étrangers, à la décoration des monumens publics.

Simon Vouet, doué d'une imagination féconde, montra une si grande facilité dans ses compositions, qu'il plut à la cour de Louis XIII. Tous les travaux furent exécutés sous sa direction, et son école obtint la prépondérance.

Nicolas Poussin, que la nature avait sans doute formé pour l'honneur de l'école française, et pour

---

(1) Henri IV fit construire dans son palais, vingt-quatre logemens en faveur des artistes distingués de son tems. Cette fondation honorable a été prodigieusement augmentée depuis son institution.

ramener les arts à cette sévérité et à cette justesse d'expression qui seule les distingue, vint à Paris; bientôt il y déploya les ressources de son génie et de ses facultés morales. Il fut employé et peignit des plafonds dans le château du Louvre. L'envie qui veille sans cesse auprès du vrai mérite, lui suscita d'affreux dégoûts.

Vouet fut le moteur des tracasseries sans nombre que l'on fit éprouver au premier peintre français. Il se servit de l'ambition et du caractere despotique de Lebrun (1) son éleve, pour éloigner de la France un talent qui devait nécessairement renverser la maniere facile et pernicieuse qu'il avait enseignée dans son école. Ils parvinrent à leur but; et Poussin accablé sous le poids des injustices quitta sa patrie, passa sur une terre étrangere pour exercer la peinture avec la liberté qui convenait à son génie; il y mourut (2).

---

(1) Lebrun âgé alors de 22 ans, avait produit plusieurs ouvrages d'une grande force : Hercule faisant manger Diomede par ses chevaux et le Massacre des Innocens; tableaux placés dans la galerie du Palais-Royal. Cependant Lebrun après avoir flétri son talent par les approches de la cour de Louis XIV, dont il fut nommé le premier peintre, produisit quelques ouvrages distingués; doué d'une imagination heureuse et féconde, il réussit dans l'art de distribuer ses groupes. (*Voyez* les batailles d'Alexandre.) Il a souvent donné de l'éclat à ses ouvrages par la beauté des expressions, ce qui est parfaitement reconnu dans le tableau de la famille de Darius qu'Edelinck a rendu si célebre.

(2) Roger de Piles, *article* Poussin, dit :
Il commença dans la galerie du Louvre les travaux d'Hercule, dans le tems que la brigue de l'Ecole de Vouet le chagrinait par des médisances et de mauvais

Les peintres et les statuaires furent très-occupés sous Louis XIV qui avait le plus grand desir de perfectionner les talens ; mais les artistes entraînés par Lebrun dans un style nouveau qu'il introduisit dans ses académies, abandonnerent totalement la simplicité de la nature et le goût de l'antique. Ce système nouveau prit avec fureur, et ce fut pour les arts dépendans du dessin, l'époque de leur décadence. Lesueur, le faible Lesueur eut le courage d'y résister seul, et mourut à trente-huit ans, victime, dit-on, du despote Lebrun (1).

Sous Louis XV, Vanloo et Boucher furent les apôtres d'un goût si dépravé, que l'art et l'enseignement tomberent dans une entiere dégradation.

Quatremere-de-Quincy, sculpteur en état d'apprécier les chefs-d'œuvre de l'antiquité s'exprimait ainsi en 1791, sur les causes de la décadence des arts en France.

---

discours. Cela joint à la vie tumultueuse de Paris dont il ne pouvait s'accommoder, lui fit prendre la résolution secrette de retourner à Rome, sous prétexte de mettre ordre à ses affaires domestiques ; mais quand il fut à Rome, il ne voulut jamais revenir en France.

On lit dans Fontenai, *article* Poussin :

...... La galerie de ce palais (le Louvre) devait représenter les travaux d'Hercule, mais il trouva trois envieux à combattre ; Lemercier, premier architecte du roi ; Vouet qui était en grande réputation ; et Fouquiers, fameux peintre flamand. Il fit des mémoires pour se défendre de leurs calomnies et pour justifier son ouvrage ; enfin las de toutes ces disputes, etc..... il s'en retourna à Rome en 1642.

(1) Watelet parlant de Lebrun : « Sa conduite orgueilleuse et despotique avec les artistes fut expiée par les mortifications qu'il éprouva sur la fin de sa vie, et que lui causa Mignard qui lui était inférieur. »

« Ceux qui connaissent l'histoire morale de l'académie, savent que cet esprit de distinction n'a fait depuis que s'y fortifier. Il y eut toujours une sorte de guerre ouverte entre l'académie et la communauté des peintres, (l'académie de Saint-Luc, dont Eustache Lesueur, Lepaultre, etc., s'honorerent d'être membres, et dont ils préfererent l'égalité qui y regnait à celle qui fut instituée par Lebrun, dans laquelle ils dédaignerent d'entrer; l'académie de Saint-Luc fut détruite par Pierre, peintre aussi médiocre qu'il était hautain. ») Cette rivalité eût eu d'heureux effets, si les deux émules eussent pu combattre à armes égales. Mais le nom seul d'*académie royale* devait écraser la jurande bourgeoise. Celle-ci n'existait plus que par les saisies qu'elle essayait de renouveller de tems en tems contre tous ceux que ne pouvaient couvrir l'égide académique. Les places d'*agréé* furent instituées pour offrir un abri provisoire aux poursuites des jurés. Le titre seul d'éleve de l'académie donnait un rempart contre les atteintes de la communauté, qui disparut enfin tout-à-fait en 1776. Des médailles académiques ont proclamé cette victoire, et en ont consacré le souvenir avec les mots pompeux de *liberté rendue aux arts*.

Délivrés des vexations de la jurande, les artistes ne perdirent point cependant l'ambition de l'investiture académique. Elle fut toujours l'objet constant de leurs vœux et le but de tous leurs efforts. Un siecle d'opinion avait habitué le public à regarder l'académie comme l'élite des plus habiles maîtres; l'honneur d'y inscrire son nom, l'intérêt attaché à cet honneur, ont perpétué jusqu'à ce jour la tendance naturelle de tous les desirs vers une association qui donne la réputation, et la fortune qui en est l'effet.

« Ce petit abrégé historique de l'académie nous prouve que ce corps se compose de deux substances ; l'une utile, et qui consiste dans les rapports de l'enseignement ; l'autre purement honorifique, et qui consiste dans l'investiture du titre qu'elle confere à ceux qui y sont agrégés, c'est-à-dire qu'on peut y distinguer l'école de l'académie. Quant à l'école, j'observerai à ceux qui, pour invoquer sa destruction, peuvent se prévaloir de l'affaiblissement progressif qu'on y observe depuis Lebrun et ses fondateurs, jusqu'à nos jours, que la raison de cette décadence est beaucoup plus qu'on ne le croit, dans cette combinaison très-vicieuse et très-impolitique des deux substances que nous venons de reconnaître à l'académie.

» C'est cette complication de deux essences fort étrangeres l'une à l'autre, qui a fait naître dans ce corps hermaphrodite tous les genres de passions les moins compatibles avec l'amour des arts, qui y a excité de tout tems ces mouvemens fébriles de l'orgueil, (*suite ordinaire de l'ignorance,*) de l'avarice, de l'ambition ; qui a imprimé à tous ceux qui le composent, cette répugnance contre tout talent né hors de son *sein,* ou qui prétendrait aspirer à la gloire par d'autres moyens que les *siens ;* qui y a produit enfin ce despotisme incurable et invisible à ceux mêmes qui en sont les agens et les victimes, cette espèce de superstition qui s'empare de l'enfance, enveloppe tous ses sujets d'un tissu insensible de préjugés, maîtrise leurs facultés, fascine leurs yeux, et tyrannise leur intelligence.

INTRODUCTION.

» Qui ne voit pas que ce corps, juge et partie tout à la fois, ne réservera ses couronnes que pour ceux qui se seront montrés dociles à suivre ses leçons ; que l'admission à l'académie devenant le prix des succès dans l'école, ce corps est un *cercle vicieux* d'influence morale sur ceux qui exercent les arts ? Qui ne voit pas que lorsqu'un jour on doit avoir pour juges de son talent, et arbitres de sa fortune, ceux dont on aura été le disciple, l'ambition de devenir leur égal et de s'asseoir à côté d'eux, le penchant à la flatterie, si efficace, si active en ce genre, le desir de parvenir, et tant d'autres motifs, viendront fortifier encore l'inclination si naturelle des éleves à copier leurs maîtres ?

» De-là cette uniformité de physionomie dont on se plaint depuis si long-temps dans tous les ouvrages ; de-là cette dégradation périodique de chaque génération, dont le caractere, empreint d'une façon toujours la même, ne doit donner que des épreuves de plus en plus usées et affaiblies ; de-là surtout ce grand vice qui, d'une multitude de maîtres, n'en fait qu'un seul, en réunissant par l'esprit de corps, à une seule méthode, à une seule maniere de voir, toutes les habitudes que la routine et l'exemple dirigent dans le même sens. »

» Raphaël n'eut pas l'avantage d'étudier dans une académie (*dit Reynolds ;*) mais Rome entiere, l'antique surtout, et les ouvrages de Michel-Ange, furent son académie. »

Ce n'est qu'après avoir vu les ouvrages de Michel-Ange que le génie de Raphaël s'est développé : renfermé dans l'école du Pérugin son maître, il avait pris de lui un goût dur et barbare : frappé comme d'une lumiere céleste à la vue de la chapelle Sixtine, il compara les statues des Grecs avec la nature, et dès ce moment il fut un homme sublime.

« Raphaël peignant à fresque une des loges du Vatican, avait fait une tête du Pere-Eternel, fort belle, à la vérité, et très-majestueuse, mais ce n'était qu'une tête humaine. Michel-Ange en avait fait une à la voûte de la chapelle Sixte, et la suprême majesté, l'air *sur-humain*, le caractere sublime, la fierté divine qui l'animait, firent sur Raphaël la plus profonde impression : plein du beau qu'il vient de saisir, il retourne à ses travaux, et fait un Dieu.

» Michel-Ange fut voir à son tour les peintures de Raphaël dans le petit Farnese, dans le moment où il n'y était pas ; et pour lui faire connaître qu'il était venu, il dessina au charbon une belle tête de Faune, dans un coin du plafond. Raphaël, en la voyant, s'écria que ce ne pouvait être que Michel-Ange qui eût fait ce dessin ; il le respecta en ne mettant rien à l'endroit : on le voit encore. » (Voyez *la Vie de Michel-Ange, par Hauchecorne*, pag. 372.)

Paris, dans ces tems de calamité pour les arts, n'avait ni Musée ni collections publiques ; les maîtres, par orgueil, cachaient aux éleves les chefs-d'œuvre des grands hommes, se donnaient seuls pour modeles, et faisaient de leurs éleves des esclaves auxquels ils faisaient porter leurs livrées.

Versé dès ma jeunesse dans l'art du dessin, je me suis convaincu que les collections étaient plus précieuses pour les progrès des arts que les écoles, où les élèves ne voient jamais de monumens, et dans lesquelles ils n'entendent aucunes dissertations. Les exemples que l'on a sous les yeux, les comparaisons que l'on fait d'une maniere de faire avec une autre, forment le goût et constituent l'étude raisonnée. Sans ce travail de l'esprit, l'étude n'est plus qu'une routine, l'art devient un métier et se dégrade infailliblement (1).

Enfin le célebre Vien parut : il ouvrit une école nombreuse, améliora le style et le bon goût dans le dessin ; et déjà une foule de maîtres habiles, sortis de son école, répandent la lumiere parmi les éleves qu'ils forment, et nous font voir dans l'avenir l'école française rivale de l'école romaine. Marie-Joseph Peyre (2), par ses leçons et ses recherches, rétablit aussi le bon goût dans l'architecture, et publia un ouvrage sur les élémens de cet art (3).

Le citoyen David Leroy, connu par son recueil sur les monumens de la Grèce, a également contribué à la restauration de l'architecture ; ce respectable professeur a eu le courage de développer dans ses leçons, les principes des anciens sur la proportion des ordres. Septuagénaire, il consacre

---

(1) Ces motifs puissans m'ont déterminé à ouvrir dans le Musée que je dirige, un cours théorique et une école-pratique de l'art du dessin.

(2) C'est à cet artiste, restaurateur de l'architecture, que nous devons les talens distingués des citoyens Persier et Fontaine, ses éleves.

(3) Cet ouvrage, utile aux éleves qui se destinent à l'étude de l'architecture, se trouve chez le fils de l'auteur, rue des Poitevins, n°. 13.

encore ses veilles à des recherches utiles et précieuses pour la théorie de cet art.

Quelle carriere brillante s'offre aujourd'hui pour nos peintres et nos statuaires ! L'histoire de la révolution française est un champ vaste qu'ils doivent parcourir avec honneur. Ce n'est plus la palme et la couronne des martyrs du Christ qu'ils auront à représenter; mais celles de la victoire, mais celles de la liberté, de la concorde et de la paix. Les tableaux rians de la douce philantropie qui se pratique dans nos temples, va prendre enfin la place d'une religion triste, dont la mythologie ne présentait aux arts que des supplices, des malades ou des morts.

Dans tous les tems, les images et les spectacles ont influencé la morale publique. Les religions ne se sont accréditées que par le faste de leurs cérémonies et la représentation de leurs mysteres. Voilà ce qui a donné naissance à ces personnages fantastiques auxquels l'artiste était obligé de donner une forme humaine pour tromper plus habilement les esprits crédules.

Nous sommes enfin arrivés au terme où l'art, libre et dégagé de toutes ces erreurs, va renaître et s'asseoir auprès de la vérité. L'esprit philosophique qui reprend son empire, va nécessairement porter les artistes à l'imitation simple de la nature dans sa perfection, à la représentation exacte des vertus morales et vraiment républicaines, et propager par-là l'enseignement et le bonheur public. C'est ainsi que pensaient les artistes-philosophes dans les beaux jours d'Athenes.

ARCHÉTYPES

DES

MONUMENS

ANTIQUES.

DESCRIPTION

DES

ARCHÉTYPES

ANTIQUES.

Dès que les peuples ont commencé à se civiliser, ils se sont occupés des arts, comme aliment essentiellement nécessaire à l'activité du commerce, qui, sans leur participation serait nul et sans vie.

Les anciens pénétrés de cette importante vérité, bâtirent des temples et des palais magnifiques, pour servir à la réunion des savans et des artistes.

Ces temples et ces palais étaient connus sous le nom de Musées; car Musée ne désigne pas seulement un local qui renferme des monumens des arts, mais aussi celui où les artistes s'assemblent pour disserter sur les arts. Tel fut le Musée d'Alexandrie dans lequel ses rois, et depuis la conquête de l'Egypte les empereurs Romains ont entretenu avec une magnificence extraordinaire un nombre de savans, dont toute l'occupation était de s'appliquer aux lettres.

Plutarque attribue l'invention de ce Musée à Ptolémée : *Ptolemæus qui primus viros doctos in Museum convocavit* ; et ce fut ce même Ptolémée Philadelphe, amateur des arts et des lettres, qui s'appliqua pendant son regne à en étendre l'empire en Egypte.

Le Musée d'Athenes était un temple consacré aux Muses, bâti au pied d'une petite colline, située dans l'ancienne enceinte, vis-à-vis la citadelle : c'est là que s'assemblaient les savans, les poëtes et les philosophes de la Gréce.

Les Grecs solliciterent plusieurs lois pour l'honneur des arts et en faveur des artistes.

Les Romains à leur imitation se piquerent aussi d'encourager les sciences ; et l'empereur Claude, au rapport de Suétone, ajouta à l'ancien Musée un nouvel établissement de ce genre, auquel il donna son nom : *Quarum causâ veteri Alexandriæ Museo additum ex ipsius nomine.*

Honorer les arts, c'est s'aggrandir soi-même. Alexandre visitait souvent Apelle ; François Ier reçut les derniers soupirs de Léonard ; Charles-Quint se délassait de ses travaux dans l'attelier du Titien.

Si l'on considere la chronologie des siecles passés comme un livre ouvert à l'instruction, et dans lequel on lit la marche des événemens, on sentira la nécessité de classer les monumens selon leurs époques, en suivant la ligne de démarcation que la nature a tracée elle-même.

Un Musée doit en conséquence, avoir deux points de vue dans son institution. Vue politique et vue d'instruction publique ; dans la vue politique, il doit être établi avec assez de splendeur et de magnificence pour parler à tous les yeux, et appeler des quatre coins du monde les curieux qui se feraient un devoir d'ouvrir leurs trésors pour les verser chez un peuple ami des arts. Pris dans la vue d'instruction, il doit renfermer tout ce que les arts et les sciences réunis peuvent offrir à l'enseignement l'enseignement public. Tels étaient les Musées des anciens peuples dont nous aimons encore le souvenir.

Si le bien des arts nécessitait la destruction des académies si vicieuses par leur organisation, leur progrès demandait aussi un moyen d'enseignement clair et facile qui procurât à tous les citoyens, sans bourse délier, les facilités de consulter les grands maîtres ; ces moyens d'étude se trouvent de fait dans un Musée chronologiquement disposé ; c'est là que la jeunesse trouvera par les rapprochemens qu'elle pourra faire d'elle-même, des modeles sûrs pour diriger la marche de ses études ; car il est reconnu que dans les sciences exactes, on doit être parfaitement nourri des différens ouvrages qui ont précédé notre siecle dans la partie que le goût nous a fait embrasser, et que ce n'est qu'après une longue méditation de la nature, que ce n'est qu'à force de comparer les chefs-d'œuvre des grands maîtres avec elle, que l'on parvient soi-même à être un homme célebre. C'est en raison de cet impérieux besoin où se trouvent les jeunes éleves qui suivent la carriere des arts, que j'ai reconnu l'indispensable nécessité de placer dans un Musée tous les monumens des arts par école et par ordre chronologique. En observant ce classement chronologique pour l'arrangement du Musée central de peinture, il devient naturellement une école savante et une encyclopédie où la jeunesse trouvera mot à mot tous les degrés d'imperfection, de perfection et de décadence par lesquels les arts dépendans du dessin ont successivement passé. Cet ordre méthodique est celui que les conservateurs des Musées doivent suivre, s'ils veulent embrasser ces établissemens nationaux dans tous leurs rapports politiques et philosophiques, et surtout s'ils veulent les voir comme le flambeau qui doit éclairer la génération prochaine, dont l'absence de la lumiere avait pendant plus d'un siecle maintenu le mauvais goût. Ce sont ces motifs qui ont dirigé les travaux que je me suis proposés dans le *Musée des monumens français*; commençons par les anciens peuples pour ouvrir la marche des siecles que nous avons à parcourir.

N°. I.

Modele d'un sarcophage en porphire de trois pieds de long, sur vingt-un pouces six lignes de large, posé sur des supports, aussi de porphire, représentant des animaux chimériques; sur les revers des supports sont des bas-reliefs grossièrement exécutés.

Ce monument, dont une partie est antique et l'autre d'une restauration moderne, n'est qu'une imitation du style égyptien que l'on fait remonter au premier tems des empereurs.

L'art de travailler les porphires, les granits, les basaltes, et en général toutes les matieres dures, datent de la plus haute antiquité. Les Egyptiens employaient souvent ces matieres précieuses dans leurs monumens publics.

On voit au Musée central des arts deux figures du premier style égyptien, exécutées en granit rouge dans la proportion de quatre pieds. Ces figures précieuses sont chargées d'hiéroglyphes, et représentent des prêtres, dont l'un montre au peuple une divinité qu'il tient enfermée dans une boîte. Les Grecs ont perfectionné ce genre de travail ; ce que l'on est à même de juger, si l'on examine dans le même Musée une tête de Minerve en porphire, faussement prise pour un buste d'Alexandre.

On lit dans Winkelmann une dissertation savante sur les bustes connus d'Alexandre.

Les Romains ont aussi fait travailler ces matieres par des artistes grecs. On voit également dans ce *Musée intéressant, dirigé par des artistes d'un mérite rare et reconnu,* des bustes exécutés sous les empereurs, qui peuvent constater l'état de ce travail à cette époque.

Les richesses de la France en beaux-arts sont immenses, et ce Musée par sa bonne direction peut attirer tous les regards de l'Europe.

Cette urne (1) destinée probablement à contenir les cendres d'un personnage distingué, paraît avoir été dédiée à Bacchus. Les têtes des animaux qui composent les supports que l'on dit représenter des chats sauvages aîlés, tiennent plus de la forme d'un lion rugissant. On sait que ce dieu prit la figure de cet animal pour combattre les géans, et principalement leur chef Réthus.

M. Bouret qui avait acheté ce morceau précieux à Rome, l'avait déposé dans la maison Verospi : le savant Caylus, en eut connaissance, en fit

___

(1) Le terme d'urne, dont je viens de me servir, (dit Caylus, tome VII,) est non-seulement convenable à son ancienne destination ; mais les Italiens l'emploient aujourd'hui, même en parlant des tombeaux destinés à renfermer les corps dans toute leur longueur.

l'acquisition, le fit venir à Paris, et élever dans son jardin où il le contemplait souvent. *Maintenant il se voit au Musée central des arts.*

N°. I *bis*.

Trois morceaux de bas-reliefs réunis dans un seul cadre.

Ces morceaux n'ont aucun rapport les uns avec les autres.

Dans le premier, on remarque une femme assise sur une chaise : elle est occupée à former une guirlande de fleurs et de fruits, et dans l'attitude de les offrir en sacrifice. Derriere elle est une petite figure dont il est impossible de deviner le sujet à cause des mutilations ; cependant il est à croire qu'elle représente une divinité protectrice. Sous la chaise on remarque une levrette, et derriere est placé un squelette.

Le morceau du milieu, d'un travail grec, représente une couronne de chêne dont le vide est rempli par l'inscription suivante :

ΗΒΟΥΛΗ

ΚΑΙΟΔΗΜΟΣ

ΣΤΕΦΑΝΟΙ

ΧΡΥΣΩΣΤΕΦΑ

ΝΩΕΠΑΦΡΟ

ΔΕΙΤΟΝΑΣΤΕ

ΚΤΟΥΗΡΩΑΥ

Cette inscription porte sans contredit un hommage authentique, rendu par les Grecs à un homme

ANTIQUES.

célebre. Nous savons qu'il suffisait chez eux d'avoir fait quelqu'action d'éclat, soit sur le champ de bataille, soit dans la tribune aux harangues, pour réclamer et obtenir une couronne d'or : d'après cela, il semble vraisemblable qu'Epaphrodite ait été l'objet de ce monument, quoique ce nom ne soit pas consacré dans les fastes de l'histoire.

La traduction littérale semble devoir être :

Les magistrats et le peuple décernent une couronne d'or à Epaphrodite par ce monument public.

L'autre débris est aussi un fragment de tombeau ; ce que l'on apperçoit aisément par l'attitude que l'auteur a donnée à la figure de femme qu'il représente.

N°. I I.

Pierre sépulchrale, en marbre de Paros, représentant un sacrifice.

On remarque dans ce bas-relief un homme debout, portant la barbe, vêtu d'une tunique longue portant un manteau jeté sur l'épaule gauche, ayant le corps à moitié découvert et la main droite posée sur la tête d'un Terme qui est près de lui. On voit au Terme les especes de bras coupés qui servaient à les porter dans les fêtes religieuses : au bas du Terme est un petit enfant dans l'attitude de l'attention ; ses regards sont tournés vers une femme assise à la gauche du personnage sacrificateur : cette femme est dans l'attitude la plus simple, se découvrant le visage d'un voile qu'elle leve.

54 MONUMENS

Voici l'inscription figurée de ce monument :

ΗΒΟΥΛΗ ΚΑΙΟΔΗΜΟC· ΕΛΙ
CΤΕΦΑΝΟΙ ΧΡΥCωCΤΕ· ΚωΝΙ
ΦΑΝω· ΕΥΡΥΘΜΟΝ· ΕΠΙΑC ΕΡ
ΤΥΧΕΟC· ΠΡΟΜCΙΡωC· ΜΙΟΥ
ΒΙωCΑΝΤΑ·

Celle-ci est du genre de la précédente, et a pour objet un autre homme célebre, nommé Eurythme. Il faut observer que dans cette inscription les mots ελιχωνιεις ερμοῦ sont écrits en caracteres différens de la phrase principale qui peut s'interpréter ainsi.

Les magistrats et le peuple décernent une couronne d'or à Eurythme, qui a vécu de maniere à mériter cet heureux destin.

Alors ces mots ελιχωνιας ερμοῦ peuvent signifier Elikonias, fils d'Ermiès, et être le nom de l'auteur du petit bas-relief.

N°. III.

Autre pierre sépulchrale revêtue de l'inscription suivante :

ΦΙΛΟ ΧΑΡΗΣ· ΤΙΜΑΓΟΡΑ
ΦΙΛΩΝΙΔΟΥ ΗΦΑΙΣΤΟΔΩΡΑ
ΚΗΦΙΣΕΥΣ·

Cette pierre couvrait probablement deux époux, comme l'indique le bas-relief où on les voit se donner la main. Au-dessus de la tête de chacun, on lit son nom. Sur celle de l'homme, on voit *Philocharès, fils de Phylonide, du lac de Céphise.* Sur la tête de la femme, il est écrit : *Timagore Héphaistodore.*

On peut remarquer, dans cette inscription si simple, que les noms grecs étaient forts significatifs, et que dans l'interprétation, on ne peut guere que les franciser sans les traduire.

C'est ainsi que le mot grec φιλοκαρης porte avec lui un sens agréable par son étymologie, étant formé de deux mots φιλος et καρις dont le premier signifie *ami* et le second *grace*.

Les mots φιλωνιδοῦ et τιματξορα sont de même des noms composés : celui qui accompagne ce dernier est un surnom formé de deux mots ηφαιςος, *Vulcain*, et δωρον, *don*. Il signifierait d'après son étymologie, *don de Vulcain*. Dans notre langue française le surnom *Dieu-donné* se rapproche de celui-ci.

Nº. IV.

Autre pierre sépulchrale, en marbre de Paròs.

Μ. ΠΟΜΠΗΙΟΣ ΙΣΙΔΟΡΑ ΗΡΑΞΥΤΕΛΟΥΣ
ΕΥΟΔΟΣ ΕΚΦΥΛΑΣΙΩΝ

Cette pierre porte aussi les noms de ceux qu'elle couvrait. Elle semble être du tems où les Romains maîtres de la Gréce y avaient établi des familles dont les noms latins furent grécisés. La différence qu'il y a entre les caracteres de cette inscription et ceux des précédentes, atteste que celle-ci est plus récente. Il est donc possible qu'une famille romaine ait été alliée avec une famille grecque; car le nom de femme est bien grec : d'après cela on pourrait lire sur la tête de l'homme : *Marc Pompée qui a dignement fourni sa carriere*. Le surnom de ΕΥΟΔΟΣ est du genre de ceux dont il est question plus haut.

Sur la tête de la femme on lit : *Isidore, fille de Praxitèle de la tribu des dieux*. Le mot grec Σιων était employé par les Doriens pour νεων. De là on peut présumer que cette pierre appartenait à une contrée de la Gréce, où le dialecte dorien était usité.

N°. V.

Inscription gravée sur une table de marbre de Paros.

ΑΒΥΔΗΝΟΙ

ΤΟΝ ΑΥΤΩΝ ΣΩΤΗΡΑ

ΚΑΙ ΚΤΙΣΤΗΝ

ΔΙΑ ΠΡΕΣΒΕΥΤΟΥ

ΜΑΡΚΕΛΛΟΥ ΜΑΙΟΡΟΣ

Il semble qu'il y ait un mot de sous-entendu dans cette inscription : ce mot doit être un verbe, et peut être ΑΣΠΑΖΟΝΤΑΙ : la langue grecque comporte souvent de pareilles ellypses, surtout dans les inscriptions qui ne sauraient être trop breves. Si l'on sous-entend ΑΣΠΑΖΟΝΤΑΙ, voici une version qui paraît vraisemblable.

ANTIQUES.

Les citoyens d'Abydos rendent hommage à leur sauveur, à leur pere, par l'organe du sénateur Marcellus major.

Lorsque les Grecs furent devenus tributaires des Romains, les habitans d'Abydos ont pu se réclamer d'un sénateur romain, leur patron, pour présenter au peuple romain l'hommage de leur reconnaissance et de leur dévoûment; ce sénateur pouvait être *Marcellus major,* dont les Grecs auront grécisé le nom en l'appellant ΜΑΡΚΕΛΛΟΣ ΜΑΙΟΡ. Il est d'ailleurs assez naturel que les habitans d'Abydos, aient voulu consacrer chez eux, par un monument authentique, l'expression de leur fidélité envers les Romains.

En admettant cette version, on voit clairement l'époque et l'objet de l'inscription dont telle serait la traduction.

N°. VI.

Pierre sépulchrale, en marbre de Paros.

ΜΟΣΚΕ ΜΟΣΧΟΥ ΧΑΙΡΕ

Salut Moschus, fils de Moschus.

Telle est la traduction de cette inscription érigée en l'honneur de Moschus, poëte célebre, mort en Sicile 285 ans avant notre ère. On remarque dans sa main un manuscrit de ses ouvrages, et dans le fond du tableau une écritoire.

N°. VII.

Autre pierre sépulchrale, en marbre de Paros, qui couvrait vraisemblablement un Démétrius.

Voici l'inscription :

ΔΗΜΗΤΡΙΟΣ
ΔΗΜΗΤΡΙΟΥ
ΣΦΗΤΤΙΟΣ.

Démétrius, fils de Démétrius du peuple de Sphette.
(*Sphette était un peuple de la tribu Acamantide.*)

N°. VIII.

Autre pierre sépulchrale, en marbre de Paros, érigée à Berthenus, menuisier en lit, les instrumens de son état sont sculptés en reliefs.

L'inscription dont elle est chargée est si usée qu'il a été impossible de la copier.

N°. IX.

Autre pierre sépulchrale, ornée d'un bas-relief.

Il est présumable que cette pierre couvrait deux époux. On y remarque un guerrier debout ayant près de lui son casque et son bouclier, et tenant de la main droite une espece de patere dans laquelle une femme, aussi debout, vêtue de deux tuniques, lui verse à boire d'un vase qu'elle tient de la main droite, tandis que de l'autre main, elle semble se découvrir le visage de son voile.

N°. X.

Marbres d'Athenes.

Non-seulement les anciens Grecs ont bâti des temples et des chapelles sépulchrales pour y déposer les restes de leurs parens ou de leurs amis; mais encore les chemins (1) étaient couverts de monumens chargés d'inscriptions honorables qui attestaient aux voyageurs leur reconnaissance en faveur du mérite et de la vertu. *Passant, vas dire à Sparte que nous sommes morts ici pour obéir à ses saintes lois.* Telle est l'inscription placée sur le tombeau commun des Lacédémoniens qui furent tués aux Thermopyles (2). Après une bataille on négligeait rarement d'élever un monument à la mémoire des citoyens que la guerre avait moissonnés, et ce souvenir bien juste était l'aiguillon de la gloire; leurs noms étaient inscrits sur des tables de marbre, sur des pyramides ou des colonnes; et c'est ainsi que ce peuple reconnaissant faisait passer à la postérité la plus reculée les traits éclatans de leurs victoires, et les noms précieux de ceux dont le sang avait coulé pour la chose publique; l'oraison funebre des défunts se prononçait publiquement, comme

---

(1) La plupart des Grecs avaient leur sépulture hors des villes. On remarque dans les auteurs plusieurs exemples qui en font foi, et qui regardent les Athéniens, les Corinthiens et les Sicyoniens. Les Athéniens étaient fort religieux observateurs de cette loi. (*Montfaucon*, Antiq., Iere partie, tome IX.)

(2) Après les combats on relevait les corps morts que l'on entassait les uns sur les autres, et on leur érigeait un tombeau commun.

le dit formellement Périclès, au commencement de celle qu'il prononça en l'honneur des Athéniens morts à la guerre pour leur patrie (1).

Les marbres dont je parle portent le caractere de la reconnaissance publique envers des citoyens de la tribu Erectheïde, qui périrent dans les différentes expéditions qui eurent lieu dans l'île de Chypre, en Egypte, en Phénicie, dans l'île d'Egine et chez les Haliens, ainsi que l'atteste le titre qui est parfaitement conservé. Ces Tables dont le trait historique est constaté dans les fastes de l'histoire, marquent l'époque du tems : elles ont toutes deux été érigées au tems de la guerre du Péloponese. La premiere a été placée aussitôt après la mort de Cimon, capitaine célebre des Athéniens, environ quatre cents cinquante ans avant notre ère. Voici le titre tel qu'il est figuré sur le monument.

ΕΡΕΧΘΕΙΔΟΣ

ΗΟΙΔΕ : ΕΝΤΟΙ : ΠΟΛΕΜΟΙ : ΑΠΕΘΑΝΟΝ : ΕΝ ΚΥΠΡΟΙ : ΕΝ ΑΙΓ ΥΠΤΟΙ : ΕΝ ΦΟΙΝΙΚΕΙ : ΕΝ ΑΛΙΕΥΣΙΝ : ΕΝ ΑΙΓΙΝΕΙ : ΜΕΓΑΡΟΣ

ΕΝ ΤΟ ΑΥΤΟ ΕΝΙΑΥΤΟ

On trouvera dans mon ouvrage in-folio des gravures et une description plus étendue de ces marbres précieux, ainsi que la totalité des noms de ceux dont on a honoré la mémoire par ce monument authentique.

---

(1) On prononçait des oraisons funebres, non-seulement en l'honneur des hommes, mais encore pour les femmes célebres. Platon parle de cette coutume qui passa ensuite chez les Romains. *J'ai pris plaisir*, (dit Cicéron) *aussi bien que tous les auditeurs, de vous entendre faire l'éloge de Papilla, votre mere. Je crois que c'est la premiere femme à qui on a fait un pareil honneur dans cette ville.*

N°. XI.

Autre pierre sépulchrale d'un pied de haut sur huit pouces de large, chargée d'une inscription à moitié mutilée.

Pour plus de renseignemens sur ces marbres antiques, consultez mon ouvrage *in-folio* premiere partie.

L'étude de l'antique est d'une nécessité absolue pour les jeunes gens qui veulent suivre la carriere des arts ; c'est dans l'antique qu'ils prendront de la correction dans le dessin, qu'ils trouveront des formes soutenues sans rudesse, et des expressions parlantes à l'ame. « La sculpture, la peinture, la poésie, l'architecture et la musique n'ont eu le nom de *beaux-arts*, que parce que leur objet est d'embellir toutes leurs imitations, c'est-à-dire, de recueillir et de rassembler dans un petit espace les traits de beauté que la nature a dispersés dans son immense tableau. »

La révolution qui s'est opérée depuis dix ans dans les arts dépendans du dessin, a été rapide et brillante. L'immortel Vien, né sans doute pour rappeller la peinture et la sculpture à ses vrais principes, a su ramener ses éléves aux pieds de l'antique et de Raphaël. Parmi ces éleves, David a mis avec ce zele que donne le vrai talent, la perfection au grand ouvrage que lui avait tracé son maître, et l'antique retiré par ses soins de l'oubli et de l'avilissement dans lequel il avait été plongé pendant plus d'un siecle par des préjugés scholastiques, a enfin repris la prépondérance. Dès ce moment, les idées se sont simplifiées, aggrandies, et tout s'est perfectionné dans les arts et les manufactures ; le commerce même en a reçu d'heureuses influences ; et déjà les dessins de nos étoffes et de nos meubles, se modelent sur les ornemens grecs (1). Combien de ressources le gouvernement n'a-t-il pas ouvertes à l'étude ? Trois Musées nouveaux ont été établis dans cette ville, et tous trois ont été revêtus d'un caractere bien distinct (2). L'instruction publique a établi dans les départemens des écoles centrales dans lesquelles l'enseignement

---

(1) Ce que j'avance est plus que prouvé, si l'on veut comparer les tableaux exposés au dernier concours avec ceux qui se composaient il y a dix ans. Le jugement porté par le jury, sur ces ouvrages intéressans et remarquables, et les couronnes qu'il a accordées, sont un témoignage de sa justice et du progrès des arts.

Je te dis encore, les larmes aux yeux : *Drouais*, digne élève de ton maître ! tu as le premier montré dans les concours l'art perfectionné : et ta *Cananéenne* que l'on se plaisait à contempler au Musée des Arts, devait-elle s'éloigner du centre de l'étude, et de la ville habitée par ton maître et surtout par ta mere ?

(2) *Musée d'Antiquités*, (rue de la Loi.) Ce Musée qui renferme les inscriptions antiques, les vases de fabriques étrusques et les médailles, ne peut que prendre une forme heureuse pour les sciences, sous la direction des citoyens Barthelemy et Millin, qui a produit plusieurs ouvrages intéressans sur cette matiere.

Musée central des Arts, (au Louvre.) Les artistes ont voulu désigner par l'épithete de *central* qu'ils ont donnée à ce Musée, celui qui doit renfermer les plus beaux morceaux que l'art a produits; et par conséquent ce Musée sera le centre et le foyer de l'étude. Aussi cette administration a-t-elle accumulé des richesses immenses en tableaux des trois écoles, en statues antiques, vases, etc., et en dessins précieux des grands maîtres.

ANTIQUES. 63

du dessin a dû se confier à des maîtres capables de diriger cette étude vers le bon style et la perfection dans les formes. Dans le palais des arts (*le Louvre*) elle a ouvert à la jeunesse une salle ornée de plusieurs archétypes pris sur l'antique même ; là, des éleves assidus, confiés à des professeurs habiles, apprennent à connaître les premiers élémens du vrai et du beau.

N°. XII.

Du jardin de Richelieu.

Archétype d'une statue antique grecque, de grandeur naturelle, en marbre blanc de Paros, représentant Bacchus tenant de la main droite son thyrse, et de l'autre une grappe de raisin : sa couronne de lierre est d'une délicatesse et d'un travail recherché.

Cette figure, maintenant au Musée central des arts, a beaucoup souffert des restaurations anciennes et modernes ; les bras et la jambe gauche sont entiérement de restauration.

Si l'on examine l'ensemble de cette statue, on retrouve cette sagesse divine que les statuaires grecs savaient si bien imprimer au marbre. La tête est posée avec élégance sur un col bien proportionné, qu'une poitrine héroïque reçoit avec à-plomb. Le balancement doux de ses contours et de ses membres offre une telle harmonie, que l'on croit à son aspect entendre l'accord parfait d'une lyre. La jeunesse de Bacchus, sa grace, sa gaîté naïve, tout y est exprimé avec cette douceur profonde qui pénetre et échauffe peu-à-peu ; sa bouche entr'ouverte est calme, et l'ardeur de l'amour colore ses levres.

D'après les naturalistes qui ont le mieux examiné les marbres de la Gréce sur lesquels s'exerçaient les sculpteurs de ces contrées heureuses, il paraît certain que leurs marbres blancs n'étaient point veinés, et que ceux qu'ils avaient particuliérement affectionnés, se tiraient de l'île de Paros et du mont Pentélicien dans l'Attique. Le premier est remarquable par sa blancheur laiteuse et transparente, qui le rapproche du coloris de la chair; il est dur, et reçoit par sa solidité toutes les finesses de l'art; au travail il s'en dégage une odeur de soufre qui le fait aisément reconnaître. Le second est d'un blanc plus gris et d'un grain plus gros, et par conséquent moins facile à sculpter. Tous deux sont formés de petits crystaux rhomboïdaux spathiques, qui unis, semblent être des grains d'un sel blanchâtre, qui en raison de leur crystallisation ont une saine transparence. On tirait aussi des environs de Lesbos, des marbres qui ressemblaient beaucoup à celui de Paros.

N. B. Ceux qui voudront se procurer des plâtres de cette statue et de différens bas-reliefs précieux, pourront s'adresser au citoyen Lenoir, conservateur de ce Musée, qui en a fait faire les creux avec soin. Ces plâtres seront revêtus d'un cachet; et le citoyen Lenoir prévient que tous les modeles qui ne porteront point ce caractere accompagné de sa signature, seront contrefaits.

N°.

Nº. XIII.

Du même lieu.

Archétype d'une statue antique, de marbre de Paros, représentant Méléagre.

Les relations de l'antiquité sur Méléagre sont très-incomplettes, la fin tragique de sa vie est ce qu'elle nous a laissé de plus remarquable. Pausanias pretend que Phrynicus (1), disciple de Thespis, fut le premier qui mit au jour la fable du fatal tison qu'Althée avait reçu des Parques, et qu'elle jetta au feu pour consumer les jours de son fils. « Méléagre, dit le poëte, ne put éviter la mort ; sa cruelle mere mit le feu au tison fatal ; et du même feu son malheureux fils se sentit consumer. »

Le rapprochement de la fable à des faits historiques qui se trouvent dans la vie de Méléagre, le voyage en Colchide qu'il fit dans sa jeunesse, pour la conquête de la Toison-d'Or, son alliance avec Jason, Thésée, Castor et Pollux qu'on lui donne pour compagnons, tant en Colchide qu'à la chasse du sanglier de Calydon (2), jettent beaucoup d'obscurité sur ce personnage, et l'on pourrait croire que Méléagre n'est qu'un être imaginaire,

---

(1) Phrynicus, grec, poëte tragique, vivait vers l'an 512 avant notre ère. Il fut le premier qui introduisit des femmes sur le théâtre.

(2) Calydon, ancienne ville d'Etolie, sur le fleuve Achéloüs, (aujourd'hui *Aspropotamo*.) Les *Curetes* habitaient l'ancienne ville de Pleurone, sur le fleuve *Evenus*, (aujourd'hui *Fidari*,) dans la même contrée.

E

devenu célebre par les poëtes qui l'ont chanté. Chez les anciens peuples, les poëtes furent les pontifes et les chantres des religions, et les allégories qu'ils employerent dans ces poëmes plurent généralement ; les choses les plus simples se personnifierent ainsi, et devinrent des êtres mystiques auxquels on a fait jouer un rôle ; et par la suite des tems l'origine de ces allégories s'étant effacée, on a pris pour une réalité, ce qui n'était que le fruit d'une imagination poétique (1).

(1) Nous avons de ces exemples dans nos légendes chrétiennes, par exemple, Sainte-Marguerite, (*Margarita* ;) Sainte-Geneviève, (*Janua nova*) ne sont que des *choses* personnifiées et divinisées, ainsi que *Saint-Voulst*.

Il y avait à Paris, dans le temple dit Saint-Sépulchre, rue Saint-Denis, trois tableaux immenses peints à l'huile, et divisés par compartimens. Ces tableaux représentaient les principaux sujets de la prétendue vie de Saint-Voulst, en grande vénération dans ce temple ; on y remarquait ses voyages en Espagne, et les miracles qu'il faisait sur les routes, son embarquement, etc. J'observai au prêtre qui me faisait voir ces tableaux, que son Saint-Voulst était peu connu, et qu'il me paraissait apocriphe ; aussi, me dit-il, fait-il des miracles : c'est tout ce que j'en ai pu tirer. Après avoir bien examiné ces peintures, et réfléchi sur leurs sujets, je m'apperçus que Saint-Voust, finit, malgré ses miracles, par être crucifié comme Christ, que Voulst était un composé de *vultus*, face, et que le prétendu Saint-Voulst était la sainte face que l'on avait personnifiée, et à laquelle on avait fait jouer le rôle d'un être vivant.

On aurait pu conserver ces tableaux malgré la médiocrité de leur exécution, mais ils ont été transportés à l'hôtel de Nesle, et vendus avec d'autres objets de curiosité.

Ainsi Méléagre, considéré comme un des plus signalés compagnons de Jason dans cette expédition (1); et Jason à son tour compagnon signalé de Méléagre dans la fameuse chasse du sanglier qui ravageait Calydon, sanglier qui paraît être le même que le sanglier d'Erymanthe poursuivi par Hercule, le héros principal d'un poëme solaire, me paraissent tellement liés sous tous les rapports, qu'il serait difficile de ne pas s'appercevoir que ce sont les mêmes personnages, placés par des poëtes dans des situations différentes. Ces poëtes placent également Thésée, Castor et Pollux, dans le vaisseau Argo, et poursuivant avec Méléagre et Jason le sanglier de Calydon.

« Tiphys venait de périr de la mort d'un sanglier. On se rappellera que Tiphys est le pilote du vaisseau Argo, appelé dans d'autres fables, *Canopus*, qui périt de la morsure d'un surpent ou du scorpion, c'est-à-dire du signe avec lequel se leve le *sanglier d'Erymanthe*, dans la fable d'Hercule. Ainsi le serpent et le sanglier d'Erymanthe deux paranatellons de la Balance et du Scorpion, tuent le pilote du vaisseau Argo, connu sous le double nom de *Tiphys* et de *Canopus*. »

---

(1) (Argonautiques, chant Ier, poëme d'Apollonius.) On vit aussi paraître deux autres fils de Neptune, Erginus et le fier Ancée, tous deux également habiles à combattre et à faire manœuvrer un vaisseau; ils furent suivis du célebre Méléagre, fils d'Œnée et de Laocoon son oncle. On comptait Méléagre pour un des premiers après Hercule, pour le courage et la force héroïque. Là, étaient aussi Iphiclus, fils de Thestius, du sang de Vulcain.

D'après ces rapprochemens, on découvre aisément les motifs qui ont fait ériger à Méléagre un grand nombre de statues, puisqu'il rentre par le caractere que les poëtes lui ont donné, dans la classe d'Apollon, Castor et Pollux, Hercule, Thésée, Jason, etc., tous personnages allégoriques, placés dans le ciel, et qui n'est lui-même devenu célebre que par les allégories dont il a été revêtu par les poëtes, les légistes et les pontifes des anciens peuples.

Je crois mon observation d'autant mieux fondée, que la plus grande partie des statues antiques de Méléagre portent le caractere du beau idéal, caractere que les anciens n'accordaient jamais qu'aux divinités, caractere si remarquable dans l'Apollon du Belvédere; c'est cette beauté dans les formes et cette perfection inimitable dans les contours appliqués aux statues représentant des divinités, qui a fait prendre souvent les figures de Méléagre, pour celle du favori d'Hadrien, *Antinoüs* et principalement celle du Belvédere. Son expression est celle de la tendresse, l'amour tranquille est dans son ame, les graces folâtrent autour de ce beau corps alimenté d'ambrosie et de nectar que verse Hébé, un soufle léger donne du mouvement à ses poumons laiteux, et les palpitations réitérées de l'abdomen s'apperçoivent à travers le marbre ; enfin plus on fixe cette statue, plus l'illusion est complette. Cette erreur a été victorieusement combattue par Winckelmann.

Si les anciens ont donné à leurs statues de Méléagre, les formes du beau idéal qui convenait aux divinités du premier ordre, tels qu'Apollon,

Bacchus, etc., il paraîtrait certain qu'ils y attachaient la même idée; car ces artistes inimitables ont eu le soin de conserver dans leurs formes le degré de distinction qu'ils attribuaient au personnage qu'ils représentaient. La seule inspection de l'Apollon frappe, et il est impossible de ne pas le reconnaître pour un dieu; cette statue porte un si grand caractere, qu'elle ordonne aux mortels qui osent l'approcher, de tomber à ses pieds. Cette expression puissante a été savament ménagée par les statuaires Grecs; on remarque même une sorte de dignité et de virginité dans la partie sexuele qu'ils avaient généralement le soin de ne point couvrir. La statue de Chabrias, vulgairement connue pour être un gladiateur, n'offre aux regards éclairés que l'aspect d'un homme parfaitement organisé et bien saisi dans toutes ses proportions: on l'admire, mais il n'étonne pas. Les Athéniens lui érigerent cette statue pour avoir soutenu seul avec les siens le choc d'un combat contre Agésilas, général des Lacédémoniens (1).

---

(1) Chabrias, général athénien, célebre par ses grandes actions, défit dans un combat naval, Pollis, général lacédémonien. Envoyé au secours des Thébains, contre les Spartiates; et abandonné de ses alliés, il soutint seul, avec ses gens, le choc des ennemis. Il fit mettre ses soldats l'un contre l'autre, un genou en terre, couverts de leurs boucliers, et étendant en avant leurs piques; *Chabrias à leur tête se mit en arrêt et en état de défense dans la posture de la statue connue sous la fausse dénomination du gladiateur.*

Le courage que montra Chabrias, et l'attitude serrée de ses soldats, empêcha qu'ils ne fussent enfoncés:

La statue dont je parle, représente Méléagre, se disposant à partir pour la chasse, elle est de marbre pentelicien, elle offre de grandes perfections dans le développement de ses contours et dans la composition morale du sujet. L'artiste a saisi avec beaucoup d'art la noble sévérité qui convenait à la situation de Méléagre; son impatience éclate, et il brûle de délivrer sa patrie du sanglier destructeur, pour déposer sa dépouille aux pieds de son amante. Ce jeune homme, la flamme dans le cœur, est représenté dans l'âge de la force; ses muscles sont nourris sans être grossiers; ses jambes sveltes et semblables à celles de Diane, vont le porter en un instant dans le fond des forêts; ses yeux quoiqu'ardens sont doux, et portent cette teinte de mélancolie que donne l'ardeur de l'amour; son cœur palpite, et sa bouche rafraîchie par un soufle de zéphir, brûle encore pour Atalante.

La jambe gauche de cette statue est d'un dessin peu soutenu, les pieds sont plats, et ne répondent point pour la forme et l'exécution aux parties supérieures.

N°. XIV (1).

Agésilas, général des Lacédémoniens, quoique vainqueur, fut obligé de se retirer. Les Athéniens érigerent à Chabrias une statue dans la posture où il avait combattu. Il périt au siege de Chio, l'an 355 avant notre ère.

(1) Les objets qui étaient décrits sous les numéros qui se trouvent supprimés, sont au Musée central des arts.

ANTIQUES. 71

N°. XXI.

Bas-relief antique, restauré, représentant Silene.
On reconnaîtra Silene à son énorme grosseur, à son corps couvert de poil. Son front chauve est couronné de lierre, son gros nez est retroussé, et il tient à la main une tasse que le cortege a le soin de lui remplir de vin.

N°. XXII.

Autre bas-relief antique, représentant une fête en l'honneur de Bacchus.

Les Fêtes en l'honneur de Bacchus avaient deux époques fixes dans leurs célébrations. La premiere, qui se donnait à l'équinoxe du printems sous le nom de fête *Itiphallique*, date de la plus haute antiquité. Le but proposé par cette fête, était d'honorer le principe actif de la génération universelle, de la force féconde, et d'obtenir sa bienveillance en faveur des récoltes (1). Pendant tout le tems consacré à cette fête, un nombre de jeunes vierges, l'image de la nature renouvellée et parée par la fécondité du dieu Bacchus, vainqueur de l'hiver, promenaient dans les villes un Phallus colossal qu'elles avaient orné de couronnes et des fleurs les plus fraîches. Des jeunes hommes marchaient en cadence devant le cortege, au son des instrumens et d'une musique harmonieuse; souvent même

―――――――――――――――――――――――

(1) Nos processions qui se faisaient nagueres dans les champs sous le nom de *Rogations* étaient les mêmes, puisque ces processions avaient pour but d'obtenir des moissons abondantes.

E 4

mus par un saint enthousiasme, ils allaient en bondissant se frapper la tête contre des Phallus dont on multipliait les images, et que l'on appendait à des branches de pins plantés çà et là sur la route. Ces fêtes se terminaient ordinairement par des initiations secrettes (1). La seconde, instituée à l'époque des vendanges avait un caractere moins religieux, et la joie que donne au peuple une récolte abondante de fruits, s'exprimait par des hurlemens et les cris répétés de *Evan Eve* (2), et par des mouvemens furibonds. L'image de Bacchus était portée en triomphe, les Bacchans et les Ménades armés de thyrses et de torches allumées dansaient, et couraient par les chemins comme des furies. Saisis d'enthousiasme par le dieu Bacchus, ils faisaient des cabrioles, des sauts et des bonds au son des cymbales, des sistres et des souflets, instrumens qu'ils attachaient à leurs pieds; (comme on le voit dans le bas-relief,) se déguisant le visage et le corps (3), ils se roulaient dans cet

---

(1) Il nous est resté de ces fêtes un usage dont on a long-tems ignoré l'origine; c'est celui de planter un arbre, et de présenter aux jeunes filles un bouquet à l'époque où la nature se renouvelle, ce qui se pratique ordinairement dans nos contrées le premier jour de mai; aussi cet usage se nomme-t-il le *mai*, présenter le *mai* à une jeune fille, planter le *mai*, etc.

(2) La femme céleste ou constellation, qui paraît dans le ciel à l'époque où l'on cueille les fruits. On voit dans un coin du bas-relief le serpent d'Eve, ce qui caractérise parfaitement une fête d'automne. Ce serpent est placé dans une *ciste* ou *corbeille sacrée*, ainsi qu'il était d'usage dans les mysteres de Bacchus et dans ceux des *Ophites*, secte chrétienne, qui révéraient le serpent de Bacchus.

(3) Les Bacchantes et Bacchans, pour se déguiser

état sur des outres remplies de vin, dont ils savouraient le jus; c'est alors qu'ils se livraient, hommes et femmes, à toutes sortes de mouvemens lubriques, et à tous les excès que produit l'ivresse. Dans les mysteres qui suivaient ces orgies on sacrifiait un porc à Cérès, et un bouc, l'ennemi de la vigne, à Bacchus. Silene porté sur un âne (1) terminait ordinairement le cortege; sa présence, disent les anciens auteurs, annonçait l'heure du repos, *Silen* ou *Silvan, salut, repos.*

N°. XXIII.

De l'académie des Belles-Lettres.

Un bas-relief antique romain, représentant une jeune fille tenant un enfant au maillot, qu'elle semble présenter à sa mere.

---

commencerent par se couvrir les joues du sang des victimes que l'on sacrifiait à la Divinité; ensuite ils préfererent le jus de mûres, du raisin ou la lie de vin; (*enfin nos femmes se servent de rouge.*) Ils se drapaient aussi avec les peaux des victimes, boucs, chevres, tigres, etc., et par suite, des hommes s'introduisirent dans ces peaux, et marchaient à quatre pattes à la cérémonie, ayant sur le visage des masques hideux faits d'écorce d'arbres, en imitant toutefois l'animal qu'ils voulaient représenter. Notre carnaval est une suite de ces fêtes bacchiques.

(1) Cet animal, disent les anciens poëtes, monté par des satyres et des silenes, compagnons de Bacchus, *dieu du jour*, avait effrayé et mis en fuite par le son de sa voix la troupe des géans, *ennemis de la lumiere :* comme Bacchus monté sur un lion avait mis en pieces leur chef Réthus.

Ce bas-relief qui offre des perfections de l'art, a malheureusement été mutilé.

N°. XXXIV.

De Port-Royal.

Un vase d'albâtre oriental de 2 pieds de haut sur 20 pouces de diametre. Vers le milieu de sa panse dont la forme est aplatie, il est garni de deux anses prises dans le même bloc, au bas desquelles se trouvent des caracteres orientaux.

Ce vase d'une forme lourde est cependant intéressant pour les artistes; il peut leur donner une idée du peu d'avancement des arts dans quelques contrées voisines de l'Europe.

Si l'on en veut croire la tradition de Port-Royal, ce vaisseau a servi aux noces de Cana. Il est vrai que dans tous les tems il a fallu un miracle pour s'en servir, car il pese au moins cinq cents livres.

N°. XXXV.

De Saint-Denis.

Un devant de tombeau grossiérement travaillé en marbre salin blanc, représentant dans son milieu une croix posée sur un vase accompagné de deux tiges de froment, autour desquelles grimpent des branches de vigne. Les deux côtés sont simplement ornés de rinceaux.

ANTIQUES.

Ce monument qui remonte au Bas-Empire, est revêtu de l'inscription suivante, dont j'ai conservé la forme.

ERISI NORACIONIBUS MEMORSIS MEIS INJVSTV.

ET DVM ORAVERIS PRO ME CORRIPETE

†	M	A
O	V	N
O	S	T
V	D	E
I	O	V
L	V	A
E	O	M
G	S	E
I	E	V
S	M	E
V	A	N
E	R	I
R	E	A
A	V	T
O	F	T
B	D	E
A	O	M
V	V	P
D	O	V
I	S	S
		T
		I
		B
		I
		F
		I
		N
		IS

N°. XXXVI.

Un bas-relief allégorique en marbre, de quatre pieds de large, sur deux pieds sept pouces de haut, représentant l'empire du Tems sur le monde. Un grand vaisseau voguant sur une vaste mer en plein calme, forme le sujet principal du tableau. Sur l'une des poupes de ce vaisseau est placée une figure humaine, dont les bras sont tendus à une voile qui est poussée avec force par les vents, contre lesquels elle lutte; sur le milieu du vaisseau, on voit le monde figuré par un globe sur lequel sont tracés, le soleil, la lune, les mers, des villes, des arbres et des plantes. Le Tems, peint sous la figure d'un vieillard décrépit, porte une barbe longue; il est posé debout sur le globe, et se soutient avec deux béquilles. D'une main il tient un sablier, et de l'autre il dirige la voile à laquelle cette figure paraît comme suspendue. Sur l'autre proue, on voit un squelette ailé, tenant d'une main une faulx et un arc en repos, tandis que du bras droit, il menace celui que le Tems semble préserver encore de la destruction.

 Cette allégorie paraît avoir pour objet, de montrer aux hommes que le tems est le seul maître qui gouverne toutes choses.

N°. XXXVII.

 Ce bas-relief du premier style grec servait probablement de pierre sépulchrale, et semble avoir été exécuté en l'honneur d'un poëte. On voit la poésie touchant sa lyre, et recevant dans une patére le nectar que lui verse Hebé représentée ailée à la manière des Étrusques qui donnaient des aîles à toutes leurs divinités.

PREMIERE PARTIE.

MONUMENS FRANÇAIS.

MONUMENS FRANÇAIS.

LES monumens français, dont je vais entreprendre la description, composent la partie principale de mon ouvrage, et si j'ai introduit dans mon livre des monumens antiques (1), c'est qu'ils tiennent essentiellement à l'histoire des arts, même relativement à la France. Winckelmann nous a tracé avec la puissance du génie la marche que nous avions à suivre, et on lit avec plaisir, dans son Histoire de l'Art, la chronologie des peuples anciens en commençant par les Égyptiens pour passer aux Grecs en suivant les progrès des arts, et arriver aux Romains par le même système. C'est à ces peuples célebres que nous devons les notions que nous avons des arts; et les monumens de l'ancienne Gaule que je vais décrire, en sont une preuve incontestable, puisque leur exécution porte le vrai style romain tant dans le dessin que dans les formes, et que l'on y distingue parfaitement les mêmes principes dans le travail : les contours sont cernés autour des figures pour les

---

(1) Les monumens antiques qui composent la premiere partie de cet ouvrage ont été retirés de la destruction par mes soins; ils font encore partie de ce Musée, et les amateurs retrouveront par suite dans la *salle d'introduction* de mon établissement une grande partie des archétypes de ces morceaux précieux que j'ai fait lever à mes frais avant de les renvoyer à leurs musées respectifs.

détacher de leur fond, comme on le voit dans les camées et les bas-reliefs antiques. Les personnages qu'ils représentent sont des divinités empruntées des Grecs et des Romains, lorsque les Gaulois coloniserent chez les uns et habiterent chez les autres. On y retrouve Mars sous le nom d'Esus, Jupiter, Mercure, Vulcain, Minerve, Bacchus, Pan, etc., tous adorés sous les mêmes formes avec les mêmes attributions; et l'on sait que ces peuples n'abandonnerent leurs dieux que vers 240 de notre ère (1) pour adopter le *christianisme*, qui lui-même n'est qu'une suite dégénérée de ces religions antiques.

L'origine des anciens Gaulois remonte vers la plus haute antiquité. Ces peuples, que plusieurs auteurs s'accordent à faire descendre du nord, se fixerent d'abord dans plusieurs contrées de l'Europe, et bientôt après se répandirent sur toute la surface du globe.

Selon Tite-Live, les Gaulois qui occupaient les environs de Toulouse, et le pays qui est entre les Cévénes et les Pyrénées, resserrés dans leurs terres par une nombreuse population, partirent au nombre de trente mille hommes pour faire la conquête du Levant, ayant Brennus à leur tête. Pendant que ce général pillait le temple de Delphes et ravageait toute la Gréce, vingt mille hommes de ses troupes commandées par Leonorix passerent dans la Thrace. Ils soumirent tout le pays jusqu'à Bysance, et vinrent camper aux bords de l'Hellespont. Peu de tems après, ce général députa un ambassadeur à

---

(1) Sous l'empire de Déce.

Antipate

Antipater qui commandait en Asie pour la Gréce. Après une entrevue qui eut lieu entre les deux chefs, Leonorix retourna à Bysance. Leonorix poursuivant ses succès, ne tarda guere à entrer avec ses troupes dans la Bithynie, de concert dans cette entreprise avec Nicomede, qui à son tour se servit des troupes gauloises pour combattre Zipœtes qui occupait une partie de ses Etats.

Les Gaulois jetterent la terreur par toute l'Asie, et malgré les pertes prodigieuses qu'ils avaient faites en Gréce, réduits environ à dix mille hommes, tout cédait à leur courage, et ce pays fut entiérement soumis par eux. Divisés en trois bandes, ils partagerent ainsi leurs conquêtes; les uns s'arrêterent sur les bords de l'Hellespont, les autres se fixerent en Eolide et en Ionie, et les plus valeureux, connus sous le nom de *Tectosages* pénétrerent jusqu'au fleuve Halys qui baigne les confins d'Angora, connue depuis sous le nom d'Ancyre, dont nous avons déjà eu occasion de parler dans notre premiere partie. Pline dit formellement, qu'Ancyre a été bâtie par les Gaulois Tectosages.

On lit aussi dans Strabon, que les Gaulois diviserent leurs conquêtes en Asie en quatre parties, qu'ils y établirent dans chacune un roi et des officiers de justice et de guerre, et qu'ils ne négligerent point de rendre la justice et de sacrifier au milieu des forêts de chênes suivant leur ancienne coutume.

Leur population s'étant prodigieusement augmentée, et la terre, malgré des récoltes abondantes, ne pouvant suffire aux besoins d'un peuple devenu trop considérable, la jeunesse s'étant rassemblée se détermina à quitter l'Asie ; elle se mit en marche, et s'avança peu-à-peu vers nos contrées. Ces jeunes Gaulois formant une colonie considérable, se fixerent dans ce pays admirable, où la nature parée de ses trésors semble appeller les habitans de la terre pour les réunir sous une température douce, et leur procurer les jouissances d'un printems perpétuellement actif. Ce pays fut appelé depuis *Gaules*, et pour me servir de l'expression de D. Martin, *ver sacrum*, printems sacré (1).

Cette jeune Colonie à chevelure blonde, dit Tite-Live, conserva long-tems la forme du gouvernement qu'elle apporta de l'Asie et qu'elle tenait de ses peres. La liberté était le dieu tutélaire des Gaulois, et ce sentiment qu'ils recevaient de la nature, fortifié par l'éducation, les rendirent terribles. Divisés par cantons selon leur coutume, ils maintenaient parmi eux cette égalité de justice que l'homme naturel porte dans son cœur ; ils se réunissaient pour défendre ceux que des voisins ambitieux voulaient opprimer. Leurs chefs divisés en postes fixes et amovibles, étaient choisis entr'eux et par eux : cette forme de gouvernement leur rendit toute espece de domination insupportable, et ils portaient l'amour de la liberté jusqu'à vouloir amener les nations étrangeres aux pieds de ses autels. Cette noble avidité de la gloire leur a souvent

---

(1) L'air de la Gaule (selon Strabon) est sain et tempéré, ses terres fertiles ; on y remarque d'agréables côteaux entrecoupés par des vallées immenses. Selon Pomponius Méla, *la Gaule* est riche en froment et en foin ; ses grandes forêts servent à l'embellir et à en rendre le séjour plus délicieux.

mis les armes à la main. Ils allaient au combat en chantant et couronnés de fleurs ; ils jettaient l'épouvante dans les camps ennemis par des hurlemens qu'ils poussaient au loin.

Simples comme la nature, les Gaulois dédaignaient, dans les combats, les ruses et les finesses de guerre : ces moyens de vaincre, disaient-ils, sont indignes d'un peuple courageux et libre. Ils campaient communément en rase campagne, le long des fleuves, des rivieres, ou aux pieds des montagnes ; et après avoir retranché une partie de leur armée pour la conservation des bagages et des chariots, au premier signal de leur chef, ils partaient avec la rapidité de la foudre pour fondre sur l'ennemi. « Aussi jamais nation ne fut plus martiale, jamais peuple ne porta plus loin l'intrépidité. Le mépris de la mort était naturel aux Gaulois ; ils avaient toutes les qualités nécessaires pour vaincre toute la terre, et ils en seraient venus à bout s'ils eussent eu plus d'art et plus de discipline. »

Les armes que portaient ces peuples devenus formidables, étaient l'arc, la flêche, le bouclier, l'épée et une lance plus ou moins longue, nommée *gœsum*, javelot ; ils lançaient des chars dans les rangs de leurs ennemis, pour les rompre et s'ouvrir un passage, ce qu'ils exécutaient avec une prestesse inconcevable ; souvent ils mêlaient leur infanterie à leur cavalerie, et portaient ainsi le trouble et la mort (1).

---

(1) Selon Strabon, ils avaient la coutume barbare d'attacher les têtes de leurs ennemis au cou de leurs chevaux, et au-dessus des portes de leurs maisons ; ils conservaient aussi embaumées les têtes des hommes illustres pour les montrer aux étrangers.

Pour être plus agiles, ils jettaient quelquefois le vêtement qui leur couvrait la moitié du corps et combattaient nus (1). Le courage que faisaient paraître les Gaulois en allant au combat est au-dessus de l'homme, ». (dit Tite-Live.)

Après les combats, dans les forêts sacrées, *in luco consecrato*, sur de simples pierres brutes, dressées en forme d'autels, coulait le sang des hommes et des animaux égorgés par la main des Druides (2); ces prêtres avaient associé leurs épouses sous le nom de Druidesses, aux cérémonies religieuses. L'occupation principale de ces femmes était de prophétiser et de tirer des augures. Lorsqu'Alexandre Sévère partit pour une expédition de laquelle il ne revint point, une druidesse, *druias*, cria en langue gauloise, (dit Lampridius (3) :)

___

(1) Tite-Live, (*Décad. III, liv. II.*) dit qu'à la bataille de Cannes, il y avait des Gaulois qui combattaient nus depuis le nombril jusques à la tête.

Quelques Gaulois-Belges combattaient tout nus ; même ils ne se dépouillaient ainsi qu'un jour de bataille, (dit *Polybe, liv. II, chap. VI.*)

(2) Les Gaulois brûlaient avec les corps, ce que le défunt avait de plus précieux, même les animaux qu'il chérissait le plus; ils célebraient avec beaucoup de pompe les funérailles des personnes distinguées. (*Cæsar de bello Gallico, lib. VI.*)

Le vêtement de ces prêtres, selon Jacques Martin était blanc, composé d'une tunique et d'un manteau qui s'ouvraient pardevant ; ainsi que l'annonce l'abbé Banier, (*Mythologie*, tome V.) ils portaient ordinairement des couronnes faites de feuilles de chênes.

(3) Ætius Lampridius, historien latin du quatrieme

Allez, n'espérez point la victoire, et ne vous fiez pas à vos soldats. Les Druides seuls étaient dépositaires des mysteres sacrés, ils n'écrivaient rien, et cachaient très-soigneusement aux étrangers et au peuple le fond de leur religion ; ce qui fait que la religion des anciens Gaulois est peu connue. Les Druides, selon Cicéron, possédaient aussi l'art de la divination : « Il y a dans les Gaules, dit-il, des Druides du nombre desquels était Divitiac, Æduen, avec lequel j'ai conversé autrefois qui se vantait de connaître les secrets de la nature, et qui prédisait (1) l'avenir, soit par conjecture, soit par des augures. Des chants et des danses précédaient et terminaient communément les sacrifices ; et c'est ainsi que ce peuple, entiérement livré à l'obéissance de ses prêtres, rendait grace à la divinité du succès des armes.

Jules-César s'étant introduit dans les Gaules par les Alpes, s'en rendit maître après une guerre longue et désastreuse ; les Gaulois fatigués par les combats, pressés par le besoin de la paix, reçurent les lois du vainqueur, qui poussa ses conquêtes jusques dans la Germanie. Ces peuples en rentrant

---

siecle, avait composé dans un style assez médiocre la vie des empereurs, dont il ne nous reste que celles de Commode, de Diadumene, fils de Macrin, d'Héliogabale et d'Alexande Sévere.

(1) Si l'on en croit Strabon, les prêtres des Gaulois étaient divisés en trois bandes ; les Vœtes étaient chargés des sacrifices, pendant lesquels les Bardes chantaient des poésies de leur composition ; les Druides s'occupaient de la morale et des connaissances scientifiques.

dans leurs foyers trouvèrent dans l'agriculture les moyens de réparer les maux qui les accablaient depuis long-tems. Toujours amis de la liberté, au milieu du malheur, ils repousserent de leur société toute idée de communauté dans les biens, et les propriétés furent respectées. Le guerrier devenu cultivateur entoura son champ, et en pressant le soc de sa charrue il vit naître de son travail une source inépuisable de trésors. A cet art paternel a succédé l'envie d'échanger la sur-abondance des denrées excédant la consommation, avec celles d'un voisin probe, et les commodités de la vie nées des bienfaits de l'agriculture, ont donné naissance au commerce. Un travail assidu augmente l'industrie, et de l'industrie naît le commerce et les arts, ainsi a commencé la civilisation d'un peuple immense et puissant.

 L'homme en tournant ses regards vers une terre riche et abondante, a attribué à un être sur-humain qu'il a cru son bienfaiteur, ce qui était le fruit de son labeur et de son intelligence ; de ce moment l'ingratitude lui parut un crime, et il se fit un devoir de rendre hommage à la divinité qui tous les ans paraissait le combler de biens.

 De simples pierres brutes furent élevées dans les forêts, par les anciens Gaulois, pour recevoir l'encens qu'ils offraient à leurs dieux ; mais l'art, depuis fécondé par l'industrie et le commerce, chercha des traits, des saillies où le génie aidé de la mémoire donna les formes raisonnées ; des guirlandes, des couronnes de chênes furent sculptées sur les autels des Gaulois, et ces peuples sauvages dans leur naissance éléverent aussi des monumens et des statues. (Voyez les Monumens celtiques, page 88 de cet ouvrage.)

Depuis la conquête des Gaules par les Romains, une grande partie des dieux d'Athenes et de Rome prirent faveur, et furent honorés à la place des anciens dieux du pays. « Ils honorent par-dessus tout le dieu Mercure, (dit Jules-César) qu'ils regardent comme l'inventeur de tous les arts, le guide des voyageurs, et celui qui aide plus que tous les autres à amasser de l'argent et à négocier heureusement. Après Mercure, ils rendent encore les honneurs divins à Apollon, à Mars, à Jupiter et à Minerve, dont ils ont presque la même opinion que les autres nations. Ils croient qu'Apollon chasse les maladies ; que Minerve a donné le commencement aux manufactures et aux arts ; que Jupiter a pour son partage l'empire du ciel ; que Mars conduit la guerre : de là vient que lorsqu'ils vont combattre, ils font vœu de lui offrir ce qu'ils pourront prendre, et après la victoire ils lui immolent des bestiaux pris aux ennemis. »

MONUMENS CELTIQUES.

Autels en pierre de Saint-Leu, érigés à Jupiter, sous le regne de Tibere, dans le commencement de notre ère, par les Parisiens *commerçans par eau*. Ces monumens curieux, chargés de bas-reliefs et d'inscriptions (1), au nombre de six, forment cinq autels, dont un seul complet est composé de deux parties que j'ai réunies. Ce fut dans le courant du mois de mars 1711, qu'en fouillant dans le chœur de Notre-Dame pour y ériger l'autel du fond, connu sous le nom de *Vœu de Louis XIII*, l'on trouva ces monumens dont je vais parler.

Vers le milieu du chœur, lieu choisi pour construire une cave propre à inhumer les prélats de cette cathédrale, on découvrit, à six pieds en terre, ces pierres ornées de bas-reliefs et rangées de suite. Elles servaient en partie de base à un mur

---

(1) Baudelot a publié, la même année de leur découverte, un mémoire sur ces monumens.

Félibien, dans son *Histoire de Paris*, tome Ier, en a donné une description savante. Voici ce qu'il dit, page CXXIX.

« Ces six pierres, enclavées dans le petit mur, sont de la nature des pierres tendres de Saint-Leu. Certainement elles n'étaient pas là dans leur place. Elles avaient servi de piédestal à quelque statue ou à quelqu'autel, ou autre monument, dressé du tems que les Parisiens étaient encore idolâtres. »

qui portait environ trois pieds d'épaisseur. Piganiol prétend que l'église de Paris fut reconstruite sous Childebert Ier, à la place d'un temple dédié à Jupiter (1). J'ignore si les monumens trouvés dans les fouilles ci-dessus citées, ont servi d'autorité à Piganiol sur l'existence de ce temple, qu'il dit avoir servi de base à celui que nous voyons encore aujourd'hui ; mais il est au moins probable, d'après les débris découverts en 1711, qu'il y a eu sur ce terrein un monument public érigé à un culte particulier, et tout le monde sait que Childebert publia, en 554, un édit par lequel il ordonnait la destruction des idoles, et la démolition de tous les temples érigés au paganisme. Des auteurs prétendent qu'il y avait près de ce temple un port, et l'on s'accorde à dire que le lieu où étaient placées ces especes d'autels était planté d'arbres. On sait aussi que c'était dans les bois que les Gaulois exerçaient leurs cérémonies religieuses. Selon le témoignage de Pline, ils y consacraient des arbres ou des autels, et plus communément des autels, depuis leurs guerres et leur commerce avec les Romains. Du consentement de tous les auteurs anciens, ces peuples avaient à-peu-près les mêmes usages.

Ces monumens parvenus jusqu'à nous, et échappés par une espece de phénomene au gothicisme et à la

---

(1) On croit que la construction de la Cathédrale de Paris (Notre-Dame) avait été commencée par Clovis Ier, et qu'elle fut achevée par Childebert, après une expédition qu'il fit en Espagne. Cependant Fortunat, dans la description qu'il fait de ce temple, en laisse toute la gloire à ce dernier, sans parler de Clovis.

superstition, ont par leur découverte intéressé les savans, et excité plusieurs discussions et plusieurs réfutations très-intéressantes de part et d'autre. Les antiquaires qui ont publié des mémoires sur cette matiere, sont Moreau de Mautour, Baudelot, Léibnitz et Montfaucon : Keisler parut ensuite, réfuta plusieurs passages de différens mémoires, et donna la préférence à celui de Baudelot.

Ces especes d'autels, sont au nombre de cinq, et chargés de bas-reliefs et d'inscriptions celtiques, confondues avec des terminaisons latines. Les caracteres des lettres sont romains. L'une des inscriptions annonce que ces monumens ont été érigés par des Gaulois, sous Tibere. Leur forme quarrée ressemble assez à celle que les anciens donnaient à leurs autels consacrés, ou par un usage de la religion du tems et du pays, ou par un motif de reconnaissance de quelques particuliers.

N°. 1.

PREMIER AUTEL.

Il est chargé de trois bas-reliefs et d'une inscription que voici :

TIB. CAESARE
AVG. IOVI OPTVMO
MAXSVMO· (ara) M
NAVTAE PARISIACI
PVBLICE POSIERVNT·

Tibere César, ayant accepté ou pris le nom

d'*Auguste*, *les commis ou les officiers de la navigation du territoire de Paris*, (les Nautes) *ont consacré publiquement cet autel, en action de graces, à Jupiter très-grand et très-bon.*

« Ce monument peut ainsi avoir été érigé sur la fin de la premiere année du regne de Tibere, lorsque dans les Gaules on eut appris qu'il s'était humanisé, et qu'il recevait enfin le nom d'Auguste qu'il n'avait pas voulu qu'on lui décernât, comme on l'avait prévu, parce qu'il avait refusé les autres honneurs, dit Baudelot. »

Nauta se traduit ici par *Nautes*, (négocians par eau) parce que nous n'avons point dans notre langue de mot qui signifie précisément celui-là. Au reste, les *Nautes* étaient une société de riches négocians qui jouissaient de grands privileges, et qui étaient souvent honorés des charges municipales. Ces commerçans, suivant Baudelot, faisaient voiturer sur la Seine des marchandises pour leur compte autant que pour celui d'autrui. Il cite plusieurs inscriptions latines en faveur de ce qu'il avance : il donne particuliérement une inscription, prise sur une grande urne à Rome, qui annonce qu'un Régulien, chevalier romain, patron de plusieurs communautés et même des Sextumvirs à Lyon, est appelé *Nauta Araricus*.

J'ai traduit *Parisiaci* par *Parisiens*; car on sait que César entendait par les *Parisii* tous les originaires du pays dont Paris était dès ce tems la capitale. Le mot *Parisiaci* est employé dans le même sens, dans les chartes de Childebert, Grégoire de Tours, et dans les capitulaires de Charlemagne. « Il s'agit de savoir quels étaient ceux qui ont érigé à Paris sous l'empereur Tibere, un monument religieux, un autel au pere, au souverain, au plus grand des dieux, (dit Félibien.) Le seul nom de Jupiter ne permet pas de penser que des personnes viles aient osé lui adresser un autel considérable. Soixante provinces des Gaules ont concouru pour en ériger un à Auguste, dieu de nouvelle fabrique; et l'on voudrait que de simples bateliers eussent dressé un autel au grand Jupiter! Il est vrai que les auteurs de cette érection se sont nommés *Nautæ*; mais ils se sont faits représenter en même tems, et dans toutes les figures retracées par leur ordre, outre les dieux et les demi-dieux, on ne voit que sacrificateurs ou sevirs; personnes portant les armes; cavaliers avec des casques et des cuirasses; dames honorablement vêtues. Ce sont là les *Nautæ Parisiaci* qui ont érigé l'autel à Jupiter. Les *Nautes* étaient donc une société de gens de différentes conditions; en considérant ce corps composé de plusieurs conditions, il est naturel de demander quel était le point qui réunissait tous ces états ? C'était le *commerce par eau*, la navigation entreprise pour entretenir l'abondance des vivres et les commodités de la vie. Sextius Regulianus, chevalier romain et patron des *Nautes*, était *Nauta* lui-même, et marchand de vin et d'huile. Liberius Decimanus, honorable citoyen de Vienne, et *Nauta*, était marchand de vin. Barbius Theopompus, qui s'acquitte d'un vœu envers Orithye, était marchand; les *Scapharii* de Seville faisaient profession de marchandises. L. Besius, chevalier romain, faisait gloire d'être courtier des Gaules, et sa fidélité dans cette charge lui a mérité l'éloge de trois provinces, et un monument honorable. »

D'après toutes ces considérations, on ne sera plus étonné de trouver sur le monument dont je parle, des bas-reliefs représentant Mercure, Bacchus, même Vénus; il paraît probable que ces négocians riches et civilisés ont du rendre des honneurs aux divinités protectrices de leur commerce; et il était d'usage, lorsqu'on érigeait un autel à une divinité quelconque, de l'orner de bas-reliefs, et surtout lorsqu'on l'érigeait pour un objet particulier. Les autels contenaient très-souvent, ou le motif ou les aventures de ceux qui les érigeaient, ou ce qui concernait la mythologie et le culte du dieu à qui ils étaient consacrés. Le bas-relief placé sur la pierre dont je parle, représente sans doute une cérémonie religieuse qui s'est faite à son érection par ceux qui l'ont dédié. On ne consacrait point sans cela de monument public de piété; chaque peuple avait ses usages différens.

Les Parisiens, ainsi que les autres peuples étaient attachés à de certaines pratiques religieuses: ils en avaient sans doute une toute particuliere dans cette occasion, ainsi que l'on peut s'en convaincre par le monument même.

Les figures que l'on remarque dans le bas-relief suivant, dont voici l'inscription qui est en partie mutilée: S E N A N I V E I L O..... (1) ne paraissent aucunement avoir rapport à la mytho-

---

(1) Heccard dans sa dissertation sur ces monumens, prétend que c'est une M, qui manque au mot *Veilo*, et compose ainsi l'inscription *Senani Veilom*, qu'il dit signifier *les navigateurs de la Seine*, (*Sequanicos Nautas*) ou ceux qui gouvernent les navires de la Seine; et

logie ou à l'histoire de Jupiter. Il n'y a pas d'apparence qu'on ait voulu sculpter à l'aventure, une action profane sur un autel consacré à un dieu. Ce ne peut être par conséquent qu'une cérémonie observée à la dédicace de l'autel.

Par l'attitude et la situation des figures, on assurerait qu'elles paraissent faire une espece de procession à la mode et suivant le rit du pays. C'était la coutume des Gaulois de se tourner du côté gauche dans les cérémonies religieuses. Si l'on examine l'autel dont je parle, on remarquera que toutes les figures des trois faces du bas-relief font voir une union de démarche entr'elles et une même allure ; c'est ce qui peut autoriser à assurer qu'elles étaient là dans une fonction religieuse. Dans un passage, Lucain s'exprime ainsi :

Druides, dès qu'on aura mis les armes bas, vous reprendrez vos usages barbares et la coutume de vous tourner à gauche dans vos cérémonies religieuses.

On remarque sur l'une des faces de l'autel, plusieurs personnages sans armes, tandis que les autres sont armés ; il est probable que ce sont des Druides que l'on a voulu représenter ; et en donnant au mot *Senani* sa véritable interprétation, vieillard, seigneur, respectable, sénateur, etc., il n'y a plus de doute sur son application, puisqu'il s'agit d'une

---

comme il voit les figures de ce bas-relief couronnées, sans armes et en habits de paix, il suppose que ce sont les fondateurs de l'autel, dans l'acte de sacrifier que l'on a voulu représenter.

cérémonie publique qui avait rapport à l'empereur; et je ne doute point que ceux qui étaient regardés comme chefs de la religion n'y fussent admis. Strabon dit en propres termes, qu'ils ne font aucunes cérémonies religieuses sans Druides; d'ailleurs Diodore de Sicile parlant des Gaulois, dit précisément, qu'ils ne faisaient rien en matiere de religion sans les y inviter, parce qu'ils ne croient pas pouvoir rendre graces aux dieux, ni leur demander des bienfaits sans le ministere des prêtres.

Veilo ou gui de chêne, accompagne *Senani*, et vient à l'appui de ce que je viens d'avancer. Les Druides n'avaient rien de plus sacré dans leur religion que le gui et le chêne qui le portait; ils y avaient une telle confiance, qu'ils disaient qu'il renfermait en lui seul toutes les vertus de la médecine, ce qui lui avait fait donner un nom particulier qui signifiait, *qui guérit de tous maux. Omnia sanantem apellantes suo vocabulo.* D'après ces rapprochemens, il n'y a plus de doute sur l'explication de ce bas-relief.

On remarque dans les habillemens de ceux-ci, différens de ceux des autres faces, la tunique dont parle le scholiaste de Juvénal. Les Gaulois se servaient dans leurs cérémonies religieuse d'une tunique quarrée avec des bandes de pourpre qui vont en diminuant de part et d'autre, comme on le voit dans Isidore. Pline, qui en parle aussi, dit que le fond était blanc, chamarré de bandes de pourpre.

Voici l'inscription du second bas-relief : EVRISES. Dans le bas-relief suivant, on remarque les principaux de ceux qui consacrent le monument ; tout y est caractérisé : les manieres et les pratiques du pays, l'air, la barbe, l'habit et les armes. Diodore de Sicile et Strabon donnent aux Gaulois un aspect rude et un visage féroce. Le premier dit, que les uns se rasent la barbe, et que d'autres la gardent ; que les nobles d'entr'eux ou les gens distingués se rasent légerement les joues, mais se laissent venir les moustaches pendantes.

L'habillement répond encore à ce qu'on lit dans Strabon : ils portaient, dit-il, des vêtemens fendus et à manches, qui descendaient jusques vers les genoux ; c'est ce que plusieurs auteurs ont nommé *sagum*, car le *sagum* était propre aux Celtes. Suétone oppose le *sagum* à la *toge*. Notre ancien mot *sayon* tire sa racine de *sagum*.

La pique qu'on leur voit tenir, est une arme qui leur était propre. Diodore de Sicile dit qu'ils les appellaient lances.

Le bouclier, tel qu'on le voit sur le bas-relief, était aussi particulier aux Gaulois. Polybe et Tite-Live conviennent que le bouclier gaulois était plus long que large : Pausanias, dans un passage, les désigne par un mot grec, qui veut dire de *grandeur humaine* : il dit encore *que les Gaulois voulant passer le Sperchius*, fleuve de Thessalie, *ils se servirent chacun des boucliers de leur pays, appelés thures, en guise de pontons*. Ces boucliers, dit le même auteur, étaient historiés suivant les manieres des peuples, et portaient souvent les marques différentes de leur bravoure. Ceux-ci n'ayant rien de particulier, autorisent à croire que ceux qui les portaient, n'exerçaient aucune fonction militaire.

La

CELTIQUES.

La coutume des Gaulois était de ne rien faire en public qu'armés ; aussi Strabon dit à ce sujet : *Les Celtes sont armés dans toutes les affaires publiques de la ville ; ils n'entrent pas même autrement dans le temple.*

Quant au cercle que le premier des trois hommes tient à la main, Baudelot dit « que ce ne peut être qu'une couronne, et une couronne de métal précieux ; ce que l'on aurait mieux éclairci, si l'on avait l'autre moitié du bas-relief. C'était une des manieres de marquer sa reconnaissance aux dieux et aux hommes chez presque tous les peuples : or le dessein de ceux-ci était sans doute d'aller porter cette couronne dans les bois où ils érigeaient leur autel, pour la suspendre à quelqu'un des arbres qu'ils y révéraient comme Jupiter » (1).

On remarque dans le troisieme bas-relief que les figures vont comme dans les autres du côté gauche. Elles sont et plus jeunes et sans barbe ; ce pourrait être des jeunes gens accompagnant leurs peres ou leurs anciens dans la cérémonie. L'enfance

---

(1) Le grand cercle que porte celui qui marche à la tête des *Nautes*, est sans doute une couronne en forme de diadême, dont ils voulaient ceindre la tête du pere des dieux. Ces couronnes qu'on offrait étaient souvent amovibles et détachées, comme celle-ci, et le nombre en était grand. On les faisait ainsi pour seconder la dévotion des particuliers, qui souhaitaient que les couronnes qu'ils offraient, servissent quelquefois à décorer leurs dieux. Sans parler que les prêtres y trouvaient aussi leur compte ; car comme les couronnes se multipliaient à l'infini, les ministres des autels sur des prétextes qui ne leur manquaient jamais, les détournaient à leur profit.

G

était très-longue dans les Gaules, et on ne jouissait que très-tard des droits d'homme fait. Tacite dit à ce sujet, que ce n'était que par le don en public d'une lance et d'un bouclier, que l'on émancipait les jeunes gens. Les Gaulois portaient également leurs boucliers ovales ou quarré-long. L'inscription qui a été détruite, et les mutilations de ce bas-relief rendent son explication obscure, et Baudelot lui-même ne s'explique point sur l'habillement de ces jeunes Gaulois, que l'on voit agraffé sur l'épaule droite. Il est fâcheux que les inscriptions aient disparu, elles auraient aidé à la lettre. Baudelot explique ainsi les mots *evrises*, *senani* et *leud* ou *liud* : il prétend qu'*evrises* est le pluriel de *ur*, qui signifie en langue celtique *homme* ; *leud* ou *liud* signifie *chants* ; alors il désignerait les chanteurs ou les prêtres de la cérémonie (1). Dans les origines gauloises de Boxhorn *evrid* signifie *doré*. Dans le lexique breton du P. Maunoir, *aour* veut dire *or* ; ensorte que Baudelot, qui prétend qu'*evrises* est l'ancienne manière de prononcer, explique ce bas-relief ainsi :

Une couronne d'or est offerte par les navigateurs de la Seine au dieu à qui l'autel est érigé.

---

(1) Dans les cérémonies religieuses, les Druides portaient toujours de longues robes blanches, rayées de pourpre, coupées de telle sorte que les raies allaient successivement en diminuant.

CELTIQUES.

N°. 2.

SECOND AUTEL.

Le premier bas-relief représente Jupiter barbu, à la celtique, ce qui démontre qu'il a été érigé et sculpté dans le pays. Le terme de *Iovis* est le nom celtique de ce dieu avec une terminaison romaine, parce que les Celtes ne disaient que *iou*. Baudelot prétend que Jupiter pose la main droite sur la tête d'un homme en petit, à demi-nu, qu'il croit être celui qui a érigé l'autel, qui se met sous la protection de ce dieu, ainsi que l'on trouve de ces sortes de types dans les médailles romaines. On lit au haut du bas-relief : IOVIS (1). Je l'ai examiné attentivement, et à travers les ruines et les mutilations que ce monument a éprouvées par le tems; au lieu d'un homme, j'y ai remarqué la peau d'un bélier, posée sur le bras de Jupiter, dont la tête et les cornes sont très-apparentes. On sait que le bélier est aussi un des attributs que l'on donne à ce dieu : ce pourrait bien être aussi l'emblême des especes de victimes que l'on sacrifiait à Jupiter dans les Gaules.

---

(1) Un fanatique, fâché de trouver dans ce monument une autorité de l'idolâtrie de nos ancêtres, s'est permis d'ajouter un trait au bas de la premiere lettre de *Iovis* qui est l'I consonne, et d'en faire une L, pour substituer le mot *Louis* à la place de celui de *Iovis*, et faire croire par cette supercherie absurde que le monument avait été érigé à un des rois de France; il avait accompagné cette sottise d'un grand commentaire.

La figure et le nom du dieu Vulcain, ainsi écrit: VOLCANVS, le marteau placé à sa ceinture, les tenailles qu'il porte à la main, expliquent clairement le second bas-relief, et levent tous les doutes.

Plutarque nous apprend, sur le culte des Gaulois pour Vulcain, que ces peuples ayant déclaré la guerre aux Romains; leur roi Viridomar croyant par un vœu obtenir du succès dans ses armes, promit d'offrir à Vulcain les dépouilles des ennemis. Viridomar, loin d'obtenir du succès, fut défait et tué par le consul Marcellus, son armée fut mise en déroute, et les armes des vaincus portées en triomphe et appendues dans le temple de Jupiter Férétrien. « *Les Gaulois, sous Viridomar leur roi, avaient promis de vouer à Vulcain les armes des Romains. Il en fut autrement. Viridomar ayant été tué, Marcellus suspend leurs armes dans le temple de Jupiter fulminant* (1).

Les Gaulois attachaient la même idée à Vulcain, que les anciens peuples chez lesquels ils avaient puisé une partie de leur religion. Ces peuples adroits à travailler les métaux, offraient des sacrifices à ce dieu, dans l'espérance de perfectionner un travail qui flattait infiniment leur goût. Pline dit qu'ils trouverent les premiers l'art d'étamer le cuivre dont on doublait les vaisseaux. Ils perfectionnerent si bien ce talent, qu'ils parvinrent à vernir avec de l'argent les harnois de leurs chevaux et l'attelage

---

(1 *Viridomaro rege Romana arma Vulcano promiserunt Galli; aliorsùm vota ceciderunt: occiso enim rege, Marcellus tertia post Romulum patrem Feretrio Iovi arma suspendit.*

des chars. *Plumbum album incoquitur æris operibus Galliarum invento, ità ut vix discerni queat ab argento, eaque incoctilia vocant. Deindè et argentum incoquere simili modo cepêre, equorum maximè ornamentis, jumentorumque jugis.* « Le plomb blanc (sans doute l'étain) s'amalgame et s'ajoute aux ouvrages d'airain, invention des Gaulois, de façon qu'on peut à peine le discerner de l'argent; ils appellent cette opération *étamage*. Ils se sont servis du même procédé pour appliquer l'argent, surtout pour les ornemens des chevaux et harnois des bêtes de somme. »

Le troisieme bas-relief représente Mars exprimé en celte par le mot E S V S. Esus, divinité à laquelle les Gaulois donnaient la suprématie que l'on croit être Mars. Il est représenté au milieu d'un bois, cueillant *le gui sacré*; ce qui pourrait faire entendre que les Druides recevaient *le gui* des mains d'Esus, la suprême divinité, pour le communiquer ensuite aux hommes. La sculpture de ce monument est si grossiere, qu'Esus a plutôt l'air d'un bucheron qui ébranche un arbre que d'un dieu. Voici ce qu'en dit Félibien, *Histoire de Paris*, premier volume, page 135.

« A la face de la seconde pierre, on voit un homme sans barbe, vêtu aussi courtement que Vulcain, l'épaule droite et le bras droit nus comme lui, le genou gauche appuyé contre le tronc d'un arbre, et le pied droit à terre ; la main gauche empoigne une branche feuillue, et la droite élevée, et armée de quelque chose que nous avons découvert être une espece de doloire, semble fondre avec effort de tout le corps pour couper cette branche. Enfin sur la plate-bande d'en haut est gravé E S V S. La plupart de nos antiquaires supposent, sans le prouver, que le *Hervis* des Celtes, est le dieu *Mars* des Romains. Les autorités de Lucain et de Lactance qu'ils citent là-dessus ne le disent point. »

« Le *gaudensque feris altaribus Hesus* du premier, et *Hesum atque Teuthaten humano cruore placant* du second, ne désignent point *Mars*; mais il ne parle point de *Hesus*; et d'ailleurs il attribue aux Gaulois le culte de tous les autres dieux des Romains. En quoi son témoignage paraît avoir besoin d'une explication favorable à la réputation d'un aussi grand homme; et nous n'en pouvons donner d'autre, sinon que négligeant de rapporter les noms que les Gaulois donnaient à leurs dieux, il n'a jugé que de leurs attributs, et par analogie leur a donné les noms connus des Romains pour qui il écrivait. Leibnitz, après avoir cité le passage de Lucain, ajoute dogmatiquement : c'était le dieu *Mars* qui est l'*Arès* des Grecs et l'*Erich* des Germains ; c'est pourquoi le Mardi est encore appelé *Erichdag* chez les hauts allemands; et si on lui oppose qu'*Erich* et *Esus* sont bien différens, il vous dira que les lettres R et S *se changeaient* aisément comme dans *Papisius* et *Papirius*, *Fisius* et *Furius*. Heccard prétend que ce n'est point le dieu *Hesus* qui est représenté ici, mais un prêtre de *Hesus*, ou druide sans barbe, (d'où il conclut que les Druides ne portaient point de barbe) lequel vêtu d'une robe blanche, (qui lui a dit qu'elle était blanche ?) coupe avec une serpe d'or le sacré gui de chêne ; sur quoi il rapporte un grand passage de Pline,

CELTIQUES.

lequel au chap. XCV du liv. XVI de son *Histoire Naturelle* décrit amplement cette cérémonie et toutes les vertus qu'on attribuait au gui de chêne, que les Gaulois regardaient comme un remede universel, d'où vient que les Gaulois l'appellaient *Gueritou*...... Heccard dit formellement que ce n'est pas le dieu *Hesus* qu'on a voulu représenter dans cette figure, mais la maniere de cueillir religieusement le gui de chêne, qu'il lui plaît d'appeler *Esus* à la faveur de beaucoup de transmutations. Tout bien considéré, il vaut mieux l'en croire que de disputer sur une chose dont on ne peut rien dire de certain (1).

On remarque dans le quatrieme bas-relief l'inscription suivante : TARVOS TRIGARANVS, Un taureau au milieu des bois, et trois grues, forment la composition du monument. Ce taureau est représenté dans une espece de bois, d'où s'élevent des arbres de part et d'autre : ce dieu pour toute suite n'a que trois oiseaux, l'un est sur sa tête, un autre sur le milieu de son corps, et le troisieme est sur sa croupe. L'inscription qui est au haut de la pierre consiste en ces deux mots : TARVOS TRIGARANVS, qui signifie

---

(1) Quant à la religion des premiers Parisiens, ils étaient idolâtres, de même que tous les autres Gaulois, et quoiqu'ils adorassent Jupiter, Minerve et Apollon, Mercure néanmoins, qu'ils nommaient *Theutates*, passait apparemment pour le plus grand de leurs dieux, aussi bien que Mars, dit autrement *Esus*. Et de fait, à Montmartre il reste encore quelque ruine de leur temple ; ce qui est cause que Frédegaire appelle cette montagne *Mons Mercurii*, et Abbon, *Mons Martis*, d'où est venu le mot de *Montmartre*. — (*Sauval*, tom. Ier, page 60.)

G 4

taureau à trois gruës; les Gaulois avaient une très grande vénération pour les images et les représentations de taureau.

Plutarque nous donne une preuve authentique du culte des Gaulois pour le taureau, quand il dit que sous le consulat de Marius, une armée considérable, composée d'Ambrons, de Teutons et de Cimbres, après avoir passé l'Adige pour forcer Rome, proposerent une honnête capitulation aux Romains qui avaient défendu le fort, jurerent par leur taureau d'airain d'observer les conditions du traité. Après leur défaite, le consul Catulus fit porter ce taureau dans sa maison comme une glorieuse dépouille, et comme le monument le plus précieux de sa victoire. Grégoire de Tours dit aussi, en parlant des dieux des Gaulois, qu'ils érigerent en divinités les forêts, les eaux, les oiseaux et particuliérement le taureau. Sans faire remonter si haut le culte du taureau chez les Gaulois, arrêtons-nous au cinquieme siecle; examinons le tombeau de Chilpéric, et nous trouverons des traces de son culte particulier pour le taureau; et l'on sait que lors de l'ouverture de son tombeau, qui fut changé de place, on trouva une tête de taureau qui était d'or. Baudelot dit que *taru, tri* et *garan* sont trois mots celtiques qui signifient *taureau, trois* et *grue*. Et l'on sait que les anciens Celtes portaient sur leurs enseignes l'image du taureau. Tacite dit, qu'ils étaient dans l'usage de les déposer dans les bois qui étaient leurs temples. Cette allégorie peut s'expliquer ainsi, suivant Baudelot. « Le taureau, comme on le voit ici, est peut-être une image de la paix dont les peuples jouissaient sous la domination des Romains. Les grües qu'on y voit tranquilles, y seraient aussi par la même idée et par le même motif. Les grües, dit Aristote, sont si opiniâtres et si acharnées dans les combats qu'elles se livrent entr'elles, qu'elles se laissent plutôt prendre par les hommes, que de quitter prise. Il n'y a point de doute qu'elles sont là comme symbole du courage. »

N°. 3.

TROISIEME AUTEL.

Le bas-relief chargé de l'inscription suivante. CERNVNNOS, représente le dieu Pan, portant deux espèces de cornes : on remarque deux anneaux passés dans ces cornes qui ressemblent assez à des bois de daim. Ceci est peut-être une allégorie qui a rapport au goût que les Gaulois prenaient à chasser ces animaux ; les anneaux sont des couronnes d'or ou d'autre métal dont ces peuples couronnaient leurs divinités, comme on l'a vu plus haut. Ce dieu paraît avoir été adoré par les Gaulois comme le maître des forêts, et invoqué par eux avant d'aller à la chasse des bêtes fauves, exercice pour lequel ils avaient beaucoup de goût. Ils portaient cette passion si loin, qu'à leur retour ils faisaient des espèces de marches triomphales, portant les têtes des animaux qu'ils avaient forcés et tués ; et les attachaient aux portes de leurs maisons, ainsi que nous avons vu les gardes-chasse clouer à leur porte les oiseaux de proie qu'ils avaient tués. Cet usage remonte fort haut, car on sait que les Grecs, au retour de la chasse, offraient à Diane une partie des bêtes qu'ils y avaient prises; souvent même ils appendaient à des arbres les têtes ou les jambes de ces animaux. La chasse que les Gaulois affectionnaient le plus, était celle de l'élan et du daim dont on voit les cornes figurées sur le front de notre *Cernunnos*. César parle aussi d'une chasse particuliere et fort aimée des Gaulois, nommée chasse de l'*ure* ou du taureau sauvage, animal qui était fort gros et fort grand. « La jeunesse des Gaules, dit-il, s'adonnait fort à la chasse des *ures*; elle n'acquerait de gloire et d'honneur qu'à proportion du nombre des ures qu'elle prenait; on en exposait les cornes dans les lieux publics; on les gardait soigneusement, et on les faisait border d'or ou d'argent pour s'en servir dans les festins d'éclat. »

Toutes ces sortes de chasses ont fait long-tems les délices des Gaulois et des Français, disent Grégoire de Tours et Fortunat. Ce dernier écrivant à Gonon, lui demande s'il s'occupe à la chasse des cerfs, chevreuils, élans, bufles, ours, ânes sauvages et sangliers dont abondaient les forêts des Ardennes et des Vosges.

Baudelot explique ainsi l'inscription « C E R-N V N N O S , placée au-dessus du bas-relief; par *cer*, *ker* ou *cher*, qui veut dire *bon* ou *excellent*; et *nunnos* par *maître* ou *pere* : il dit *maître du lieu*, ou *bon et excellent pere.*

Le bas-relief qui suit, représente Hercule combattant l'hydre. L'inscription entiérement ruinée, dont on ne voit plus que les deux lettres *os*, est sans doute le reste du mot *ogmios*, nom celtique d'Hercule : cependant on y découvre les lettres suivantes que Baudelot n'explique point ; si l'on consulte Félibien, on pourrait lire en suppléant à ce qui a été détruit de l'inscription ainsi écrite : S E V I...R I........O S- *Sevir Riparios* (1), ce qui désigne, selon ce savant, une assemblée de six magistrats, chargés d'inspecter les travaux de riviere et surtout de la navigation ; mais rien ne nous autorise à être de l'avis de Félibien ; et si l'on fait rapporter l'inscription au bas-relief, on ne sera pas éloigné d'adopter l'opinion de Baudelot, qui est fondée et vraisemblable, puisque le monument dont je parle, représente un homme armé qui leve le bras pour frapper un reptile qui paraît s'élancer sur lui ; et il est reconnu que les Gaulois honoraient Hercule sous le nom d'*Ogmius*. Les Germains honoraient aussi Hercule, et lui avaient consacré une de leurs forêts. D'après ces rapprochemens, on voit clairement que les riches navigateurs de la Seine ont rendu par ce monument public, hommage à Hercule, une des divinités reconnues du pays.

On remarque sur les deux autres bas-reliefs

---

(1) « L'adjectif *Riparius* est un terme latin du bel usage, et dont Pline s'est servi au liv. XXX, chap. XII. On appelait *Riparii*, selon Casaubon, dans ses notes sur l'Aurélien de Flavius Vopiscus, ceux qui habitaient les rivages des fleuves ; et le code Theodosien au titre *de re militari*, fait mention des troupes appelées, à cause du voisinage des rivieres confiées à leur garde, *Riparienses* et *Ripenses*. On a donc pu appeler du tems de Tibere, *Riparios*, des magistrats préposés pour veiller à la sureté de la navigation et à l'entretien des rivages. (Félibien, Ant. de Paris.)

Castor et Pollux. Les Gaulois avaient les mêmes idées de ces deux héros, et les représentaient comme les Grecs et les Romains. On lit au-dessus du bas-relief : CASTOR ; ce qui leve tous les doutes. On sait que ces divinités étaient favorables à la navigation. Le bas-relief suivant, dont l'inscription est totalement effacée, représente Pollux.

N°. 4.

QUATRIEME AUTEL.

On remarque un bas-relief à chaque face de cette pierre, plus maltraitée que les autres, puisque les inscriptions sont entiérement effacées, ce qui jette beaucoup d'obscurité sur ce monument, qui probablement fait suite aux autres. La premiere face représente un homme armé ayant le manteau militaire, et le bras droit appuyé sur sa lance qu'il tient par le haut ; sa tête est couverte d'un casque : à sa gauche est un jeune homme vêtu d'une longue robe, semblable à la *stole*, il paraît avoir le bras droit nu, et orné d'un bracelet jusqu'au haut du bras. La seconde face représente une femme nue qui n'a qu'un bout de sa robe sur le bras gauche, et qui de l'autre semble se dévoiler ; il est plus que probable que c'est Vénus que l'on a voulu représenter, car la navigation était du nombre de ses attributions, et je ne suis pas éloigné de croire que les navigateurs de la Seine voulant rendre hommage à Tibere par un monument authentique, ne se soient plûs à faire représenter sur ce monument toutes les divinités protectrices du commerce qu'ils exerçaient. C'est pourquoi on voit dans les autres bas-reliefs, Bacchus et Mercure. En examinant le monument avec attention, on découvre le caducée et le pétase du dieu dont je parle; la barbe qu'on lui a donnée annonce un âge mûr et respectable. Les Gaulois donnaient à Mercure barbu le surnom d'*Artaïen*, qui signifiait pour eux *auguste*, *excellent*, *grand*, etc. Il est certain que toutes les pierres ont des rapports entr'elles, et que le motif de leur érection a été le même, puisque les inscriptions et les figures de chacune d'elles concourent à un ensemble commun.

On connaît dans les antiquités gauloises une figure de Mercure, qui porte sur sa tête, au lieu de son chapeau aîlé, des oreilles semblables à celles d'un âne, d'un lapin ou d'un lievre; on donnait à ce Mercure le surnom de *Cessonius*. Les faunes, les silenes, les satyres qui composent toujours le cortege de Bacchus, portent des oreilles semblables à celles que l'on donne au Mercure *Cessonius* dont je parle, ce qui me ferait croire que cette divinité est là comme suite de Bacchus qui semble le précéder; car malgré les ruines du monument, on apperçoit des grappes de raisin qui coëffent la tête du personnage qui suit notre Mercure *Artaïen*. Bacchus et Mercure conviennent parfaitement dans cette occasion, puisque ce monument a été érigé par des gens qui ont toute raison d'honorer Bacchus, le principe de la végétation et de la réproduction annuelle, sans laquelle leur commerce serait sans activité.

Les figures qui paraissent à demi-nues et casquées, sont sans doute des Gaulois prêts à combattre.

Tite-Live et Pausanias disent que les Gaulois combattaient nus pour être plus libres. C'est pour cela qu'ils avaient des boucliers plus grands que les autres peuples. Celles qui ont des casques, les ont à la gauloise, qui ont de grandes éminences, ainsi que l'annonce Diodore. Le *cassis* des Toscans est sans doute cette armure de tête, d'où vient par succession de tems notre terme de casque. L'ornement au bras droit que l'on remarque à plusieurs figures de ce monument, est sans doute celui que Strabon dit être en usage chez ces peuples sous le nom de *bracelets*, qu'ils portaient soit au bras, soit au poignet.

Le monument qui suit est tellement ruiné, qu'il est impossible d'y rien découvrir. Les Gaulois élevés aux premieres dignités étaient vêtus d'étoffes d'or, et portaient des colliers, des bracelets aux poignets et au haut du bras ; dans les cérémonies religieuses ils étaient toujours vêtus de blanc. *Schedius* avance qu'ils portaient des souliers ou sandales de bois pentagones ; mais rien n'est moins certain que son opinion.

N°. 423.

Nehalennia.

Ce ne fut qu'en 1646 qu'on fit la découverte de Nehalennia, déesse adorée dans le fond de la Germanie. « Le 5 janvier, un vent d'est soufflant avec violence vers la Zélande, le rivage de la mer se trouva à sec proche d'Oësbourg, dans l'île de Valchren, et on y apperçut des masures que l'eau couvrait auparavant. Parmi ces masures étaient des autels, des vases, des urnes et des statues de Jupiter, de Neptune, et entr'autres plusieurs qui représentaient la déesse *Nehalennia* avec des inscriptions qui apprenaient son nom. (*Voyez* Mongez, Dict. antiq., et Montfaucon, tome II, 2e. partie.)

Le monument dont je donne ici la gravure a été probablement découvert à cette époque, car il porte le même caractere que ceux qui sont gravés dans Montfaucon, et on voit encore les excavations de l'eau dans la pierre, et des racines, débris des plantes marines qui s'y étaient attachées. Observation qui sert à appuyer ce que l'on a avancé sur la découverte de ces monumens. Celui dont je parle, apporté de la Belgique, paraît avoir pour but l'accomplissement d'un vœu qui avait été fait à la déesse. Quoique l'inscription ait prodigieusement souffert des ravages du tems et des eaux, qui l'ont tellement minée, qu'elle est presque disparue, j'ai rapporté ici ce qui en reste :

DEAE NEHA
LENNIAE
T. CALVISIVS
SECVNDINVS
OB.......ACTVS.

Les monumens érigés à Nehalennia sont communément en pierre, et portent tous le même caractere ; le dessin qui y est observé tient à un style antique dégénéré. Cette déesse est représentée assise, ayant sur ses genoux un panier chargé de fruits; à son côté droit est un chien, et au côté gauche un autre panier tout-à-fait semblable à ceux dont nous nous servons, également rempli de fruits. Hercule, et plus ordinairement Neptune accompagne la déesse; ce qui a donné lieu à Keysler qui a publié plusieurs monumens sur Nehalennia, d'avancer qu'elle présidait à la navigation et au commerce maritime. D'autres savans l'ont prise pour la lune. *nea selene, nouvelle lune*, dont on a fait Nehalennia, et le chien qui l'accompagne serait là comme un des attributs de Diane qui s'en servait, tantôt, pour la chasse, et selon Théocrite, pour la servir à table. On sait aussi que les Gaulois et les Germains honoraient la lune, et qu'ils fixaient les époques des fêtes qu'ils lui consacraient, suivant ses phases. Si l'on remarque toutes les statues qui nous sont parvenues de Nehalennia, on verra que généralement elle est représentée voilée, allégorie qui peut servir d'autorité aux auteurs qui ont vu la nouvelle lune dans cette divinité; et en adoptant leur opinion, je ne suis pas éloigné de croire que les artistes qui ont représenté Nehalennia, et les poëtes qui l'ont chantée, ont voulu annoncer par ce voile mystérieux, que la lune *nea selene* dans cette situation ne se fait voir qu'à moitié, et qu'elle cache aux hommes une partie de sa lumière.

Il paraît certain que le culte de cette divinité est plus ancien qu'on ne le croit, et qu'il ne se bornait pas seulement aux contrées du Nord, puisque l'on connaît une mosaïque (1) trouvée à Nîmes, qui

---

(1) On a aussi publié plusieurs médailles frappées en l'honneur de Nehalennia, une entr'autres est remarquable,

représente

CELTIQUES.

représente Nehalennia sur le bord de la mer avec ses attributs ordinaires, ayant un petit chien à ses pieds, et une torche allumée qui semble jettée près la base du tableau. Ce flambeau est remarquable, et est ainsi placé par l'auteur du monument, pour exprimer que Nehalennia ou la lune, ne se montre que la nuit, et que le jour s'éloigne lorsqu'elle paraît.

Les fréquentes représentations de Neptune avec Nehalennia, marquent qu'elle était invoquée par les gens de mer pour l'heureux succès de la navigation et de leur négoce (dit Montfaucon.) Cependant si j'examine les attributs qu'on lui donne, je pourrais étendre mes idées sur Nehalennia, et la confondre avec Isis, Cérès, Minerve, Diane, la Vierge des chrétiens, etc. (1) Porphyre fait parler ainsi la lune dans un oracle qu'elle

---

on y voit deux victoires en l'air, tenant chacune une patere; elles soutiennent de chaque côté deux especes de rideaux qui pendent d'un dais sous lequel la déesse est assise, ayant deux paniers remplis de fruits, et le chien à sa droite, comme on le remarque dans le monument que je publie.

(1) Isis placée dans le ciel près du vaisseau, a fait dire aux Egyptiens qu'elle présidait à la navigation; la garde d'Isis selon eux avait été confiée à Anubis ou au chien des constellations; aussi Anubis était-il représenté avec une tête de chien.

On donnait aussi à Diane deux chiens, *Procyon* et *Syrius*. La Vierge des chrétiens, ou la femme porte-épi, présidait aussi aux moissons et aux vendanges; on peut se rappeller d'avoir vu dans nos temples des épis et des raisins dans les mains des statues de la Vierge qu'on y adorait.

H.

rendit elle-même. *Vous donnerez à ma statue l'air, les traits, et la figure de Cérès tenant toutes sortes de fruits, mes habits seront tout blancs et mes souliers d'or.* Comme ces divinités, Nehalennia est chargée de fruits et de feuillages, tout ce qui l'entoure annonce la fécondité, et par conséquent la nature. Hercule et Neptune qui accompagnent cette femme mystérieuse, viennent à l'appui de mon assertion; car on sait que dans plusieurs contrées de l'Asie le culte de Neptune était essentiellement lié à celui de Cérès, et principalement en Arcadie où ils avaient un temple commun. Cette déesse, selon Pausanias, eut des particularités avec ce dieu, dont elle se purifia dans les eaux du Ladon. On connaît aussi les rapports de cette divinité avec Hercule, ou le *dieu lumiere* (1); c'est donc la nature ou *la grande déesse* que l'on adorait dans Nehalennia.

MONUMENS DU MOYEN AGE.

Tout atteste que la culture des lettres et la pratique des arts d'imitation, en France, remonte aux premieres époques de la monarchie. Non-seulement les monumens que j'ai réunis dans ce Musée, et que je vais décrire en font foi; mais nous avons encore des édifices publics dans nos provinces et dans cette capitale, dans lesquels les

---

(1) A Mycales, Cérès recevait des hommages sous le nom de Mycalésienne. On disait que chaque nuit on fermait son temple, et que chaque nuit Hercule l'ouvrait. On déposait aux pieds de la statue les fruits que produit l'automne.

artistes chargés de leur construction dans leur origine ont su conserver avec intelligence les restes de monumens beaucoup plus anciens, tels qu'on en voit à la cathédrale de Chartres le plus imposant des monumens gothiques, à l'abbaye de Saint-Denis, dans son église souterraine dont la construction paraît dater du tems de Pepin, enfin à l'église Notre-Dame de Paris. Saint-Germain-des-Prés avant les destructions révolutionnaires montrait un portail tout entier et bien conservé du premier style de la sculpture française. On voit encore dans la nef de cette basilique des chapiteaux très-anciens que j'ai dessiné pour en donners les gravures et la description dans mon ouvrage *in-folio*.

Charlemagne encouragea les lettres et les sciences, il employa tous les moyens pour les rétablir, fonda des écoles (1), il donna particulièrement la conduite de celle qu'il avait établie dans son palais à Alcuin, qui se rendit célèbre dans l'université de Paris, fondée en 804. Alcuin après avoir formé des éleves, parvint à en faire des professeurs habiles qu'il envoya ensuite dans les établissemens qu'il avait fondés à Aix-la-Chapelle, à Tours, etc., et mourut dans cette ville.

En 835 parut Rumalde, architecte, qui bâtit alors la cathédrale de Reims. Azon bâtit celle de Séez en Normandie, en 1050; et en 1222 Robert de Lusarche commença celle d'Amiens, qui fut

---

(1) Avant ces fondations les monasteres de l'un et de l'autre sexe étaient les seuls lieux d'éducation et les seules écoles publiques.

continuée après sa mort par son éleve Thomas de Cormont, et son fils Renault.

La peinture était également connue, puisque la plupart des monumens dont je parle contiennent encore des reliefs et des ornemens peints et dorés. Cette ancienne peinture était une préparation à l'eau d'œuf, et personne n'ignore qu'antérieurement à Hubert et Jean Van Eyck, freres, les peintres n'employaient les couleurs qu'avec de la colle ou de l'eau d'œuf; et l'on sait que ces derniers artistes Liégois ne découvrirent que les couleurs se mêlaient plus parfaitement avec l'huile, qu'en 1390.

Il existait à Paris, dans plusieurs maisons religieuses, des peintures à fresque et à l'eau d'œuf qui avaient été exécutées dans le 12e. siecle. Ces peintures qui ont été détruites, précieuses à conserver pour l'histoire et l'histoire de l'art, représentaient des personnages illustres de ce tems, vêtus selon leurs dignités.

Aux Célestins, dans une chapelle nommée *Chapelle d'Orléans*, parce qu'elle fut fondée en 1393 par Louis d'Orléans, frere puîné de Charles VI, toute cette famille y était représentée en habits de cérémonie.

Aux Carmes de la place Maubert, on voyait dans le cloître des peintures qui avaient été exécutées sous Philippe-le-Long et Jeanne sa femme, qui avait fondé cette maison en 1317.

On y remarquait aussi la famille de Louis IX en habit de cour (1).

---

(1) Louis IX avait amené ces religieux de la Palestine: ils portaient alors des manteaux rayés de blanc et de brun.

Si à l'époque de la destruction, mes pouvoirs n'avaient pas été restreints, j'aurais eu la satisfaction de conserver aux arts, beaucoup d'autorités précieuses pour l'histoire de l'art français, soit en faisant enlever des parties de ces peintures, soit en les faisant dessiner. Il ne me reste plus que le triste souvenir de ces curiosités. Environné alors d'Iconoclastes, il m'a été impossible, malgré mes sollicitations, de les arracher des mains de l'ignorance et de la barbarie. Dans l'église des Carmes un monument en cuivre, érigé à Marguerite de Bourgogne, fille de Jean-sans-Peur, et femme de Louis de France, duc de Guyenne et dauphin de Viennois, mariée en secondes noces à Artus, fils du duc de Bretagne, comte de Richemont, connétable de France, a été fondu.

Les premiers tableaux peints à l'huile sur le bois qui n'a point reçu l'apprêt d'une détrempe, telle que cette pratique était en usage en 1390, n'offrent au curieux et à l'amateur, qu'une représentation de la nature telle qu'on la voit avec ses défauts dans un dessin sec et aride, dans un travail peiné, dans des draperies longues, et dont les plis sont cassés sans intention ; dans des figures dont les expressions sont insipides ; enfin représentant le goût, les ornemens, les parures et le style gothique de ce tems, ainsi qu'on le remarque dans plusieurs peintures qui étaient conservées dans la sacristie de la ci-devant abbaye de Saint-Germain-des-Prés, et que l'on retrouvera dans ce Musée au rang des monumens du moyen âge.

Dès l'année 1790, et notamment depuis le décret de la Convention nationale du 3 brumaire an 2 de la République, qui défend de détruire, mutiler et altérer en aucune maniere les monumens des arts, sous prétexte de faire disparaître les signes de féodalité, etc., j'ai eu soin chaque fois qu'il m'a été possible, de réunir au Musée dont je suis le conservateur, tout ce qui peut donner des idées des anciens costumes, soit civils d'hommes et de femmes, soit militaires selon les grades. J'espere que cette réunion sera intéressante par la suite, pour les artistes qui voudront rendre des vêtemens qu'ils auraient peine à trouver, si la surveillance et les attentions de la Convention nationale, n'eussent autorisé ces conservations par le décret ci-dessus cité.

Ces monumens ainsi réunis, ne doivent être regardés que comme un rassemblement de modeles vêtus selon les époques auxquelles ils appartiennent, et selon les places qu'occupaient ceux qu'ils représentent.

Depuis Clovis jusqu'à Philippe II, il y a eu peu de variation dans les vêtemens; ce qui embrasse à-peu-près sept siecles; et il semble que ce n'est qu'au retour des croisades que les costumes ont changé. Avant cette époque, les hommes laissaient croître la barbe et flotter les cheveux; les habits de guerre étaient courts et serrés, et recouverts d'une espece de draperie qui s'attachait sur l'épaule droite, à-peu-près semblable à ce que les Grecs nommaient *chlamides*.

Les habillemens de ville consistaient en une tunique longue avec une ceinture que l'on rendait plus ou moins riche en raison de sa fortune. Par-dessus était un long manteau, un peu ouvert sur le devant, que l'on assujettissait par une laçure ou courroie fixée par des boutons, ainsi que l'on sera à même de le vérifier sur les bas-reliefs de Childebert, n°. 6, et de Clovis, n°. 9.

Les femmes portaient à-peu-près le même habillement, si ce n'est une espece de guimpe ou voile qu'elles mettaient sur leur tête, et qui flottait sur leurs épaules, comme on le voit au monument d'Isabelle d'Arragon, n°. 24.

Les costumes des magistrats, des religieux et des religieuses, n'étaient pour ainsi dire, que les vêtemens civils de l'époque où leur ordre avait été institué, et que par leurs regles ils n'avaient pu changer.

Les prêtres et tous ceux qui étaient attachés au service de la primitive église portaient aussi la barbe. *Elle contribue à la beauté de l'homme, comme une belle chevelure contribue à la beauté d'une femme*, dit Clément d'Alexandrie. Tertulien qui vivait l'an 200 de notre ère parle aussi dans ses ouvrages de la barbe que portaient nos prêtres; il cite particuliérement un passage d'un canon qui défendait aux prêtres de se raser la barbe. *Qu'aucun ecclésiastique n'entretienne sa chevelure ni ne rase sa barbe,* trouve-t-on encore au troisième canon du concile tenu à Barcelone en 540.

Tous les papes des premiers tems porterent la barbe jusqu'au moment où les deux églises grecque et latine se diviserent.

Armures des Français sous Clovis.

Les hommes, dit Sidoine Apollinaire (1), sont d'une taille extraordinaire, vêtus d'habits fort étroits ; ils ont une espece de baudrier ou de ceinturon qui les serre par le milieu du corps, et qui sert à attacher leur épée. Ils jettent leurs haches, et lancent avec une force merveilleuse leurs javelots et ne manquent jamais leur coup ; ils manient leur bouclier avec beaucoup d'adresse. Voici ce que rapporte Procope, secrétaire de Bélisaire, témoin oculaire de l'expédition des Français en Italie, sous Théodebert Ier, roi de la France Austrasienne.

« Parmi les cent mille hommes que Théodebert conduisait en Italie, il avait fort peu de cavaliers autour de sa personne ; ces cavaliers seuls portaient des javelots, *qui soli hastas ferebant*, le reste qui formait le corps de troupe était de l'infanterie *non arcu, non hastâ armati* ; ces soldats n'avaient ni arc, ni javelot, ils portaient seulement une hache, un bouclier et une épée. Le fer de la hache était gros et à deux tranchans, le manche était de bois et fort court. Ils varient quelquefois leur maniere de combattre suivant les plans que les généraux se sont proposés pour dérouter l'ennemi. Tantôt ils se servent uniquement du javelot qu'ils lancent, et de suite fondent la hache à la main sur leur ennemi avec une telle vivacité qu'ils arrivent en même

---

(1) Il naquit à Lyon, vers 430. Voyez son Panégyrique de l'empereur Masorien pour les costumes.

tems que le fer du javelot qu'ils ont lancé ; fracassent le bouclier qu'il leur oppose, et le prenant au corps ils le percent de l'épée qu'ils portent, ou lui ouvrent le crâne avec la hache. Selon Agathias (1) les armes des Français sont fort grossieres ; ils n'ont ni cuirasse, ni bottes ; fort peu portent des casques. Ils ont peu de cavalerie, mais ils se battent à pied avec beaucoup d'adresse et de discipline. Ils portent l'épée le long de la cuisse, et le bouclier sur le côté gauche ; ils ne se servent ni d'arc, ni de fronde, ni de fleches, mais de haches à deux tranchans et de javelots. Ces javelots qu'ils lancent avec la main ne sont ni fort longs, ni fort courts, ils sont tout couverts de fer excepté à la poignée ; au haut en approchant de la pointe il y a deux fers recourbés en forme de crochets, un de chaque côté ; ils s'en servent pour blesser l'ennemi ou pour l'embarrasser dans son bouclier, de maniere qu'il montre le corps à découvert et pour le percer ensuite de l'épée.

Grégoire de Tours s'accorde avec les auteurs que je viens de citer pour donner aux Français les armes dont je parle ; car en parlant de la revue que Clovis fit de ses troupes après la bataille de Soissons, il lui fait dire à un soldat qu'il reprenait de sa mauvaise tenue. *Neque tibi hasta, neque gladius, neque bipennis est utilis.* » Il n'y a point de soldat dans l'armée dont les armes soient en désordre comme les vôtres ; ni votre javelot, ni votre hache ne sont point en état de vous servir. Dans un autre

---

(1) Le scholiaste Agathias, avocat, natif de Myrine, au sixieme siecle exerçait sa profession à Smyrne.

passage il donne aux Français un poignard pendant à leur ceinture.

Agathias et Apollinaire s'accordent à dire que les Français qui n'étaient point du sang royal étaient rasés tout à l'entour de la tête ; qu'ils se conservaient seulement les cheveux du coronal qu'ils relevaient en forme de hupe ou d'aigrette qu'ils faisaient tomber sur le front. Ils avaient, continuent ces auteurs, la barbe rase, excepté qu'ils conservaient de longues moustaches au-dessus de la levre supérieure.

Les souliers des anciens Français étaient attachés aux pieds avec une longue courroie ou un ruban, dont les deux côtés depuis le pied montaient en s'entrelassant autour de la jambe, en montant de cette maniere jusqu'au haut de la cuisse où on l'arrêtait.

Les chefs de l'Etat et les princes seulement conservaient leurs longues chevelures ; lorsqu'ils commandaient en personne, ils portaient des casques et même des cuirasses. Voici ce qu'on lit dans un historien contemporain, parlant de Dagobert combattant contre les Saxons : « Son casque fut cassé » ou percé d'un coup qui lui emporta une partie » de sa chevelure. »

« Clotaire II, son pere, continue le même auteur, étant venu à son secours avec une armée fraîchement levée, parut sur les bords du Véser où il se fit reconnaître de loin au duc des Saxons, ayant ôté son casque et fait paraître sa longue chevelure. »

N°. 5.

De l'abbaye de Saint-Denis.

Un sarcophage de lumachelle grisâtre, creusé en forme de cercueil de momie, orné de sculptures.

Ce tombeau, qui contenait les ossemens de Dagobert, curieux par sa forme et son antiquité, a été brisé : j'en ai recueilli les débris que j'ai fait sceller dans un socle de marbre noir pour les maintenir. La tombe qui le couvrait a été perdue sans ressource ; ainsi que la statue de ce roi, que j'ai fait graver tel qu'on la voyait sur le tombeau. La figure qui est au-dessus représente Nantilde.

Suger avait fait restaurer le tombeau de Dagobert tel qu'on le voyait à Saint-Denis. Le citoyen Percier, artiste distingué, a été chargé par le gouvernement d'en faire un dessin, afin de conserver l'ensemble de ce monument. *Je donnerai la gravure de ce beau dessin, dans l'ouvrage* in-folio *que je publie.*

On voyait au-dessus de ce monument un grand bas-relief allégorique, très-curieux par les idées singulieres qui y étaient représentées; il a été également détruit par les malveillans : on y voyait les voyages de l'ame de Dagobert et son apothéose. (*Voyez Félibien.*)

N°. 6.

De Saint-Germain-des-Prés.

Un bas-relief, en pierre de liais, représentant Childebert, mort en 558. Il est couché, tenant d'une main le modele de l'église de Saint-Germain dont il est le fondateur, et de l'autre un sceptre. Cette tombe qui couvrait ce prince, date du sixieme siecle.

Je rapporte ici les inscriptions posées en 1656 sur ce tombeau, reconstruit à cette époque dans le chœur de l'église, et consacré aux ossemens de Childebert et d'Ultrogothe sa femme. Ces inscriptions qui ont été détruites par les malveillans se trouvent aussi dans Félibien et dans Piganiol.

Hic Childeberti christianissimi Francorum regis ossibus et cineribus quies reparata, an. D. 1656, *die decembris* 23 *excessus ejusdem regis anniversaria.*

Hic Ultrogotha regina Childeberti regis conjux quiescit, reposita an. D. 1656. *die decembris* 23.

Grégoire de Tours annonce que l'église de Saint-Vincent, depuis Saint-Germain-des-Prés, servait de sépulture particuliere aux rois qui mouraient d'une mort violente. Le même écrivain dit que Childebert, Chilpéric et Daudovere, ayant été tués, furent apportés dans cette basilique par les ordres de Gontran leur oncle.

N°. 424.

Tombeaux de Morard et d'Ingon, découverts dans l'abbaye Saint-Germain-des-Prés.

Depuis long-tems les antiquaires font des recherches sur les sépultures anciennes, et le résultat de ces recherches n'a jeté que très-peu de lumieres, sur les motifs qui déterminaient les anciens à enterrer les morts, soit avec des richesses, soit avec des comestibles à l'usage des vivans. Le citoyen Legrand, membre de l'institut, dans un mémoire sur cette matiere qu'il a lu à l'une des séances de cette respectable assemblée a développé dans son travail autant de sagacité que de talent.

La troisieme partie de ce mémoire, qui traite des fouilles à faire, tant à Paris que dans nos départemens, dans les anciens monasteres avant de les vendre, ou de les employer à des établissemens publics; a provoqué une lettre du ministre de l'intérieur, adressée au conseil de conservation des objets de sciences et arts, par laquelle il autorise les membres de ce conseil, à faire faire des fouilles dans la ci-devant abbaye de Saint-Germain-des-Prés, à l'endroit indiqué par le citoyen Legrand, qui annonce, ainsi que Montfaucon et Dom Bouillard, (tous deux religieux de ce monastere) que le tombeau de Charibert resté intact, pourrait bien renfermer des trésors; ainsi qu'il s'en trouva dans celui de Childéric Ier découvert à Tournai, et dont les dépouilles enrichissent aujourd'hui la Bibliotheque nationale. Voici comme s'exprime Montfaucon sur le tombeau de Charibert ou Chérebert. « L'an
» 1704, lorsqu'on jettait les fondemens du grand
» autel de notre église, on trouva à six ou sept
» pieds en terre plusieurs cercueils de pierre, dont
» l'un plus grand et plus orné que les autres, avait
» un couvercle fait en dos d'âne taillé en écailles,
» nous nous trouvâmes là six ou sept religieux,
» avec Dom Simon Bougis, assistans du général.
» La pensée me vint d'abord que ce pourrait être

» le tombeau du roi Chérebert. Nous étions tous
» d'avis d'ouvrir le cercueil, mais le pere assistant
» s'y opposa, disant qu'un autre tombeau fut ouvert
» en 1645, et que quelqu'un, qui n'était pas des
» *nôtres*, enleva les pieces d'or qui étaient dedans.
» Nous lui remontrâmes, que lui et tant de reli-
» gieux étant présens, il n'y avait point à craindre
» qu'on enlevât rien, cela ne l'ébranla point, il
» défendit qu'on y touchât. » Il fut donc recouvert
de terre comme auparavant.

Munis de tous ces renseignemens, les citoyens Leblond, Poirier, (ci-devant religieux de cette abbaye) et tous deux membres du conseil de conservation et moi, nous commençâmes à faire faire les fouilles en présence du citoyen Aubry, directeur de la manufacture de salpêtre qui y est établie, et le citoyen Jollain, expert du conseil, qui dirigea les ouvriers d'après les renseignemens ci-dessus cités. Voici le résultat de nos recherches.

Tombeau de Morard, cru celui de Chérebert.

Le 6 prairial an 7, après avoir creusé environ sept pieds au-dessous de la place où était le grand autel, on découvrit un tombeau de six pieds de longeur, dont le couvercle fait en dos d'âne, orné d'écailles de poisson, de palmettes et d'un cep de vigne, s'échapant d'un vase, était celui qui fut découvert en 1704, et dont parle Montfaucon.

Le couvercle ayant été levé, (ce tombeau avait déja été ouvert, puisqu'un *fragment du couvercle*, qu'on avait brisé probablement en l'ouvrant, s'est trouvé dans l'intérieur sous la tête du mort et lui servant d'oreiller,) nous apperçûmes un squelette vêtu et conforme au dessin que j'en ai fait d'après nature, dont la gravure se trouvera dans mon ouvrage *in-folio*. Les pieds étaient dirigés vers l'orient ; les draperies dont il était couvert formaient deux vêtemens : le premier assez bien conservé, paraît être un long manteau, ample et dessinant de grands plis, dont les chûtes descendaient jusqu'au bout des pieds ; après avoir examiné l'étoffe, nous reconnûmes que c'était un satin d'un tissu très-fort et à grands desseins : sa couleur, quoique passée, paraît avoir été d'un rouge foncé. Le second vêtement est une tunique longue de laine, couleur de pourpre brun, orné dans le bas d'une broderie aussi de laine, sur laquelle on avait gaufré des ornemens; des especes de pantoufles d'un cuir noir très-bien tané lui servaient de chaussure ; ces pantoufles ou souliers sans oreilles et sans boucles, n'ont qu'une couture placée à l'extérieur du pied, et de manière qu'au pied droit elle se trouve à droite, et au pied gauche, à gauche.

Au côté droit du cadavre, on a trouvé une canne de bois que l'on croit être de coudrier, d'environ six pieds de longeur, surmontée d'une petite traverse d'ivoire formant béquille, ouvragée à jour, et dont la sculpture peut remonter au huitieme ou neuvieme siecle. Cette espece de *tau* était fixé sur le bois par une espece de base de cuivre du même travail.

La disposition de ce corps, l'espece d'étole dont il était revêtu, et principalement la longue canne trouvée près de lui, tout semble caractériser un abbé ; car on sait que les premieres crosses des évêques ou des abbés commandataires, n'étaient que de simples bâtons de bois très-longs, dont la partie supérieure se terminait en tau; et désignées dans les ouvrages de Mabillon, sur cette matiere par *Baculus*. Ces crosses depuis ont été diminuées, et l'on s'en est servi pour s'appuyer.

Si j'examine le sarcophage qui contenait ces restes antiques; je trouve que le couvercle est d'un marbre grec et crystallin, que le travail de la sculpture dont il est orné, date du Bas-Empire, et par conséquent qu'il est de beaucoup antérieur au coffre fait en pierre de Saint-Leu qu'il fermait; et au bout duquel ont été sculptées quatre croix du côté de la tête. Toutes ces considérations autorisent à croire que Montfaucon s'est trompé; que la personne qui était enfermée dans ce tombeau n'est point Chérebert, mais bien l'abbé Morard, abbé de Saint-Germain-des-Prés, en 990. Cette abbaye ayant considérablement souffert des incursions fréquentes que les Normands y firent à plusieurs reprises, fut démolie par les ordres de Morard, et reconstruite telle que nous la voyons aujourd'hui par ses soins et bons offices; en suivant le plan des sépultures donné par Dom Bouillard, on reconnaîtra que le tombeau dont je parle s'est trouvé dans les environs de la place qu'il dit devoir contenir les restes de ce digne abbé; ainsi je pense que l'on a fait servir au cercueil de Morard le couvercle d'un tombeau plus ancien, et il serait très-possible qu'effectivement le couvercle fût celui qui couvrait autrefois Chérebert.

Tombeau

Tombeau d'Ingon.

En continuant de suite les fouilles dont j'ai parlé plus haut, le 7 suivant, à quatre heures du soir, on a découvert un autre sarcophage en pierre de Saint-Leu, fermé simplement d'une pierre plate et quarrée.

Si l'on consulte l'ordre chronologique du catalogue que donne Bouillard des abbés qui ont successivement gouverné la maison de Saint-Germain-des-Prés, et si l'on considere la place qu'occupait le tombeau, et principalement si l'on porte un regard attentif sur les étoffes précieuses qui couvraient le personnage, on ne sera pas éloigné de reconnaître en lui Ingon, abbé de cette maison, parent, selon l'histoire, de Robert-le-Pieux, roi de France : il mourut en 1025. Cet abbé d'une grande naissance, éleve du célebre Gerbert, était déjà pourvu des abbayes de Macé et de Saint-Pierre-le-Vif, près Sens, lorsqu'il succéda à Morard ; et il n'y a pas de doute qu'Ingon, selon l'usage, n'ait été enterré à la suite de son prédécesseur. Voyons maintenant les objets trouvés dans l'intérieur de ce tombeau.

Lors de l'ouverture, on a trouvé un squelette vêtu, qui avait d'abord été déposé dans un cercueil de bois, dont la légereté par sa décomposition se rapproche de celle du liége, mais en conservant moins d'élasticité. La crosse, composée d'enroulemens et de feuilles de vigne, est aussi de bois, et s'est trouvée dans le même état de légereté, posée à droite et près du cadavre, comme s'il pouvait s'en servir.

I

Les ossemens intacts dans leur situation, étaient couverts d'un grand vêtement de taffetas violet foncé, ressemblant assez à l'habit des religieux de l'ordre de Saint-Benoît, et offrant exactement les plis que l'on voit dans le dessin que j'en ai fait d'après le naturel. Les pieces qui formaient l'ensemble de ce vêtement ont été assemblées, non par de simples coutures ou par des surjets, suivant notre usage, mais au moyen d'un galon de soie verte, étoilé d'une broderie d'or, qui servait à lier les lisieres entr'elles ; ensorte que le galon dessinait les pieces telles qu'elles étaient avant d'être assemblées. Cette espece de tunique longue et très-ample, est bordée par une grande bande d'étoffe à grands dessins rélevés en dorure sur le fond. La mître de soie blanche, ressemble parfaitement à la moëre que nous connaissons. La tête était posée sur un coussin qui avait conservé sa forme quoiqu'entiérement détruit.

Les gands qu'on lui voit aux mains sont bien conservés, et d'un tissu de soie à jour, fait à l'aiguille autour d'une base cylindrique, suivant le savant rapport que le citoyen Desmarest, membre de l'institut national, nous a donné sur les étoffes que nous avons trouvées dans ces tombeaux. La bague qu'il avait au doigt n'offre rien de curieux, ni par la matiere, ni par la forme ; elle est d'un métal composé de cuivre et d'argent mélangé : le chaton, en forme de croissant, renferme une turquoise décolorée.

Je donnerai ici une gravure séparée de la chaussure du personnage, comme la partie la plus intéressante de notre découverte. Cette chaussure, parfaitement semblable à nos guêtres, est d'une étoffe de soie d'un violet foncé, ornée de dessins très-variés et du meilleur goût, représentant des poligones ou écus, dans le champ desquels sont tracés des levriers et des oiseaux en or. Les guêtres étaient serrées du haut et du bas d'une coulisse retenue par un petit cordonnet de soie de la même couleur, et dont la fabrique ressemble parfaitement à la nôtre.

Le savant Desmarest retrouve dans cette étoffe tout ce que Pline et Ammien Marcellin nous apprennent sur la fabrication des tissus les plus riches de leur tems et de celui des Grecs. Il y découvre les différentes parties d'un dessin varié, qui n'ont pu s'exécuter que de la maniere dont Pline nous instruit que les Grecs d'Alexandrie étaient parvenus à orner les tissus de leurs étoffes. Il rapporte qu'Ammien Marcellin dit formellement que ces étoffes étaient employées dans l'habillement des personnages d'une certaine classe, jusqu'au tems où nos évêques ont vécu.

D'après toutes ces observations et le style que je remarque dans le dessin de ces ornemens, je pense que cette étoffe n'a point été fabriquée en France, et qu'elle a été apportée d'Asie ; c'est aux savans plus instruits que moi dans cette partie à décider une question qui pourrait devenir intéressante pour nos fabriques d'étoffes et même pour nos artistes.

N°. 425.

De Saint-Germain-des-Prés.

La tombe en pierre de liais et gravée en creux,

de Clotaire II, mort en 628, âgé de 45 ans. La même année mourut le prophète Mahomet.

N°. 426.

Du même lieu.

La tombe en pierre de liais et gravée en creux, de Berthrude, premiere femme de Clotaire II ; elle mourut en 620 ; ses vertus qu'elle opposait perpétuellement aux cruautés de son mari, la fit généralement regretter. Bientôt après la mort de Berthrude, Clotaire épousa Sichilde dont il fut extrêmement jaloux ; il livra lui-même Brunehaud qu'il fit mourir dans des tourmens effroyables.

Le trône des rois de ce tems, suivant Mezerai, était un siege simple, sans bras et sans dossier, assez semblable à la chaise curule, et dans le goût de celui de Dagobert que l'on voit à la bibliotheque nationale, et que l'on montrait à l'abbaye de Saint-Denis sous la dénomination de *fauteuil du roi Dagobert.*

Les marques royales, dit encore cet historien, étaient la chevelure longue et tressée, la mante et la tunique de pourpre, et le diadême ou bandeau enrichi d'or ou de deux rangs de perles, quelquefois entremêlés de pierres précieuses, ainsi qu'on peut le remarquer à la statue de Clovis, placée dans ce Musée et décrite sous le n°. 9. Ce bandeau se portait toujours sur les cheveux, ou sur un bonnet dont le prince variait la forme à son gré ; tel on voyait autrefois à l'un de portail de l'abbaye de Saint-Denis les statues des rois Mérovingiens, gravés et publiés par Montfaucon. Je viens de recueillir une partie de ces figures précieuses par leur antiquité, qui ont été mutilées dans la révolution ; j'espere cependant en rapprocher les débris et les rendre à leur premier état ; on en trouvera les gravures à la suite de cet ouvrage.

N°. 427.

Du même lieu.

La tombe en pierre de liais et gravée en creux, du cruel Childéric II, assassiné en 673, à Chelles, en revenant de la chasse. Bodillon, auteur de ce meurtre, entre dans le palais du roi, massacre la reine Bilechilde qui était grosse, et égorge sous les yeux de cette femme mourante, son jeune fils qu'elle avait auprès d'elle.

Leurs corps furent portés dans l'église Saint-Vincent, aujourd'hui Saint-Germain-des-Prés. « Il y a quelques années, dit Mezerai, qu'en réparant l'église de Saint-Germain-des-Prés on y trouva deux tombeaux de pierre côte à côte ; dans l'un était le corps d'un homme et dans l'autre le corps d'une femme et d'un petit enfant. On a cru que c'était ceux de ce roi et de sa femme, à cause que l'inscription qui était dans le tombeau de l'homme portait le nom de Childéric, et qu'il y avait dedans quelques ornemens royaux dont les ouvriers emporterent et dissiperent la meilleure partie. » Les tombes dont je viens de parler ne datent point du tems des personnages qu'elles couvraient, mais elles ont été imitées dans le dernier siecle sur les débris d'anciens monumens ; j'ai cru devoir les recueillir pour servir à la chronologie des costumes anciens et modernes que l'on trouvera dans le cours de cet ouvrage.

N°. 7.

Du même lieu.

La tombe qui couvrait Frédégonde, exécutée en mosaïque. Clotaire II fit ériger ce monument à sa mere, l'an 600.

Cette mosaïque est formée d'une infinité de petites parties d'émaux, disséminées dans un mastic préparé et coulé dans les contours de la figure, sculptée dans une pierre de liais dont les petits ornemens sont en cuivre (1). L'inscription suivante qu'on y lit ne date point du tems de son érection.

Fredegundia regina, uxor Chilperici regis.

Il semblerait que l'artiste en ne nous transmettant aucun dessin de la physionomie de cette femme, ait eu intention de soustraire à la postérité les traits d'un pareil monstre. Mais il est plus que probable qu'il a voulu rendre le voile que portaient les femmes, et dont elles se couvraient le visage pendant leur veuvage. Frédégonde, *dit Grégoire de Tours,* est une femme abominable, impie, ennemie de Dieu et des hommes. La tombe de Chilpéric

---

(1) Frédégonde ordonna qu'on observât aux funérailles de Clodebert, son fils aîné, les mêmes cérémonies qu'à celles des rois : tous les seigneurs et toutes les dames y assisterent en habit de deuil, les cheveux épars et poudrés de cendres. (*Saint-Foix.*)

son mari que cette femme cruelle fit assassiner près Chelles, avait été posée auprès de celle que je viens de décrire; n'ayant pu me la procurer, j'ai fait graver la statue de ce prince que j'ai dessinée avant sa destruction; il était représenté au portail de l'église Notre-Dame, tenant un violon, pour exprimer sans doute qu'il avait composé plusieurs poésies lyriques. Frédégonde était représentée en pied auprès de lui, celle-ci est également représentée ici pour donner une idée juste de son costume, qui n'est qu'imparfaitement tracé sur sa tombe.

N°. 428.

D'Aix-la-Chapelle.

Le tombeau de Charlemagne érigé à ce conquérant à Aix-la-Chapelle, a été conservé aux arts, par les soins du citoyen Dewailly, commissaire du gouvernement, qui l'a fait emballer avec soin et transporter à Paris. Ce monument de notre histoire doit entrer indubitablement dans la collection des *Monumens Français*, et c'est sans doute par distraction qu'il a été déposé *au Musée central des arts*; lorsque le ministre m'aura autorisé à le réclamer, il prendra sa place à la suite des morceaux curieux qui précèdent son époque. La sculpture du sarcophage dont je parle est une copie grossièrement exécutée d'un tombeau antique, qui représente la dégradation de la nature par la fable allégorique de Proserpine.

Si j'examine les personnages et les détails qui concourent à la composition du sujet, je vois

Proserpine enlevée à Cérès par Pluton, et Mercure conduisant le char du dieu des enfers ; des serpens, des panniers remplis de fruits que les sœurs de l'infortunée versent vers le char du ravisseur, et des flambeaux qui paraissent éclairer la scene. D'après toutes ces observations, il me paraît certain que le but que l'on s'est proposé dans ce monument est le tableau des approches de l'hiver, ou l'entrée de la dégradation de la nature et de la lumiere à l'équinoxe d'automne ; et l'on sait que Proserpine, chez les anciens servait également à peindre les équinoxes de printems et d'automne; et que c'est pour cette raison que les poëtes ont feint qu'elle habitait six mois avec Pluton, le prince des ténebres ou des enfers, et six mois avec Cérès sa mere. Or, il est plus que démontré que Proserpine et Pluton, allégoriquement employés à la décoration des tombeaux, représentent les ténebres et conséquemment *la mort*. Mercure qui ouvre la marche du cortege est également lié à cette femme allégorique ; elle servait, de concert avec ce dieu, à retirer les ames des corps dans lesquels elles étaient engagées.

C'est le moment du rapt de Proserpine qui est représenté ici, par conséquent le passage de la vie à la mort. Mercure qui ouvre la marche sera bientôt uni à la déesse pour rendre à l'harmonie du grand tout la partie étherée de l'être enfermé dans cette tombe : ainsi le but de l'artiste était sans doute d'exprimer la résurrection.

Sous Charlemagne les armes éprouverent quelque changement. Le moine, de Saint-Gal, dans la vie de ce prince, outre le casque et la cuirasse, lui donne des manches de mailles en forme de brassarts, des cuissarts de lames de fer et des bottes de fer; ce sont probablement des chausses de mailles semblables à celles que l'on voit dans les monumens du treizieme siecle. Les gens qui l'accompagnaient, étaient vêtus de même, excepté qu'ils n'avaient point de cuissarts pour monter plus facilement à cheval. On lit dans un article des Capitulaires de Charlemagne le paragraphe suivant : « que le comte ait soin que les armes ne manquent point aux soldats qu'il doit conduire à l'armée, c'est-à-dire, qu'ils aient une lance, un bouclier, un arc et deux cordes et douze fleches, qu'ils aient des cuirasses ou des casques. »

Si l'on en croit les ouvrages de Henschenius (1) et de Papebrock (2), Léon III fut le premier pape qui se fit raser le menton, et vers 800 tout le clergé latin à son imitation fut sans barbe; les prêtres seuls de l'église grecque conserverent la leur.

N°. 8.

De l'abbaye Saint-Martin-des-Champs.

Une vierge en bois, assise dans une espece de chaise, ayant le petit christ sur ses genoux. Cette

---

(1) Godefroi Henschenius, jésuite flamand, vivait dans le dernier siecle.

(2) Daniel Papebrock, jésuite d'Anvers, mort à 78 ans, en 1714, a laissé beaucoup d'ouvrages en littérature.

statue, dont l'époque du travail est inconnue, peut remonter à l'an 600. J'ai placé dans le piédestal qui porte cette statue un tableau que l'on croit avoir été fait à Smolensko, en Russie, et auquel je ne puis donner un âge fixe, est peint à l'eau d'œuf, sur une pâte de céruse finement broyée, poncée, et dont la préparation paraît être la même qu'observent les doreurs en bois, lorsqu'ils préparent leurs pieces à recevoir l'or.

Ce tableau très-curieux représente la vierge tenant le jeune christ dans ses bras; il porte treize pouces de haut sur onze pouces de large, et tenait à une plaque d'argent qui a été enlevée par des commissaires chargés du dépouillement des églises. Il avait été donné à l'abbaye Saint-Germain-des-Prés, par Jean Casimir V, roi de Pologne, mort à Nevers, en 1692, qui le détacha de son cabinet pour le déposer dans la sacristie de cette abbaye.

MONUMENS

DU TREIZIEME SIECLE.

Si l'on entre dans la salle qui renferme les monumens de ce siecle, on voit des voûtes surbaissées en arrêtes et parsemées d'étoiles sur un fond bleu, portées par de simples pilliers grossiérement décorés : ces voûtes se terminent par des rosaces de ce tems, dont trois représentent des évangélistes (*venant de Saint-Victor*), et les autres dont la plus grande variété dans les formes était le chou et le chardon, sont imitées ; des lampes sépulchrales en descendent. Les portes et les croisées de formes ogives, construites avec les débris d'un monument du même âge qui a été ruiné par les malveillans, dont j'ai recueilli les restes à Saint-Denis, ont été dirigés selon le goût d'architecture renouvellée des Arabes par le célebre Montreau. On lit au-dessus des portes, l'inscription suivante en caractere gothique : *Etat des arts dans le treizieme siecle*. Les vitraux portent aussi l'empreinte de ce style, je les ai tirés d'un monument qui avait été bâti en 1250, par le même Montreau qui les avait fait exécuter sous ses yeux. La lumiere sombre qui éclaire ce lieu est encore une imitation du tems ; magie par laquelle on maintenait perpétuellement dans un état de faiblesse, des êtres que la superstition avait frappés d'effroi. Car j'ai observé que plus on remonte vers les siecles qui se rapprochent du nôtre, plus la lumiere s'aggrandit dans les monumens publics; comme si la vue du soleil ne pouvait convenir qu'à l'homme instruit.

Pour présenter aux amateurs des arts et de leur histoire la vue d'un siecle aussi éloigné, j'ai cherché à me rendre compte de tous ces détails qui peignent avec les couleurs les plus vraies : recherches que je me suis proposées dans toutes les salles que j'ai créées, èt que je me propose de continuer dans celles qui me restent à produire.

Les tombeaux que Louis IX fit ériger à ses prédécesseurs, ne sont que des cénotaphes; car il est certain qu'antérieurement à ce prince, on plaçait les corps des rois dans une grande pierre creusée, recouverte par une autre pierre simple (1); et lorsqu'il

---

(1) « Les tombeaux des rois de la premiere race depuis Clovis, ne consistaient que dans une grande pierre profondément creusée, et couverte d'une autre en forme de voûte. On ne voyait sur ces pierres ni figure ni épitaphe. C'était en dedans qu'on gravait quelqu'inscription, et qu'on prodiguait la magnificence.

» Il paraît que l'on ne commença à mettre des épitaphes sur les tombeaux de nos rois, que sous la seconde race. Charlemagne fut inhumé assis. On descendit son corps dans un caveau, après l'avoir embaumé ; on l'assit sur un trône d'or. Il était vêtu de ses habits impériaux, par-dessus un cilice. On lui avait ceint sa *joyeuse*; (c'était le nom de son épée) sa tête était ornée d'une chaîne d'or, en forme de diadême : il avait un globe d'or dans une main ; l'autre main était posée sur le livre des Evangiles qu'on avait placé sur ses genoux. Son sceptre d'or et son bouclier étaient appendus devant lui à la muraille. On ferma et on scella le caveau après l'avoir rempli de parfums, d'aromates et de beaucoup de richesses. » (*Saint-Foix*.)

y avait une inscription, on la plaçait au-dedans du sarcophage pour empêcher de reconnaître le personnage qu'il renfermait, afin de les soustraire, dit Félibien, aux brigands Τυμβωςύχοι, qui violaient alors les sépultures et qui fouillaient dans les tombeaux pour dépouiller les morts de leurs bijoux ou de leurs vêtemens avec lesquels on était dans l'usage de les inhumer.

PREMIERE RACE.

N°. 9.

De Sainte-Genevieve.

Une tombe en pierre de liais, représentant en relief Clovis Ier, mort à Paris, qu'il avait choisi pour sa résidence, et dont il avait fait la capitale de son royaume, en 511, à l'âge de 45 ans. Il fut enterré dans l'église de Saint-Pierre et Saint-Paul, aujourd'hui Sainte-Geneviève qu'il fit bâtir.

Il tient à sa main droite le bâton *hypatique* ou *consulaire*, dignité qu'il reçut d'Anastase, empereur d'Orient. Sa tête est décorée d'un diadême semblable à ceux que portaient les princes grecs: il est revêtu d'un manteau ouvert sur le devant, et d'une coupe différente que la chlamyde dont se couvraient communément les rois ses prédécesseurs; sa couleur était pourpre. Le petit sac ou la bourse, connue sous le nom d'*escarcelle*, que l'on remarque à sa ceinture, servait à mettre les pieces de monnaie destinées aux aumônes. — Ce fut sous son regne que l'on apporta des Indes la maniere d'élever les vers-à-soie.

Cette sculpture ne date point du tems de Clovis, et paraît être une imitation des anciens monumens; elle porte un degré d'avancement dans l'art, qui n'était point encore aussi perfectionné à cette époque.

Divers auteurs attestent que le temple de Sainte-Genevieve, après avoir été ravagé en 846 et en 892, fut restauré par les ordres de Robert, dit *le sage et le dévot*, qui y avait fait bâtir un cloître, démoli depuis sous François Ier.

Le tombeau dont je parle a sans doute été exécuté à la suite des restaurations ordonnées par Robert.

N°. 10.

De Saint-Denis.

Cénotaphe en pierre, sur lequel est couchée, en pierre de liais, la statue de Clovis II, mort en 656.

SECONDE RACE.

N°. 11.

Du même lieu.

Cénotaphe en pierre, sur lequel est couchée la statue, en pierre de liais, de Charles Martel, maire du palais, sous les derniers rois de la première race, et père de Pepin, dit *le Bref*, chef de la seconde race, mort en 741.

N°. 12.

Du même lieu.

Cénotaphe en pierre, sur lequel sont couchées les statues de Pepin, mort en 768, et de Berthe sa femme, morte en 783.

N°. 13.

Du même lieu.

Cénotaphe en pierre, sur lequel sont posées les statues de Carloman, roi d'Austrasie, fils de Pepin et d'Ermentrude, morte en 869, femme de Charles-le-Chauve, mort en 877.

Le monument qui avait été érigé à Charles-le-Chauve, ayant été détruit par vétusté, Louis IX lui fit ériger celui que l'on voit ici.

N°. 14.

Du même lieu.

Cénotaphe en pierre, sur lequel sont couchées les statues de Louis, fils de Louis-le-Bégue, mort en 882, et de Carloman son frere, mort en 884.

N°. 15.

Du même lieu.

Cénotaphe en pierre, sur lequel est couchée la statue d'Eudes, mort en 898.

MONUMENS

TROISIEME RACE.
N°. 16.
Du même lieu.

Cénotaphe en pierre, sur lequel est couchée la statue de Hugues Capet, chef de la troisieme race, mort en 996.

Costumes.

Depuis Charles-le-Chauve jusqu'à Hugues Capet, et depuis ce dernier jusqu'à Louis VIII, on porta la barbe et les cheveux fort courts, et même le peuple ne portait plus que les moustaches. Ce fut sous Louis VIII que l'on commença à se raser, comme on le verra par la suite.

Jean XII, pape, déposé en 963, par un concile qu'il avait provoqué, et dans lequel on lui reprocha ses crimes, avait repris *la barbe*. Cette bizarrerie de prendre ou de quitter ainsi la barbe de la part des papes, excita un concile tenu à Limoges, en 1031, dans lequel on déclara qu'un prêtre pouvait se faire *raser* ou *garder la barbe à volonté*; cependant ce même concile parle en faveur des premiers, puisqu'il est dit dans un autre paragraphe *que les prêtres rasés seront distingués des laïques par leur extérieur.* Grégoire VII, fit tenir un concile en 1073, où il défend formellement aux clercs de porter la barbe.

Les habits de ville de l'un et de l'autre sexe étaient à fort peu de chose près les mêmes que sous la seconde race, à l'exception que les rois Capetiens quitterent la chlamyde pour adopter le manteau court.

L'habillement

DU TREIZIEME SIECLE. 149

L'habillement militaire était fort court et serré ; au lieu de cuirasse piquée, le soldat portait une espece de tunique maillée avec les bottines pareilles, armure extrêmement pesante que nos Français empruntèrent des Normands. Ils se couvraient la tête d'un petit bonnet en forme de calotte, sur lequel ils posaient le chaperon. (*Voyez Mont-faucon.*)

N°. 17.

Du même lieu.

Cénotaphe en pierre, sur lequel sont posées les statues de Robert le pieux, mort en 1031, et de Constance d'Arles sa femme, morte en 1032.

En 1026. Gui, religieux d'Arezzo, inventa la musique à plusieurs tons, régla la gamme et fixa à cinq le nombre des portées.

N°. 18.

Du même lieu.

Cénotaphe en pierre, sur lequel est couchée la statue de Philippe de France, fils aîné de Louis VI, dit *le Gros*, couronné du vivant de son pere, auquel il ne survécut point ; mort d'une chûte de cheval en 1131.

N°. 19.

Du même lieu.

Cénotaphe en pierre, sur lequel est couchée la statue de Constance de Castille, femme de Louis VII, dit le jeune, morte en 1160.

K

N°. 20.

De la Culture-Sainte-Catherine.

Deux pierres gravées en creux, représentant la fondation du monastere de Sainte-Catherine du Val des Ecoliers, en 1200, par les sergens d'armes, après la victoire qu'ils remportèrent au pont de Bovines. On y voit ces guerriers, Louis IX en habit de cour, et les religieux de ce monastere, tous vêtus à la maniere du tems.

Voici les inscriptions qui sont gravées au bas de ces pierres.

Les sergens d'armes pour le tems gardaient ledit pont, et vouerent que le Dieu leur donnait victoire, ils fonderaient une église en l'honneur de madame Sainte-Katherine. Et ainsi fu-il.

AUTRE.

A la priere des sergens d'armes, Monsieur Saint-Loys fonda cette église, et y mist la premiere pierre : ce fut pour la joie de la victoire qui fut au pont de Bovines; l'an M. CC. et XIIII.

Les sergens d'armes, *servientes armorum*, furent institués par Philippe Auguste pour la garde de sa personne, menacée par le vieux de la Montagne. Ils étaient cuirassés à la maniere du tems, leurs armes étaient la masse d'armes, l'arc et les fleches : *ils porteront toujours leurs carquois pleins de carreaux*; les carreaux étaient une espece de fleche dont le fer était quarré. On leur donne aussi des lances. La coëffure de tête était le cabasset ou le casque léger, sur lequel on remarque dans le bas-relief un voile jetté en arriere, connu depuis sous le nom de *Cornette*; lorsqu'ils allaient à la guerre ils quittaient le cabasset pour prendre le heaume. L'un des deux guerriers que l'on voit en présence de Louis IX ; dans l'autre bas-relief paraît avoir le costume qu'ils observaient dans les cérémonies. Le premier a une casaque à grandes manches avec une chaîne qui lui descend sur la poitrine ; il a la tête découverte : l'autre est enveloppée d'un grand manteau à manches pendantes, fourré à long poil ; il a la tête couverte d'un bonnet.

N°. 21.

De Saint-Denis, originairement de l'abbaye de Royaumont.

Une tombe en bois, plaquée en cuivre émaillé.

Cette tombe couvrait Louis de France, le premier des enfans de Louis IX, mort vers 1236, âgé d'un an.

N°. 22.

De l'abbaye de Royaumont.

Cénotaphe en pierre, sur lequel sont posées les statues en pierre de liais, de Louis de France, mort en 1260, à l'âge de 26 ans ; et de Jean son frere, mort en 1247, tous deux fils de Louis IX.

En 1253, le 1er décembre, mourut la reine Blanche, régente du royaume, pendant le voyage du roi en Palestine ; elle fut enterrée à l'abbaye de Maubuisson, près Pontoise. Louis, fils aîné du monarque prit les rênes du gouvernement, quoiqu'il n'eût que douze ans, et que les lois générales du royaume ne permissent de tenir fief, ni gouvernement qu'à vingt-un ans.

Louis IX, après la mort de sa mere se prépara à revenir en France. Il arriva aux îles d'Hières, en 1254, après bien des fatigues et des malheurs qu'il surmonta avec beaucoup de courage et de vertu. Il fut reçu la même année à Paris, il y excita une grande joie. (Voyez *du Tillet.*)

Les bas-reliefs sculptés autour du cénotaphe, représentent les obséques (1) de Louis que sa bonté et sa douceur avaient généralement fait regretter. On y remarque les différens costumes de ce tems.

N°. 23.

Des Quinze-Vingts, rue Honoré.

La statue en pierre de liais, de Louis IX, mort en 1270, en Afrique, près Tunis.

Cette statue, quoique très-bien exécutée pour le tems, n'est pas aussi estimée que l'était celle placée au portail des Cordeliers.

Louis IX défendit les duels dans les lieux de sa

---

(1) Voici ce que rapporte Saint-Foix sur les obséques de cet enfant. « Le corps du fils de Saint-Louis, mort à l'âge de 16 ans, fut d'abord porté à Saint-Denis, et de-là à l'abbaye de Royaumont, où il fut enterré. Les plus grands seigneurs du royaume porterent alternativement le cercueil sur leurs épaules, et Henri III. roi d'Angleterre, qui était alors à Paris, le porta lui-même pendant assez long-tems, comme feudataire de la couronne.

justice par un édit qu'il rendit en 1260 ; il considérait le duel comme un acte de *cruauté* et de *démence*. Sous des formes pieuses, cet homme vertueux, doué d'un esprit simple, possédait tous les principes de la vraie philosophie.

Henri de Hermondaville, premier chirurgien de Louis IX, se rendit très-célebre dans son art ; il ouvrit une école à Montpellier et à Paris, vers 1305, et s'y distingua.

Eudes de Montreuil, architecte célebre, est celui qui accompagna Louis IX dans son voyage de la Terre Sainte, où il fortifia le port et la ville de Japhe, etc. ; il mourut à Paris, en 1289, et fut enterré aux Cordeliers. Sa tombe que j'ai vue était couverte d'une lame de cuivre, où il était représenté tenant les instrumens de son art ; elle a été fondue. Plusieurs écrivains l'ont confondu avec Pierre de Montreau, dont j'ai déjà eu occasion de parler.

N°. 24.

De Saint-Denis.

Sur le même cénotaphe en marbre noir, sont couchées les statues de Philippe III, dit *le Hardi*, mort en 1286, et d'Isabelle d'Arragon, sa femme, morte à Cozenza en 1271, de la suite d'une chûte de cheval.

On voit autour du cénotaphe l'inscription suivante, incrustée en marbre blanc :

D'Ysabel l'âme ait paradis, dont le corps gist sous ceste ymage fame, le jour de Saint-Agnès seconde, l'an mil cc. dis 7.

Philippe après avoir accordé la paix au roi de Tunis, revint en France, suivi des ossemens du roi son pere, de la reine Isabelle sa femme, et du comte de Nevers son frere.

Philippe, III encouragea les artistes, il fut le premier qui affecta des récompenses honorables aux talens. (Voyez le n°. 37.)

N°. 25.

Des Cordeliers de Paris.

La statue en marbre de Pierre d'Alençon, fils de Louis IX, mort en 1283.

Costumes.

Cette figure sans barbe, selon l'usage du tems, comme nous l'avons démontré plus haut, montre le complément de l'habit de chevalier dont l'institution remonte à Charlemagne. Elle porte le haubert avec son chaperon de mailles, jetté en arriere sur les épaules; les manches et les chausses de mailles. Dans l'action le chaperon enveloppait la tête du chevalier (1), qui le jettait par derriere après avoir ôté son heaume, lorsqu'il voulait se rafraîchir sans ôter son hearnois. Le haubert était la principale arme défensive faite pour résister à la lance; elle appartenait exclusivement aux chevaliers et à ceux qui avaient *fief de haubert*. L'usage de cette arme se prolongea jusque sous Philippe de Valois, mort en 1350, et l'on substitua au haubert une armure toute de fer. (Voyez la statue de Charles d'Alençon,

---

(1) Voyez les vitraux des deux extrémités de ma salle du 13° siecle. Ces vitraux ont été fabriqués en 1200.

n°. 46; celle de Duguesclin, n°. 59, et les autres du même tems que j'ai réunis dans ce Musée.)

Le vêtement de l'écuyer est semblable à celui du chevalier, à l'exception qu'il ne pouvait se vêtir du haubert ni porter les manches, ni les chausses de mailles. « Item le harnois de l'écuyer sera tout
» pareil à celui du chevalier, excepté qu'il ne doit
» avoir nulle chausse de mailles, ne coëffettes de
» mailles sur le bacinet (1), mais doit avoir un cha-
» peau de Montauban, et si ne doit avoir nulles bra-
» cheres, (brassarts ou manches de mailles,) et des
» autres choses se peut armer comme un chevalier. »

Le cheval était houssé et caparaçonné de soie aux armes et blasons du chevalier, et pour la guerre, de cuir bouilli ou de bandes de fer, tels qu'on en voit représentés sur les vitraux de l'abbaye de Saint-Denis, faits du tems de Suger. Les chevaliers portaient aussi des éperons dorés et à molettes, aussi larges que la main.

L'on croit que Serlon d'Abon, évêque de Séez, fut cause que les laïques, à l'imitation des prêtres, couperent aussi leur barbe. Voici ce que les historiens disent à ce sujet. Le jour de Pâques de 1105, Abon prêcha contre la barbe devant Henri Ier, roi d'Angleterre, qui se fit raser devant toute sa

---

(1) *Bacinet*, chapeaux de fer ou casque léger sans visiere et sans gorgerin ; à la guerre et dans les tournois les chevaliers portaient le heaume qu'ils exhaussaient ordinairement d'un cimier à leur goût. Le comte de Boulogne, à la bataille de Bovines, fit ajouter à son heaume des cornes faites de côtes de baleine. Les rois portaient des couronnes sur leur casque à la place du cimier. Voyez les bas-reliefs du tombeau de François Ier, qui sont dans ce Musée.

cour à l'issue du sermon par l'évêque, qui de suite coupa la barbe de tous les assistans avec des ciseaux qu'il avait pris par prévoyance.

Peu de tems après Pierre, Lombard (1), évêque de Paris, alla trouver Louis le jeune, (dit le pieux) et après lui avoir fait de vifs reproches du crime qu'il avait commis envers trois mille cinq cents Champenois qu'il avait fait brûler dans l'église de Vitry, où ils s'étaient réfugiés; il détermina ce prince à se laisser raser le menton en expiation de son crime. Lombard coupa lui-même la *barbe* au monarque repentant, et de ce moment le peuple, à l'imitation des rois et des princes cessa de porter la barbe, qui ne fut reprise que sous François Ier.

N°. 26.

Des Jacobins, rue Jacques.

Statue couchée, en marbre blanc, de Charles de France, frere de Louis IX, mort roi de Sicile et de la Pouille, en 1285, âgé de 65 ans.

Il avait été placé sur le trône de Sicile en 1266, par le pape Clément IV. Sa mauvaise conduite envers ses sujets, occasionna leur révolte et le massacre des Français dans cette île, le 30 mars 1277, le lendemain de Pâques; massacre connu sous le nom de *Vêpres Siciliennes*.

---

(1) Le tombeau de Pierre Lombard qui était à Saint-Marcel, fut ouvert en 1793, et l'on trouva le corps couvert de ses habits pontificaux, ayant à ses pieds des souliers brodés, montés sur des semelles de liége; ces restes précieux furent pillés.

Il s'était fait couronner roi de Jérusalem dans cette même année.

N°. 27.
De l'abbaye de Royaumont.

La tombe en pierre, de Louis, fils du comte d'Alençon, fils de Louis IX; et de Philippe d'Artois, morts en 1291.

Cette tombe, ornée des figures de ces jeunes princes, et d'une inscription en relief prise dans la pierre même, est curieuse par son genre de travail. Elle a été très-mutilée lors de la révolution.

N°. 28.
Des Quinze-Vingts, rue Honoré.

La statue en pierre de liais, de Marguerite de Provence, femme de Louis IX, morte en 1295.

Lors de la démolition de cet hôpital, qui eut lieu en 1781, cette statue, ainsi que celle de Louis IX, furent déposées dans la salle des antiques, au Louvre.

N°. 29.
Des Jacobins, rue Jacques.

La statue en marbre et couchée, de Robert, comte de Clermont, seigneur de Bourbon, premier du nom, fils de Louis IX, mort le 11 février 1317.

Des malveillans ont mutilé cette statue.

N°. 30.
De Saint-Germain-des-Prés.

Une statue en pierre, de grandeur naturelle, représentant Childebert.

Cette statue a été exécutée en 1200, lorsque Montereau, célebre architecte de ce tems, rebâtit le réfectoire de cette maison (1).

N°. 31.

Du même lieu.

Une vierge en pierre de liais, de grandeur naturelle.

Cette vierge était placée à la porte d'une chapelle qui a été bâtie sur les dessins et sous la direction du même architecte que ci-dessus.

N°. 32.

De Saint-Denis.

Un grand bas-relief en pierre de liais, sur lequel sont représentés plusieurs sujets de dévotion.

Au milieu on voit un calvaire : d'un côté, Saint Eustache à genoux, et de l'autre les jeunes gens dans la fournaise, etc. Cette distribution bizarre tient au mauvais goût de ce tems.

N°. 33.

Du même lieu.

Un bas-relief en marbre blanc, plaqué sur un fond de marbre noir.

Ce bas-relief qui représentait différens sujets

---

(1) Le goût de colorier les monumens de sculpture remonte aux premieres époques du gouvernement monarchique. Ce goût s'est propagé jusqu'au 16e. siecle.

On remarque que ce n'était qu'une imitation des Grecs qui l'avaient pris des Egyptiens. (*Voyez Winckelmann, Histoire de l'Art.*)

de la vie de Saint-Denis, a été très-mutilé par les malveillans.

N°. 34.
Du même lieu.

Bas-relief en pierre de liais, représentant les armes de France, au 13°. siecle.

N. B. En 1374, sous Charles V, on ne grava plus sur l'écu de France que trois fleurs de lys ; auparavant elles étaient sans nombre, (*du Tillet.*)

N°. 35.
Du même lieu.

Un bas-relief en pierre de liais, représentant le martyre de Saint-Hyppolite.

N°. 36.
Des Petits-Peres.

Un buste curieux, dont on ignore le nom du personnage qu'il représente ; le masque est de marbre blanc, la coëffure et le corps sont en grais.

N°. 37.
Des Grands-Carmes.

Une croix processionnelle en cuivre doré, exécutée sous Louis IX, et donnée par lui aux religieux de ce couvent. On croit que ce morceau est de l'exécution de Raoul, qui fut le premier qui reçut à titre de récompense des lettres de noblesse des mains de Philippe III, en 1283. Eloy, en 396 avait fait des ouvrages d'orfevrerie fort estimés.

Près de là on voit trois petits bas-reliefs en albâtre; la Nativité, la Résurrection et l'Ascension de Christ, précieux, parce qu'ils représentent différens meubles alors en usage. (*Ils viennent de l'abbaye de Marolles où ils avaient été vendus.*)

N°. 429.

De l'abbaye de Saint-Denis (1).

Fragment d'un pavé mosaïque, exécuté dans le 11ᵉ siecle, et d'un autre pavé du même tems, gravé en creux, et dont les dessins sont remplis d'un mastic

---

(1) Les administrateurs du département de la Seine désirant utiliser la ci-devant abbaye de Saint-Denis pour conserver ce monument précieux, par les différentes époques de l'art qu'il présente aux yeux éclairés, ont invité le ministre de l'intérieur à communiquer leurs intentions à son conseil des bâtimens civils de la troisieme division, pour obtenir des savans artistes qui le composent un travail conforme à leur desir. Le citoyen Radel, architecte et inspecteur-général des monumens publics pour le conseil, fut chargé de ce rapport. En artiste distingué, le citoyen Radel a développé dans ce travail autant de talent que de sagacité pour arriver à un moyen bien simple, et conservateur d'un monument qui présente trois époques de l'architecture en France. 1°. Le portail et la partie inférieure qui porte les tours, une église souterraine soutenue par de petites arcades posées sur des colonnes, dont les chapiteaux sont ornés de bas-reliefs, montrent bien le style antique dégénéré, tel qu'il le fut à l'époque du Bas-Empire. Les parties de l'édifice paraissent dater du tems de *Pepin* ou de *Charlemagne*. 2°. La partie supérieure du chevet qui contenait les pavemens que je viens de décrire sous le n°. 429; ainsi que des vitraux dont je parlerai dans cet ouvrage à l'article *verrerie*, a été construite sous *Suger*. 3°. La nef

rouge. Je donne aussi les dessins de ces pavés du goût arabe, tels qu'ils étaient avant les destructions révolutionnaires, l'un et l'autre représentaient dans leur ensemble les douze signes du zodiaque, les dégradations de la chaleur, et les travaux agricoles qui se pratiquent annuellement sous chaque signe. On voit encore un de ces calendriers antiques sur la principale porte d'entrée de l'église *Notre-Dame* de Paris, monument dont le citoyen Dupuis nous a donné une savante description dans son ouvrage sur l'*Origine de tous les Cultes*. Il serait à desirer que le ministre de l'intérieur m'autorisât à faire mouler ces tableaux précieux que l'on mutile tous les jours, afin d'en conserver la trace dans mon Musée, ce serait rendre au citoyen Dupuis l'hommage qui lui est dû, et conserver des autorités précieuses aux antiquaires.

Ces tableaux qui se trouvent extérieurement ou intérieurement appliqués aux temples des chrétiens,

---

et le reste de l'édifice commencé sous Louis IX, fut terminée sous Philippe son fils, en 1280.

L'ouverture simple de la voûte du milieu, la conservation intacte des tours du portail et des bas côtés, pour y établir un marché couvert et fermé : c'est ce que présentent les conclusions du rapport du citoyen Radel, il remplit à la fois le but des arts et celui de l'utilité publique.

Le résultat de ce projet est d'autant plus ingénieux, qu'il fournira dans une ville foraine et commerçante une location perpétuelle de places qui servira à l'entretien de l'édifice que l'on aurait nécessairement démoli ou vendu. Il serait donc à desirer que l'amour de la conservation portât toutes les administrations départementales à suivre ce plan dans les communes plus ou moins commerçantes.

bâtis dans les premiers siecles, prouve évidemment que le christianisme n'est qu'une suite des anciens cultes dont on a défiguré les principaux personnages; et comme nous l'avons déjà démontré, nous retrouvons Isis et toutes ses attributions dans la vierge des chrétiens; comme elle, elle accouche le 25 décembre à minuit, dans l'étable d'un bouvier, et comme elle, elle allaite un enfant nouveau né qu'elle porte sur ses genoux. Son fils Horus ou Christ, *le Dieu de lumiere*, après avoir éprouvé les tourmentes d'une vie orageuse, meurt et ressuscite aux mêmes époques; il est donc évident que c'est la même chose, et qu'on ne doit pas s'étonner de voir nos temples décorés des emblêmes qui se trouvaient en Egypte, dans ceux de la déesse Isis; d'ailleurs cette fameuse Isis était la Divinité adorée des Parisiens, qui ont encore conservé le vaisseau symbolique d'Isis pour armoiries.

N°. 430.

Du même lieu.

Un bas-relief en pierre de liais, exécuté vers le onzieme siecle, et représentant Dieu le père, Jupiter ou le Soleil, assis et entourré des quatre points cardinaux du ciel; savoir, le lion, le bœuf, l'aigle et l'homme; cette allégorie est très-savamment expliquée par le citoyen Dupuis. Consultez son ouvrage, (*Origine de tous les Cultes.*)

Le dessin de ce bas-relief est d'un style sévere, et se rapprochant du goût de l'antique; les draperies en sont fines et d'une exécution soignée.

N°. 431.

Du même lieu.

Les débris d'un autel en pierre, orné de petites colonnes et de sculptures très-soignées ; on découvre encore dans les entre-colonnemens les restes d'anciennes peintures faites à l'eau d'œuf, représentant des batailles, quelques armures s'apperçoivent malgré les destructions ; entr'autres des casques assez semblables à ceux des anciens Persans.

N°. 432.

Bas-relief en albâtre de Lagni, représentant l'Annonciation d'un côté, la Vierge près de son lit est à genoux occupée à lire ses heures devant un Prie-Dieu ; elle se retourne, et apperçoit non sans surprise le jeune Gabriel, vêtu à la maniere du tems, qui déroule un manuscrit sur lequel est écrit l'objet de sa mission. Au-dessus on voit le Pere éternel, dont on a doré la face, sans doute pour peindre la lumiere toute puissante ; c'est de sa bouche que part le pigeon ou *l'esprit de Dieu*, pour aller droit à la vierge.

On remarque dans cette production bizarre les meubles, dont les formes ont été probablement imitées sur ceux en usage à cette époque.

Le citoyen Willemin, dessinateur et graveur, connu par l'ouvrage qu'il publie sur les costumes des anciens peuples, m'a fait hommage de ce morceau curieux en faveur de ce Musée.

N°. 433.

De l'abbaye de Saint-Denis.

Un bas-relief en pierre de liais, représentant un calvaire posé sur un fond mosaïque, formé par des verres de couleur.

N°. 434.

Du même lieu.

Autre pierre de liais, dans laquelle on a incrusté quantité de petits tableaux en verre, qui je crois représentent les différentes armoiries des Croisés.

N°. 435.

Du même lieu.

Autre bas-relief en pierre de liais, représentant différens sujets de la vie de Saint-Benoît; dans le milieu du tableau on voit le baptême de Christ par Jean.

N°. 436.

Du même lieu.

Autre bas-relief en pierre de liais, représentant des sujets pris dans la vie de la Vierge. Les expressions, les attitudes et les vêtemens de ce morceau sont d'une grande vérité.

Fin du treizieme siecle.

MONUMENS
DU QUATORZIEME SIECLE.

Au retour des croisades, vers la fin du treizieme siecle, les arts dépendans du dessin furent très-cultivés, et les artistes qui avaient voyagé en Asie avec Louis IX, en apportèrent un nouveau genre de décoration, et introduisirent particulierement dans l'architecture le goût arabesque; dès-lors les ogives allongées et élégantes prirent la place des voûtes surbaissées, et l'on vit bientôt, à l'imitation des mosquées, nos temples s'élever majestueusement, et leur intérieur chargé de dorures, de veroteries et de couleurs brillantes, montrer le luxe le plus imposant. Tel est le but que je me suis proposé dans la décoration de mon quatorzieme siecle, que j'ai composé avec des débris pris à la Sainte-Chapelle de Paris, bâtie vers la fin du treizieme siecle, et terminée dans le commencement de celui dont je parle. Les apôtres sculptés en pierre de grandeur naturelle, qui ornent cette salle, sont tirés de la même basilique, et sont très-remarquables par la naïveté de leur expression et la simplicité de leur exécution. Leurs vêtemens nous donnent une idée exacte des étoffes et des broderies que l'on employait à cette époque. J'ai formé l'espece de fond mosaïque en sculpture saillante qui couvre les murailles, avec des détails que j'ai été relever dans l'abbaye de Saint-Denis, que j'ai adaptés et coloriés comme il convenait.

L

N°. 38.

Des Jacobins, rue Jacques.

La statue couchée, en marbre blanc, de Marguerite, fille de Philippe, comte d'Artois, femme de Louis de France, comte d'Evreux, morte en 1311.

N°. 39.

De Saint-Denis.

La statue en marbre blanc, de Philippe IV, dit *le Bel*, mort en 1314.

Ce fut de son regne, suivant quelques auteurs, que l'application se fit de l'aiguille aimantée à la marine, par Flavio-Goya, napolitain. D'autres prétendent que la boussole fut apportée de la Chine par Marco-Paolo, vénitien. Il est prouvé qu'on en faisait usage en Provence long-tems avant. (Voyez Guyot de Provins, poëte français, qui écrivait en 1301.)

Philippe-le-Bel fonda l'université d'Orléans pour le droit seulement ; il en exclut la théologie, et cassa les bulles d'érection de Clément V, de 1306 et 1307. Il rendit le parlement sédentaire, mais il ne s'assemblait qu'une ou deux fois par an. (Voyez son histoire par *Baudot de Jullé.*)

Costumes sous Philippe-le-Bel.

Les vêtemens de ce tems consistaient en une longue robe traînante jusqu'à terre, avec une ceinture ou capuchon semblable à ceux des moines ; aussi le vêtement des laïques ne différait de ceux des religieux que par la couleur. Les paysans et le peuple portaient des habits courts. On ne portait point la barbe, et on laissait flotter les cheveux sur les épaules.

Philippe établit des lois somptuaires; de ce moment le luxe augmenta en raison de la richesse des individus, et chacun inventa des modes nouvelles pour se faire remarquer; cette recherche dans les vêtemens fit paraître une chaussure extraordinaire et d'un goût bizarre, qu'on nommait souliers à la *Pouline*, du nom de Poulain, son inventeur; elle se terminait en pointe plus ou moins longue selon la qualité des personnes. « Elle était de deux pieds de long pour les princes et les grands seigneurs, d'un pied pour les riches et d'un demi pied pour les gens du commun. » De là est venu ce proverbe si connu. *Se mettre sur un bon pied. Sur quel pied est-il?* Charles V abolit cette mode ridicule en amendant de 10 florins ceux qui s'obstineraient à la porter.

N°. 40.

Du même lieu.

La statue couchée, en marbre blanc de Louis X, dit *le Hutin* (1), mort en 1316. Elle est posée sur une boiserie du tems que j'ai fait restaurer.

N°. 41.

Du même lieu.

La statue en marbre blanc, du petit roi Jean, mort en 1316, âgé de huit jours; fils posthume de Louis-le-Hutin, et de Clémence de Hongrie, sa seconde femme.

---

(1) Hutin, vieux mot qui signifie mutin et querelleur.

N°. 42.

Voyez le n°. 29.

N°. 43.

Du même lieu.

La statue couchée en marbre blanc, de Louis de France, comte d'Evreux, frere de Philippe-le-Bel, mort en 1319.

On ne sait rien de positif sur les animaux que l'on voit au pied des statues couchées sur les tombeaux. Millin, dans *les Antiquités Nationales*, prétend « que ce sont des animaux que ces personnages affectionnaient de leur vivant, ou ceux de leur blason que l'on plaçait ainsi. »

Voici ce que Saint-Foix dit à ce sujet.

« Les chevaliers, morts dans leur lit, étaient représentés sur leurs tombeaux sans épée, la cotte-d'armes sans ceinture, les yeux fermés et les pieds appuyés sur le dos d'un levrier; au lieu qu'on y représentait les chevaliers tués dans une bataille, l'épée nue à la main, le bouclier au bras gauche, le casque en tête, et la visiere abattue, la cotte-d'armes ceinte sur l'armure avec une écharpe ou une ceinture, et un lion à leurs pieds. »

Ce que dit Saint-Foix, n'a pas toujours été observé; car on voit presqu'à toutes les statues des rois et autres, qui sont dans ce Musée, des lions sous leurs pieds; on en voit même à celles de leurs enfans, et des chiens que l'on dit être le symbole du droit de chasse appartenant exclusivement à cette époque, à la grande noblesse; cependant fort peu de rois de France sont morts dans les combats.

« On mettait, continue Saint-Foix, quelquefois des grilles autour des tombeaux, pour empêcher de les toucher et de les gâter; mais outre ces grilles on en mettait une autre qui couvrait entiérement le tombeau, si c'était celui d'un prince ou d'un chevalier mort prisonnier.

Philippe d'Artois, connétable de France, ayant été pris par les Turcs à la bataille de Nicopolis, en 1399; son tombeau, dans l'église de Notre-Dame d'Eu, est couvert d'une grille et comme enfermé dans une espece de cage de fer, pour marquer qu'il était mort en prison. »

N°. 44.

Des Cordeliers de Paris.

La statue en marbre blanc, de Blanche la jeune, fille de Louis IX, morte en 1320, veuve de Ferdinand de la Cerda, fils d'Alphonse X, roi de Castille.

N°. 45.

De Saint-Denis.

La statue couchée en marbre blanc, de Philippe V, dit *le Long*, à cause de sa grande taille, mort en 1322.

N°. 46.

Des Jacobins, rue Jacques.

Un tombeau de marbre noir, sur lequel est couchée la statue en marbre blanc, de Charles d'Alençon, premier de sa branche, frere de Philippe VI, et qui fut tué à la bataille de Crécy, le 26 août 1346.

N°. 47.

De Saint-Denis.

La statue en marbre blanc, de Charles IV, dit *le Bel*, mort en 1328.

Ce fut sous son regne que fut instituée la charge d'amiral.

N°. 48.

Des Cordeliers de Paris.

La statue en marbre blanc, de Charles d'Estampes, petit-fils de Philippe III, mort en 1336.

Époque des armes à feu, prouvée par un compte de Barthelemy Dudrach, trésorier des guerres, rendu en 1338; d'où il suit que la poudre à canon était déjà inventée.

N°. 49.

De Saint-Denis et de Notre-Dame.

Deux vierges en marbre blanc, de grandeur naturelle.

L'une avait été donnée à l'abbaye de Saint-Denis par Jeanne d'Evreux, femme de Charles IV, dit *le Bel*. On lisait l'inscription suivante dans la chapelle que cette femme avait fait peindre en bleu, et ordonnée pour placer cette vierge.

Madame la royne Jehane d'Eureux, compaigne dv roy Charles que diex absoille, a donné céans ceste ymage et ainsi faict paindre et ordonner ceste chapelle, où elle a fondé une messe perpétuelle, qui chacun jour est chantée tanstot après la messe que l'en dit aus pelerins, l'an M. CCC. et quarante, le jour de la mi-aoust. (Voyez Félibien.)

N°. 50.

De Saint-Victor.

La statue couchée, en marbre blanc, de Guillaume de Chanac, cinquieme du nom, quatre-vingt-quatrieme évêque de Paris, mort en 1348, posée sur un tombeau de marbre noir.

Je rapporte ici son épitaphe qui a été brisée par des malveillans.

Hic situs est Dominus G de Chanac, patriarcha
Alexandrinus, juris dum viveret arca.
Mores ornatos ad culmen pietatis,
Adjungens, gratos actus habuit pietatis,
Plebis et Ecclesiæ prelatus Parisiensis,
Cultor justiciæ, perversorum fuit ensis :
Hunc sibi non solum sed eum qui post ibi sedit
Dictus fulco, dedit Lemovicense solum.
O quam sollicitè, quam sanctè, quamque peritè
Jus studuit. Cleri libertatesq^e tueri !
Multos promovit quos sanctè vivere novit,
Clam refovens inopes distribuebat opes :
Corde deum sitiens transivit ad atria lucis.
Sancta luce crucis in maio moriens
Anno milleno trecento quadrageno
Octoque centenos annos peragens quasi plenos
Pro dilectoris anima tui dulciter ora
Sancti Victoris conventus qualibet hora.

N°. 51.

De Saint-Denis.

La statue couchée en marbre blanc, de Jeanne

de Navarre, fille de Louis Hutin et de Marguerite de Bourgogne, sa premiere femme, étranglée en 1315, pour cause d'impudicité (1).

Jeanne de Navarre meurt en 1349 : elle avait épousé Philippe, comte d'Evreux, qui partagea avec elle la couronne de Navarre, dont elle avait hérité en 1328, et qui mourut en 1343.

N° 52.
Du même lieu.

La statue en marbre blanc, de Philippe de Valois, mort en 1350.

Costumes.

Sous Philippe, le luxe et les modes nouvelles étaient les passions favorites de la nation française. Par innovation, quelques hommes reprirent la barbe, peut-être par une suite du goût qu'ils avaient pour la paresse; car ils ne s'occupaient que de modes aussi frivoles que bizarres; mais cette mode partielle n'eut point d'imitateurs, et les hommes continuerent à se raser la barbe. Le commerce, les arts et les sciences étaient dans un grand état d'avilissement.

Villaret dit : les chevaliers, les écuyers et les gens du bel-air firent revivre la longue barbe; des plumets énormes leur chargeaient la tête, et des

---

(1) Marguerite de Bourgogne, fille de Robert II, duc de Bourgogne, petite-fille par sa mere de Louis IX, et femme de Louis Hutin, ayant été convaincue d'adultere, fut enfermée l'an 1314, dans le château Gaillard, près des Andelis, où elle fut étranglée avec une serviette; l'année suivante, Philippe d'Aunai, son amant, fut écorché vif.

chaînes servaient d'ornemens au col. Ils portaient des habits si courts et si étroits qu'ils pouvaient à peine cacher les parties que la pudeur ordonne de couvrir.

Suivant *Belleforêt*, le luxe des meubles et des habillemens consistait en fourrures recherchées et en étoffes les plus précieuses, de soie et d'or. Les Lombards et les usuriers qui formaient un corps considérable avaient des robes de deux couleurs; leur tête était coëffée d'un bonnet pointu semblable à leur habit.

Philippe, en 1349, fit l'acquisition du Dauphiné de Humbert dauphin. Ce dauphin, par une nouvelle disposition, fit la cession de ses Etats en faveur de Charles, fils du duc de Normandie, qui en prit possession le 16 juillet. Depuis ce tems, les fils aînés des rois de France avaient pris le nom de dauphin, selon la condition de la cession. Le lendemain 17, Humbert prit l'état et l'habit des freres prêcheurs, dits Jacobins, rue Saint-Jacques, où il mourut. Il y avait un tombeau qui a été brisé par les malveillans.

N°. 53.

Du même lieu.

La statue couchée en marbre blanc, du roi Jean, dit *le Bon*, mort à Londres en 1364.

Il avait été fait prisonnier par les Anglais, en 1356, à la bataille de Poitiers; conduit à Londres, il y resta jusqu'en 1360, et y laissa en ôtage le duc d'Anjou son fils, qui s'évada. Jean retourna à Londres pour y traiter de la rançon de son fils, et y mourut.

N°. 54.

Des Jacobins, rue Jacques.

La statue couchée en marbre blanc, de Marie d'Espagne, femme de Charles de Valois, comte d'Alençon et du Perche, morte en 1369.

Costumes.

Il est bon d'observer que le costume des veuves de ce tems, ressemble à celui que portaient les religieuses, parce que les femmes qui se destinaient au cloître prenaient alors le vêtement de veuve, quand les hommes conservaient le leur, et que depuis l'époque de leur fondation, les religieux et religieuses n'avaient point changé de costume.

N°. 55.

De Saint-Denis.

La statue en marbre blanc, de Jeanne, veuve de Charles-le-Bel, morte en 1370 (1).

N°. 56.

Du college de Beauvais.

La statue de Jean de Dormans, couchée et en pierre de liais, à l'exception du masque et des mains qui sont en marbre, distinction féodale du tems. Elle est posée sur un tombeau de marbre noir.

Ce Dormans fonda le college de Beauvais en 1370, et mourut en 1380.

---

(1) Quarante-deux ans après son mari.

N°. 57.
De Saint-Denis.

La statue en marbre blanc, de Blanche, fille de Philippe de Valois, morte en 1371.

N°. 58.
Du même lieu.

La statue en marbre blanc, de Jeanne de Bourbon, femme de Charles V, morte en 1377.

N°. 58 (*bis.*)
Des Célestins.

La même statue.

N°. 59.
De Saint-Denis.

Sur un cénotaphe de marbre noir on voit la statue en marbre et couchée, de Bertrand Duguesclin, surnommé *le bon connétable* (1), mort en 1380, âgé de 66 ans; et celle de Louis de Sancerre, connétable, et compagnon de valeur de Duguesclin son

---

(1) Dès sa plus tendre enfance, Duguesclin ne respirait que les combats. *Il n'y a pas de plus mauvais garçon au monde, disait sa mère, il est toujours blessé, le visage déchiré, toujours battant ou battu.* On l'a dépeint tel qu'on le voit par sa statue, d'une petite taille, mais forte; les épaules larges, les bras nerveux; ses yeux étaient petits, mais vifs et pleins de feu; le nez court et gros, et les lèvres épaisses; sa physionomie n'avait rien d'agréable. *Je suis fort laid*, disait-il étant jeune, *jamais je ne serai bien venu des dames; mais du moins je saurai me faire craindre des ennemis de la France.*

Le connétable dans les cérémonies portait un bâton blanc pour marque de sa dignité.

ami, mort en 1402. Sancerre se rendit célebre à la bataille de Rosbecq. Il avait de très-beaux cheveux ; lors de l'exhumation des corps à Saint-Denis, il fut trouvé ayant encore trois longues tresses d'environ 40 centimètres.

N°. 60.

Du même lieu.

La statue en marbre blanc, de Charles V, dit *le Sage,* mort en 1380. Posé sur un cénotaphe composé avec les débris d'une boiserie ornée de sculpture très-recherchée ; les bas-reliefs qu'on y voit représentent des sujets de la passion de Christ, (*provenant de la Sainte-Chapelle.*)

Les arts et les sciences furent cultivés avec quelques succès sous son regne. Il fonda l'académie de Saint-Luc pour la peinture et la sculpture, et en accepta les réglemens et statuts. Charles fonda aussi l'université d'Angers, et disait qu'on ne saurait trop honorer les sciences et les arts, et que tant qu'ils seraient en honneur dans l'Etat, on le verrait toujours prospérer. C'est lui qui forma le premier la bibliotheque. Il fit placer une vingtaine de volumes dans une des tours du Louvre, qu'on nomma *la Tour de la librairie.* Cette bibliotheque s'accrut depuis au point où nous la voyons, rue de la Loi, (ci-devant Richelieu.)

Nous devons à son attachement particulier pour les sciences, quantité de découvertes utiles.

N°. 61.

Du même lieu.

La statue en marbre blanc, de Marguerite, comtesse de Flandre, fille de Philippe-le-Long, femme de Louis, comte de Flandre et de Rethel, surnommé *de Créci*, parce qu'il fut tué à la bataille de Créci, en 1346.

Elle était née en 1310, et mourut en 1382.

N°. 62.
Des Jacobins, rue Jacques.

La statue, en pierre de liais, de Béatrix de Bourbon, reine de Bohême, morte en 1383. Le masque est en albâtre.

Cette statue est posée sur une colonne aussi en pierre de liais, revêtue d'une inscription en marbre noir.

C'est à cette époque que l'on a commencé en France à employer les matières précieuses dans la sculpture.

N°. 63.
Des Célestins.

Une petite statue, représentant Sainte-Genevieve, exécutée en albâtre pour Pierre de Luxembourg, fait cardinal en 1386, et mort en 1387, âgé de dix-huit ans.

N°. 64.
De Saint-Denis.

La statue couchée, en marbre blanc, de Blanche de France, fille de Charles-le-Bel, morte en 1392.

Elle était veuve de Philippe, dernier fils de Philippe de Valois, mort en 1375.

N°. 437.
De Saint-Louis-la-Culture.

Statue en pierre de liais, et à genoux, de Pierre

d'Orgemont, chevalier seigneur de Méry et de Chantilly, mort en 1389.

Charles V qui connaissait les talens et les rares mérites de Pierre d'Orgemont, le nomma le 20 novembre 1373, chancelier de France, à la place de Jean de Dormans qui venait de mourir. (*Voyez les Mémoires de Juvenal des Ursins.*)

J'ai fait restaurer cette statue que des malveillans avaient brisée.

N°. 65.
Des Célestins.

La statue couchée en marbre blanc, de Léon de Lusignan, dernier roi de la Petite-Arménie, mort à Paris, en 1393.

Charles V reçut ce prince malheureux, et lui procura par ce moyen un asyle. On connaît des médailles frappées en son nom. Voici son épitaphe telle qu'elle est gravée sur le marbre.

Cy gist très-noble et excellent prince Lyon de Lizingnen, quint roi latin du royaume d'Armenie, qui rendit l'ame à Dieu, à Paris, le vingt neufiesme jour de novembre, l'an de grace, mil trois cens quatre vingts et treize.

N°. 66.
De Saint-Denis.

La statue en marbre blanc, de Blanche, seconde femme de Philippe de Valois, morte en 1398.

N°. 438.
Des dames Dominicaines de Poissy.

La statue en pied de Marie de Bourbon, fille de Pierre Ier du nom, et sœur de Jeanne de Bourbon, femme de Charles V, abbesse de cette maison, morte le 10 janvier 1401, exécutée en marbre blanc et en marbre noir, les chairs et le vêtement de dessous sont en marbre blanc; et le manteau qui est celui de dessus est de marbre noir; ce qui donne une idée exacte du vêtement des veuves de ce tems, et de celui des religieuses qui adoptaient le costume des veuves. Ce monument curieux par cette originalité, a été vendu au citoyen *Tenret*, marbrier, qui a bien voulu me le céder.

N°. 67.
Des Peres-de-la-Merci.

La statue de madame de Braque, en pierre de liais, à l'exception du masque et des mains qui sont en albâtre.

Cette famille avait fondé, dans la rue qui porte son nom, une chapelle dédiée à Notre-Dame, dite *de Braque*. Marie de Médicis fit bâtir, en 1613, le couvent des Peres-de-la-Merci, à la place de cette chapelle.

N°. 68.
Des Bernardins.

Une petite Vierge, en marbre blanc, style gothique.

N°. 69.
De Saint-Germain-des-Prés.

Une pareille Vierge, même style.

N°. 70.
De Saint-Denis.

Trois petites statues en marbre blanc, même style.

N°. 71.
Des Dames-de-Longchamp.

Deux Vierges, en marbre blanc, décorées de broderies, et autres ornemens en dorure.

Deux autres Vierges, en pierre de Tonnerre, ornées de même et dans le même style.

N°. 72. (*Voyez* le n°. 91.)

N°. 73.
Des Mathurins.

Un grand bas-relief, en pierre volcanique, (dite pierre à porc, ou pierre puante) représentant les douze Apôtres.

On trouve en différens endroits de Malthe, surtout dans la partie de *Benhisa*, près de *Marsasirocco*, des blocs et des morceaux isolés et détachés d'une pierre calcaire noirâtre et rougeâtre, qui a une fausse apparence de lave, ou d'une pierre brûlée, avec quelques petits porcs; elle exhale lorsqu'elle est frottée une odeur extrêmement forte et désagréable; dissoute avec une vive effervescence dans les acides, elle laisse surnager une pellicule noire huileuse à laquelle elle doit sa puanteur. Cette pierre à porc a sûrement été imprégnée de l'huile de quelques cétacées : on ignore s'il y en a des bancs particuliers.

Nos. 74, 75 et 76.
De Saint-Denis.

Plusieurs modeles d'architecture gothique.

Fin du quatorzieme siecle.

MONUMENS

MONUMENS
DU QUINZIEME SIECLE.

Le quinzieme siecle, le plus remarquable pour l'histoire des arts relativement à la France, est l'époque où les artistes ont commencé à produire des plans généraux, combinés avec leurs détails, et où ils ont cherché à lier les calculs de l'esprit à une exécution grande et soignée ; alors il s'est opéré un grand développement dans le dessin, et l'on a vu disparaître le gothicisme. C'est au génie de Raphaël que nous devons ce mouvement restaurateur ; il venait de produire les décorations du Vatican : et l'ensemble admirable de ces chefs-d'œuvre de l'art, saisi avec enthousiasme par les artistes voyageurs, nous a, par imitation, fait construire en France des palais chargés d'arabesques coloriés. La peinture fut plus lente à se développer en France que la sculpture, et il paraît certain que si nous eussions eu à cette époque des peintres habiles, l'on n'aurait pas sculpté les arabesques des palais pour les colorier ensuite comme des tableaux, ce qui rend la décoration de ce genre lourde et chargée. Les décorateurs eussent préféré sans doute la peinture simple ; car il est prouvé que la sculpture n'est point faite pour être coloriée, et que colorier les vêtemens et les carnations des statues, c'est remonter à l'enfance de l'art.

Paris nous offrait peu de palais, de châteaux ou

de maisons décorés, du siecle dont je parle; je ne connais d'authentique de ce tems que le portail de Saint-Eustache, donnant sur la rue des Prouvaires, et un petit monument d'un goût agréable qui était dans l'église Saint-Victor, et qui a été détruit. Ces considérations m'ont engagé à développer, dans mon quinzieme siecle, l'art, le goût, le luxe et l'éclat qu'exigeait sa décoration, et à donner aux amis des arts le portrait d'un siecle presqu'inconnu dans la capitale. Pour parvenir à ce but, j'ai fait plusieurs voyages dans les monumens que nous a laissés le cardinal d'Amboise, qui employa à la décoration de ses palais Jean Juste, sculpteur, né à Tours, qu'il avait envoyé à ses frais à Rome pour étudier les arabesques de Raphaël.

J'ai composé mon plafond, mes croisées, et en général toute la décoration de cette salle sur le type du tombeau de Louis XII, qui en fait le milieu, avec des détails que j'ai apportés du château de Gaillon, qui vient d'être démoli; avec des archétypes que j'ai levés moi-même, tant à Chartres qu'à Blois, etc. Les colonnes ornées de chapiteaux et de piédestaux arabesques qui soutiennent les portes, sont un bienfait des administrateurs du département d'Eure et Loir (1), qui sur la demande que je leur en ai faite pour mon établissement, ont ordonné la démolition d'un portique de l'église Saint-Pere, à Chartres, pour en mettre les détails à ma disposition. Ce portique avait été ajouté en 1509, à la construction de cet édifice bâti en 1170, par Hilduard, religieux bénédictin. Le bas-relief que j'ai

_____
(1) Les citoyens Wolie, Berrois, Drouin, Sanson et Barre.

placé dans l'archivolte mérite d'être remarqué pour son style, il représente Dieu le pere au milieu des anges.

Les fonds violets et bleu, les encadremens dorés et la légende carminée, *cominùs* et *eminus* (de près et de loin) sont les traits caractéristiques de la décoration du siecle que je représente ; j'ai fait exécuter toutes ces choses d'après les notes que j'ai prises sur les lieux mêmes, et sur des autorités que j'ai apportées pour me servir au besoin.

J'ai cru devoir insérer ici ces notes pour lever tous les doutes sur le véritable auteur du monument, et pour faire connaître les autorités que j'ai consultées, et dans lesquelles j'ai puisé mes richesses ; et pour montrer enfin les effets que l'on peut produire en décoration par des rapprochemens justes d'anciens détails (1). Le citoyen Peyre, jeune, architecte pour la construction du bâtiment, a montré de l'intelligence dans le développement de cette piece ; le cul de four qu'il a imaginé pour lui donner de la grace est d'un bon genre.

J'ai conduit les travaux de cette salle qui montre l'éclat qui lui convient avec la plus sévere économie, et c'est à très-peu de frais que je suis parvenu à l'élever. Je joins ici un tableau des dépenses et des devis que j'ai tirés des entrepreneurs, pour mettre le public à même de connaître mes opérations. Ce mode sera suivi pour toutes les dépenses à faire concernant la division du ministere de l'intérieur à laquelle je tiens, et sera de suite imprimé dans les

---

(1) Je donnerai dans mon ouvrage *in-folio* les gravures des dessins et plans que j'ai levés dans les anciens châteaux, pour composer cette décoration.

différens ouvrages que je compte publier sur mon établissement (1).

---

(1) Etat des dépenses de l'an 7, pour l'érection de la salle du quinzieme siecle, dirigée et exécutée sur les dessins d'Alexandre Lenoir, conservateur et administrateur dudit Musée, conforme à l'état qui a été remis au ministre de l'intérieur.

Au citoyen Duvey, maître maçon pour l'établissement des massifs et soubassement des tombeaux, suivant le devis vérifié et signé de l'architecte....	6,000 fr.
Au cit. Plantard, sculpteur pour la décoration arabesque, dorures, archétypes, etc.	4,000
Au cit. Bouiller, menuisier, pour croisées et journées d'hommes, etc.........	1,800
Au cit. Lamothe, sculpteur en ornemens, pour la restauration des monumens d'Orléans, Renée Dunois et des Ursins..	1,200
Au cit. Tailleur, vitrier, pour restauration de croisées peintes, et de quatre autres arabesques formant huit croisées, même salle..................	1,000
Au cit. Bauvallet, sculpteur statuaire pour restauration de monumens......	1,200
Au cit. Louis François, pour pose de monumens..................	1,500
Au cit. Favet, serrurier, pour les monumens *idem*...............	600
Au cit. Vavin, peintre, peinture de la salle, plafond et monumens........	2,000
Au cit. Scellier, marbrier, pose du monument de Louis XII et pavemens......	3,000
Au cit. Delaplanche, sculpteur marbrier, pour les changemens et restauration des tombeaux d'Orléans, etc........	2,000
Au cit. Camus, terrassier, pour fouilles et déblais de gravois, etc.........	1,800
Ce qui forme un total de........	26,100 fr.

basé d'après le décret suivant, rendu le 3 vendemiaire

N°. 77.

Des Célestins de Paris.

La statue en marbre, de Louis de France, duc d'Orléans, assassiné en 1407, à Paris, rue Barbette, par la faction de Jean, duc de Bourgogne.

Ce duc d'Orléans était pere du fameux bâtard, comte de Dunois.

La statue est posée sur un tombeau de marbre blanc, décoré de douze petites figures en pareil marbre, représentant les douze apôtres, placées dans des arcades ornées d'arabesques.

N°. 78.

Du même lieu.

La statue en marbre blanc, de Valentine de Milan, femme du susdit duc d'Orléans.

Cette femme inconsolable de la perte de son mari, mourut de chagrin en 1408. Elle avait pris pour devise :

Rien ne m'est plus ;
Plus ne m'est rien.

(Voyez *Millin*, *Antiquités nationales*, tome III.)

---

an 7. A la suite du rapport du cit. Daubermenil, il dit : « Le Musée des monumens français mérite une attention particuliere, puisqu'il contribue doublement à la gloire de la nation ; les frais d'administration sont de 9,900 fr. La dépense pour la continuation des travaux de restauration des monumens, de leur arrangement par siecle suivant leur ordre, etc., est de 25,000 fr. »

N°. 79.
Des Chartreux.

La statue couchée en marbre blanc, de grandeur naturelle, de Pierre de Navarre, comte de Mortagne, mort le 29 juillet 1412.

Ce Pierre de Navarre était fils de Charles II, surnommé *le Mauvais*, roi de Navarre, et comte d'Evreux, et de Jeanne de France, fille de Jean, roi de France et frere de Charles III, roi de Navarre. Il fut comte de Mortagne au Perche, pour la récompense que le roi de France devait à son pere, par appointemens pour les terres d'Evreux.

Près de ce monument était un tombeau sur lequel on voyait la statue couchée d'un chevalier armé, exécutée en pierre de liais, représentant Amé de Geneve, mort en 1369. On ne parle ici de ce monument que parce qu'il a été détruit en 1793, par des ouvriers pour en faire du moëlon.

Amé était fils de Guillaume, comte de Geneve, et frere de Robert qui fut cardinal, et élu pape en 1378, sous le nom de *Clément VII*, durant le schisme qui eut lieu à cette époque.

N°. 80.
Des Célestins.

Deux statues en marbre blanc, représentant deux enfans de Louis d'Orléans, *du n°. 77 ci-dessus*.

Savoir, Philippe d'Orléans, comte de Vertus, mort en 1420, âgé de 24 ans;

Et Charles d'Orléans, renommé par ses poésies, ayeul de Louis XII, bisayeul de François Ier, et mort en 1465, âgé de 69 ans.

Le porc-épic que l'on voit à ses pieds, annonce que son pere lui avait conféré l'ordre de ce nom, dont il était l'instituteur. J'ai fait entrer dans la composition de ce monument des arabesques du tems, et un grand bas-relief en albâtre, représentant la mort de la Vierge, provenant de *Saint-Jacques-la-Boucherie*. Des détails précieux, et des expressions vraies et variées se remarquent dans ce morceau dont on ignore le nom de l'auteur.

Voici un échantillon des talens de Philippe d'Orléans en poésie, tiré d'un manuscrit, conservé à la bibliotheque nationale.

BALLADE.

Jeune, gente, plainsante et débonnaire,
Par un prier qui vaut commandement,
Chargé m'avez d'une ballade faire,
Si l'ai faite de cœur joyeusement;
Or, la veuillez recevoir doucement:
Vous y verrez, s'il vous plaist à la lire,
Le mal que j'ai, combien que vraiement
J'aimasse mieux de bouche vous le dire.

Votre douceur m'a sçu si bien attraire,
Que tout vostre je suis entierement,
Très-désirant de vous servir et plaire,
Mais je souffre maint douloureux tourment,
Quand à mon gré je ne vous voi souvent,
Et me déplaist quand me faut vous l'escrire;
Car si faire je pouvais autrement,
J'aimasse mieux de bouche vous le dire.

C'est par dangier, mon cruel adversaire
Qui m'a tenu en ses mains longuement.
En tous mes faits, je le trouve contraire
Et plus se rit quand plus me voit dolent.

Je voulais raconter pleinement
En cet escrit mon ennuyeux martyre,
Trop long serait; pour ce certainement
J'aimasse mieux de bouche vous le dire.

N°. 81.

De Saint-Denis.

Statue en marbre blanc, de Charles VI, mort en 1422; posé sur un cénotaphe que j'ai fait ajuster avec une boiserie de ce tems recueillie dans la chapelle de Picardie, rue du Fouare.

Charles VI frappé d'un coup de soleil perdit l'esprit, et devint entiérement nul dans les affaires après avoir montré de grands moyens. Les cartes furent inventées par Jacquemin Gringonard, peintre en réputation en 1393; c'est pour cette raison que j'ai fait mettre un jeu de cartes dans la main droite de cette statue qui avait été brisée.

Ce fut au siege de Compiegne, en 1414, que l'on vit paraître les premiers canons, ils étaient de tôle pliée et cerclés de fer, dont la forme conique s'évasait depuis la culasse jusqu'à la bouche. (*Voyez* Villaret.)

Alain Chartier, son secrétaire particulier, et depuis celui de Charles VII, son fils, était l'un des plus savans hommes de son siecle, même il fut regardé comme le pere de l'éloquence française.

N°. 82.

De Notre-Dame.

Deux statues à genoux, en pierre de liais, posées sur une tombe de pareille nature, élevée de terre de 2 pieds, représentant, l'une Jean Juvenel des Ursins (1), portant l'épée au côté, et vêtu d'une cotte-d'armes, armoriée devant et derriere.

L'autre représentant Michelle de Vitry, sa femme.

J'ai fait restaurer les têtes de ces deux statues qui avaient été cassées par les malveillans, d'après les portraits de cette famille que j'ai eu le soin de recueillir (2).

N°. 83.

Des Célestins.

La statue en marbre blanc, couchée sur une tombe de marbre noir, de Jeanne de Bourgogne, duchesse de Betfort, épouse du régent de France, morte à Paris, en 1432.

Henri V, roi d'Angleterre, étant mort en France, le 31 août 1422, Jean duc de Betfort son frere, qui commandait l'armée des Anglais contre Charles VII, fut nommé régent de France pour Henri VI, son neveu, âgé de 9 mois.

---

(1) Jean Juvenel s'étant distingué dans plusieurs occasions, la ville de Paris lui donna par reconnaissance l'hôtel des Ursins, dont depuis il prit le nom. Charles VII le fit président au parlement, séant alors à Poitiers, où il mourut en 1431. Il avait 16 enfans qui lui survécurent, ainsi que sa femme qui mourut en 1456. On trouvera, sous le même numéro, un tableau représentant toute cette famille, où l'on voit la coëffure à la Henin, introduite par Isabelle de Baviere.

(2) Cette restauration faite par le citoyen Lamothe, dans l'esprit qui convient au goût du tems, monte, suivant le mémoire qui en a été remis au ministre, à la somme de 300 francs.

Henri V avait épousé à Troyes, le 3 juin 1420, Catherine, fille de Charles VI, conformément au traité signé en ladite ville, le 21 mai précédent, par les deux rois, par lequel traité il avait été stipulé que la couronne de France passerait à Henri V, à la mort du pere de Catherine, et dès ce moment Henri V s'intitula régent de France. Les Anglais n'en furent chassés qu'en 1453 : il leur restait cependant encore Calais dont ils s'étaient emparés en 1417, et qui fut repris, en 1558, par le duc de Guise.

N°. 84.

De Saint-Denis.

Statue en marbre blanc, d'Isabelle de Baviere, femme de Charles VI, morte en 1435, détestée de la nation, et portée dans un simple batelet à Saint-Denis, accompagnée d'un seul prêtre.

N°. 439.

De Saint-Martin-des-Champs.

La statue en pierre et couchée, de Philippe de Morvilliers, seigneur de Clary et Charenton, premier président au parlement de Paris, mort en 1438.

Le buste en pierre de Jeanne du Drac sa femme, morte en 1437. Les masques sont en marbre blanc.

N°. 85.

De Saint-Denis.

Tronc en albâtre, de la statue de Charles VII, mort en 1461.

Le reste de la statue a été brisé par les malveillans.

Ce buste que le cit. Beauvallet a restauré avec beaucoup d'art et de soins, est posé sur une colonne de marbre ornée d'un chapiteau arabesque, que j'ai retirée des démolitions du château de Gaillon.

Charles VII fonda l'université de Poitiers.

N°. 86.

Des Chartreux.

Une statue de femme couchée, en marbre blanc, représentant Catherine d'Alençon, veuve de Pierre de Navarre, fils de Charles II, roi de Navarre, dit *le Mauvais*.

Cette femme après avoir fait ériger ce monument à son mari, mort en 1412, où elle se fit représenter à côté de lui en costume de veuve, épousa en secondes noces le comte Palatin du Rhin, duc de Baviere; elle mourut 40 ans après son premier mari, et fut enterrée en 1462, à Sainte-Genevieve où l'on voyait son épitaphe. C'est ce qui explique pourquoi elle est représentée si jeune sur ce tombeau, tandis qu'elle est morte très-avancée en âge.

Voici son épitaphe :

Cy gist noble et puissante dame Madame Catherine d'Alençon duchesse en Baviere comtesse de Mortaigne, dame d'Exmes, de Saint-Silvain et de Thuit en Normandie, laquelle trepassa l'an mil quatre cens lxij. le XXV. jour du mois de juin. Dieu face à l'ame mercy.

N°. 87.

De Saint-Denis.

Le buste en marbre blanc, de Marie d'Anjou, veuve de Charles VII, morte en 1463.

Le reste de la statue a été brisé. Même description pour l'ajustement que le n°. 85.

Costumes sous Charles VII.

L'habit de ville, des hommes, consistait en une espece de camisole fort étroite, attachée avec des aiguillettes à des haut-de-chausses si serrés, qu'elles laissaient appercevoir le nu de telle sorte que toutes les formes se dessinaient de la maniere la plus indécente. Les élégans s'élargissaient les épaules avec des *mahoitres* ou épaules artificielles desquelles pendaient de grandes manches déchiquetées ; leurs souliers étaient armés de longues pointes de fer. Les galantins laissaient tomber par masse leurs cheveux sur le front, de maniere qu'ils se couvraient une partie des sourcils ; le chapeau qui leur couvrait la tête était pointu et de haute forme. « Un grave magistrat qu'on avait vu en robe le matin, on le voyait courir les rues l'après-dîner habillé comme un singe » (*dit Mezerai.*) Les femmes quitterent les robes traînantes pour en adopter d'extrêmement courtes, ornées de bordures extravagantes pour la largeur ; leurs coëffures étaient des bourrelets fort-larges, surmontés d'un haut bonnet pointu en forme de pain de sucre. (*Voyez* Montfaucon.) Cette coëffure ressemble assez à celle de nos Cauchoises ; elles tressaient leurs cheveux.

Charles VII établit une troupe à laquelle il

donna le titre de francs-archers. Voici ce que rapporte son ordonnance. « Ordonnons qu'en chaque
» paroisse de notre royaume il y aura un archer qui
» sera et se tiendra continuellement en habille-
» ment suffisant et convenable de *salade, dague,*
» *espée, arc, trousse, jaque* ou *huque* de *brigadine,*
» et seront appelés les *francs-archers.* »

La salade était une espece de casque léger sans crête avec ou sans visiere ; la jaque était une espece de juste-au-corps qui venait au moins jusqu'aux genoux. « *Jaque, habillement de guerre rembouré de cotton.* » Ces jaques dont nous avons depuis fait le mot *jaquette*, étaient bourées entre la doublure en toile et l'étoffe dont on les composait ; ce vêtement servait à empêcher que la lance ou l'épée ne perçât celui qui en était couvert. Les chevaliers de ce tems portaient des jaques sous leur haubert de mailles ; on en faisait aussi en cuir de cerf. La brigadine était un corcelet de lames de fer attachées les unes sur les autres sur leur longueur par des cloux rivés. La trousse était une espece de carquois dans lequel les arbalêtriers mettaient environ dix-huit fleches suivant l'ordonnance ci-dessus citée.

N°. 88.

Des Grands-Augustins.

Un bas-relief en pierre de liais, représentant une réparation publique faite aux Augustins et à l'Université, pour crimes commis envers deux religieux de ce couvent, dont l'un nommé Pierre Gougis fut tué.

N°. 89.

De Saint-Denis.

La statue en pierre de liais, et couchée, de Guillaume Tannegui du Chastel, mort au siege de Pontoise, le 20 juillet 1441, en défendant le passage de la riviere d'Oise.

On remarquait sur son tombeau l'épitaphe suivante :

Cy gist noble homme Guillaume du Chastel, de la Basse-Bretaigne, pannetier du roi Charles VII, et escuyer d'escurie de monsieur le dauphin, qui trespassa le 20ᵉ jour de juillet, l'an de grâce M. CCCC. XLI., durant le siege de Pontoise, en defendant le passage de la riuicre d'Oise, ledit jour que le duc d'Yorck la passa pour cuider leuer ledit siege, et pleût au roi pour sa grande vaillance et les seruices qu'il lui auait faicts en maintes manieres, et specialement en la defense de ceste uille de Saint-Denis, contre le siege des Anglais; le fit enterrer céans. Dieu lui face merci. Amen.

Duchastel fut faussement accusé du meurtre du duc de Bourgogne sur le pont de Montereau. (*Voyez* Saint-Foix.) Ce fut son neveu qui fit faire à ses frais les obseques de Charles VII.

N°. 90.

Deux petites Vierges, l'une provenant de la Sainte-Chapelle, et l'autre des Célestins.

N°. 91.

De Notre-Dame.

Squelette en albâtre, faussement attribué à Germain Pilon. Un auteur ancien le donne à François Gentil, natif de Troyes, et qui a prodigieusement enrichi cette ville de beaux ouvrages. Gentil vivait encore en 1540. Ce morceau mal sculpté et peu exact dans son dessin, ne peut être sorti du ciseau des artistes habiles auxquels on l'attribue.

Voici le quatrain qui est gravé sur un bouclier qu'il tient de la main gauche :

> Il n'est vivant, tant soit plein d'art,
> Ne de force pour résistance,
> Que je ne frappe de mon dart,
> Pour bailler aux vers leur pitance.
> (*Priez Dieu pour les très-passés.*)

Ce monument gothique était autrefois renfermé dans une boîte attachée à une tour qu'on nommait *Des-bois*, dans le cimetiere des Innocens. Il fut porté ensuite à Notre-Dame, où on le fit bronzer et restaurer par le citoyen Deseine, sculpteur distingué.

J'ai placé dans le piédestal l'épitaphe provenant de la Tombe-Issoire. Elle est en bouts-rimés, et curieuse pour son époque.

N°. 440.

De la Cathedrale de Chartres.

Un bas-relief en pierre de liais, divisé en trois

sujets séparés par de petites colonnes ornées de chapiteaux arabesques, d'un travail très-fin; le sujet du milieu représente l'adoration des Mages; on y voit le chanoine donataire du monument, représenté à genoux; les autres sujets représentent d'un côté Saint-Jean dans le désert composant l'apocalypse, et de l'autre côté Saint-Jean-Baptiste.

Ce morceau colorié et doré selon le goût du tems, est d'un dessin vigoureux et d'une exécution soignée.

N°. 441.

De l'église Saint-Pere de Chartres.

Deux colonnes triomphales en pierre de liais, ornées d'arabesques, posées sur un piédestal, décoré dans le même goût; l'une supportant la statue en albâtre de François de Paule, religieux calabrois, appelé en France par Louis XI, et l'autre une statue de dévotion.

N°. 442.

De la chapelle de Picardie.

Quatre statues en pierre de liais, représentant des Apôtres.

N°. 92.

De Saint-Denis.

Une chaise, sculptée en bois, décorée d'ornemens arabesques.

Fin du quinzieme siecle.

SECONDE PARTIE.

MONUMENS
DU SEIZIEME SIECLE.

MONUMENS
DU SEIZIEME SIECLE.

Dès 1440, les arts prirent une grande considération; dans l'Italie, les palais élevés par les Médicis et depuis par le grand Léon, les dépenses considérables que ces amis des lettres et des arts firent pour occuper les savans et les traiter honorablement, furent un véhicule si puissant, qu'en très-peu de tems Rome et Florence virent naître tous les talens à la fois et grossir le nombre des chefs-d'œuvre. Le goût des beaux-arts après s'être répandu dans toute l'Italie, vint germer en France vers la fin du quinzieme siecle, et les efforts que firent à cette époque, nos artistes pour rivaliser Michel-Ange et Raphaël, furent extraordinaires; mais comme les progrès dans les arts et dans les sciences suivent en général la marche de la nature, et qu'il est reconnu qu'on ne peut arriver que par degrés à la perfection: ces efforts surprenans ne servirent qu'à indiquer la route, et ce ne fut que vers le milieu du seizieme siecle que l'art atteignit en France cette prépondérance qui a fixé depuis tous les regards de l'Europe. François Ier mit la derniere main à ce grand ouvrage, en appellant auprès de sa personne *Léonard de Vinci* et le *Primatice*: il établit des écoles et des manufactures, et bientôt après parurent les artistes les plus célebres. Pour peindre

N

ce siecle brillant comme il convenait, j'ai levé des plans dans les monumens bâtis par les Lescot, les Bullant, les Philibert, etc., et j'ai enfermé dans mon cadre tous les détails que j'ai recueillis, afin de fixer les yeux des connaisseurs sur le siecle connu dans les arts sous la dénomination de *siecle de la renaissance*.

La porte de cette salle a été exécutée sur les dessins du citoyen Peyre, jeune, qui a parfaitement saisi le style qui lui convenait. Les colonnes qui portent le fronton sont d'un marbre rare, désigné sous le nom de *brèche dorée*; elles se trouvent supportées par des piédestaux dans lesquels j'ai introduit des petits bas-reliefs en cuivre doré, exécutés par Quermézel, représentant la nativité de Christ, l'adoration des Mages, la Résurrection, et plusieurs sujets du Nouveau-Testament. Les incrustations et les figures que l'on remarque sur le fronton, décrites sous le n°. 130, sont enfin une imitation du genre d'ajustement adopté dans ce tems là; ainsi que les plafonds que j'ai décorés d'arabesques, de salamandres, de chiffres enlassés, et même des devises de la chevalerie placés dans leur ordre exact.

La Religion, la Patrie, l'Honneur, l'Amitié et l'Amour étaient les cinq lois principales de la chevalerie; *du Belloy* n'a pas oublié de placer ces mots sacrés dans la bouche de Bayard en le faisant entrer en scène.

Tous les objets sacrés de mon culte suprême,
Dieu, la France, l'Honneur, l'Amitié, l'Amour même,
De Milan vers ces lieux ont fait voler Bayard.

(*Acte Ier, scene Ire.*)

Voltaire s'exprime ainsi dans Tancrede :

Conservez ma devise, elle est chere à mon cœur;
Elle a dans mes combats soutenu ma vaillance,
Elle a conduit mes pas et fait mon espérance;
Les mots en sont sacrés : c'est l'Amour et l'Honneur.
              (*Acte III, scene Ire.*)

Enfin c'est d'après les descriptions de nos historiens et de nos poëtes, et principalement sur les monumens qui nous restent de ce siecle que j'ai guidé mes travaux, et que je suis parvenu à rendre mon portrait exact.

N°. 443.
De Notre-Dame de Clery.

Le buste de Louis XI, mort en 1482, que l'on conservait dans l'église de Notre-Dame de Clery qu'il avait fait bâtir. Le buste de sa statue que l'on trouvera décrite dans cet ouvrage, a été exécuté d'après ce masque que l'on dit avoir été fait d'après nature. Je l'ai fait restaurer par le cit. Beauvallet. Le piédestal qui le porte est orné d'arabesques provenant du château de Gaillon.

N°. 93.
Des Grands-Augustins.

Monument érigé à Philippe de Comines, historien célebre, mort en 1509. Il avait pris pour devise : *Qui non laborat non manducet*. On voit sa statue et celle d'Helene de Chambes, sa femme, exécutées en pierre de liais, enfermées à mi-corps dans un cénotaphe de même nature. Ce cénotaphe est posé sur un grand bas-relief en marbre blanc, représentant Saint-Georges combattant un monstre; la corniche et les pilastres arabesques qui accompagnent ce morceau précieux, sont de la plus grande beauté pour la délicatesse du travail. Il était *au château de Gaillon*, et a été exécuté par Paul Ponce, qui l'avait fait pour Georges d'Amboise, ministre de Louis XII (1). Plus bas une statue couchée, exécutée en albâtre, faisant partie du même tombeau, représentant Jeanne de Comines leur fille, épouse du comte de Ponthievre.

Je rapporte ici son épitaphe qui a été détruite.

Epitaphium Dominæ Joannæ de Cominis.

Quingentis annis bis septem et mille peractis
In lucem quartam post idus Martius ibat
Octavamque parens, Phœbus properabat ad horam,
Cominia occubuit generosa à prole Joanna
Pontebria Comitis ; Britannis sponsa Renati
Atque Argentonii Domino prognatu Philippo
Chambaqe Helena ; mens huic in pace requiescat.

N°. 444.

Pilastres arabesques provenant du château de Gaillon, dans lesquels j'ai introduit une médaille en bronze, représentant Charles VIII, mort en 1498 ; j'ai employé ce moyen pour suppléer au monument de ce prince qui manque à ma collection.

---

(1) Le citoyen Corbel, marbrier, avait acheté ce beau bas-relief, dont j'ai proposé l'acquisition au ministre (*le citoyen Letourneux*,) qui me l'a accordé.

Son tombeau que l'on voyait à Saint-Denis, où il était représenté de grandeur naturelle en bronze, a été entièrement détruit en 1793 par les malveillans et les débris ont été fondus.

Charles VIII avant d'épouser Anne de Bretagne, avait été fiancé avec Marguerite d'Autriche, fille unique de Maximilien Ier et de Marie de Bourgogne. Elle naquit en 1480, et vint en France après la mort de sa mere. Charles épousa Anne de Bretagne en 1491, et renvoya Marguerite à son pere avant la consommation du mariage; Ferdinand et Isabelle, roi et reine de Castille, la firent demander pour leur fils unique Jean, qu'elle épousa en 1497. Cette femme avait de l'esprit et beaucoup de courage; comme elle allait réjoindre son époux, son vaisseau fut battu par une horrible tempête qui la mit sur le point de périr : dans le moment de la crise elle montra une fermeté peu commune à son sexe, et composa elle-même son épitaphe :

    Cy git Margot, la gente demoiselle,
    Qu'eut deux maris et si mourut pucelle.

Costumes.

Marlot dit que les femmes sous Charles VIII se coëffaient en cheveux, et qu'elles portaient des robes de satin blanc; tel était le vêtement de la reine le jour de son mariage. Les duchesses, continue le même auteur, étaient coëffées d'un chapeau qui était entouré d'une couronne relevée avec des trefles et un plumet; les comtesses n'avaient sur leur chapeau qu'une couronne perlée avec le plumet.

N°. 94.

De l'abbaye de Saint-Denis.

Tombeau de Louis XII, mort en 1515, et d'Anne de Bretagne, exécuté en marbre blanc, par Paul Ponce Trebati, venu en France en 1560.

L'art, à cette époque, commençait à sortir de l'enfance et à prendre une forme raisonnée. Quoique ce superbe monument, soit d'un goût gothique, on y remarque des détails précieux et un grand caractere de dessin.

Les statues de Louis XII, et d'Anne de Bretagne, représentés dans leur état de mort, sont d'une exécution savante et hardie. Les ouvertures que l'on voit au bas-ventre de ces deux statues, sont les caracteres de l'embaumement et non ceux de la putréfaction, comme l'ont publié plusieurs écrivains. Ces corps effrayans par la vérité des expressions et le livide de l'homme qui n'est plus, sont posés sur un cénotaphe d'un goût exquis et entourés de douze arcades ornées d'arabesques, du goût le plus recherché, ce qui contraste parfaitement avec le hideux de la mort. Dans ces arcades sont placés les douze apôtres qui offrent encore des beautés dans le style et le choix des attitudes. Les quatre vertus cardinales, plus fortes que nature, grouppaient les angles du monument. Le tout est posé sur un socle qui est orné de bas-reliefs représentant les batailles données en Italie, par les Français ; l'entrée triomphale de Louis XII dans Milan, y est rendue avec beaucoup de richesse et de perfection. On voit au-dessus de la corniche, les statues en marbre blanc, et à genoux du même Louis XII, vêtu en habit de cour (1), et celle d'Anne de Bretagne, femme de Charles VIII et de Louis XII, morte à Blois en 1513, aussi vêtue en habit de cour.

Ce monument, dont la conservation est importante pour la chronologie de l'art, est celui qui a le plus souffert des révolutionnaires. Des têtes, des nez, des bras et des mains ont été abattus. J'espere avec le tems le rendre à son premier état. C'est un engagement sacré que je me suis imposé pour tous les monumens que j'ai été assez heureux de réunir dans ce Musée, malgré les dangers qu'il y avait à courir à certaines époques.

On prétend qu'une partie de ce monument a été fabriquée à Tours, par Jean Juste, sculpteur; et l'autre partie, c'est-à-dire les figures, à Paris, hôtel de Saint-Pol, par Paul Ponce (2).

N°. 445.

Les statues en marbre blanc et couchées, de Louis XII et d'Anne de Bretagne, posées sur un cénotaphe en marbre noir, dans lequel j'ai introduit

---

(1) Ce fut ce prince qui parvenu à la couronne, dit que *le roi de France ne vengeait pas les injures du duc d'Orléans*.

(2) Les figures que l'on voit dans ce tombeau sont des archétypes que j'ai fait lever sur les marbres, afin de procurer aux artistes et aux amateurs la vue de ces statues précieuses, dont ils n'auraient pu jouir si je les eusse placées dans le monument comme elles y étaient originairement. Ce moyen m'a paru convenable, puisqu'il laisse au monument son entier effet.

des bas-reliefs représentant les conquêtes et les batailles de Louis XII dans le Milanais. Les têtes de lion en marbre qui sont aux extrémités, ont été tirés du château de Gaillon, ainsi que les camées qui les accompagnent, le tout a été exécuté par Paul Ponce, sculpteur particulier de Georges d'Amboise.

N°. 446.

Tronc en albâtre, débris d'une statue de Louis XII, mutilée en 1793 au château de Gaillon, où elle avait été placée par le cardinal d'Amboise, en 1510; Demugiano qui en est l'auteur, a représenté sur la cuirasse un combat, et des ornemens qu'il a traités avec beaucoup de finesse et dans le style de l'antique. J'ai fait exécuter en albâtre, par le citoyen Beauvallet, la tête et les mains qui manquaient; cet artiste a mis du soin dans son travail et de l'exactitude dans l'imitation de son modele. J'ai introduit dans le piédestal des panneaux arabesques du même lieu.

N°. 95.

Des Célestins.

Une petite statue, couchée sur une tombe, de marbre noir, représentant Renée d'Orléans-Longueville, petite-fille de Dunois, morte en 1515, âgée de 8 ans.

Son tombeau offre six bas-reliefs, représentant des sujets du Martyrologe, dans des pilastres où arabesques du tems. Le tout exécuté très-délicatement en albâtre. Ce monument détruit en 1793, a été restauré tel qu'on le voit sur mes dessins; je me suis conformé au goût du siecle en copiant les profils, et en employant les détails propres à caractériser cette époque de l'art.

N°. 96.

De Saint-Germain-l'Auxerrois.

Monument exécuté en albâtre, érigé à Louis Deponcher, mort en 1521. Il est représenté couché, et en habit de guerre.

Ce tombeau précieux, pour la délicatesse du travail, est orné de cinq petites figures représentant des vertus analogues au christianisme, placées dans des niches, ornées d'arabesques.

Sur la même tombe est représentée en albâtre Roberte-le-Gendre, femme dudit Deponcher.

Il est bon d'observer qu'à cette époque les statuaires s'occupaient seulement des vérités de la nature, et la rendaient dans sa simplicité. Il y avait à Tours un sculpteur, nommé Juste, qui vers ce tems a exécuté beaucoup de tombeaux de ce genre de travail; mais comme il ne les a point signés, on n'a que des notions très-vagues sur ses productions. Il y a eu de cette famille, Etienne de Poncher, conseiller du parlement en 1500, et François de Poncher, évêque de Paris en 1519.

J'ai fait restaurer ce monument, d'après les dessins que j'en avais faits deux ans avant sa destruction par les malveillans révolutionnaires.

N°. 447.

De l'église du Temple.

La statue en albâtre et à genoux, de Philippe

Villiers, de l'Isle-Adam, mort en 1534, à 70 ans; des détails précieux, de la vérité dans l'exécution se font remarquer dans cette statue que je viens de restaurer avec le soin qu'elle mérite.

Philippe de Villiers, de l'Isle-Adam, élu en 1521, grand maître de l'ordre de Saint-Jean de Jérusalem, commandait dans l'île de Rhodes, lorsque cette île fut assiégée par les Turcs en 1522; il sut par ses talens militaires et son courage repousser l'armée ennemie, composée de 200 mille hommes; enfin Soliman vint commander son armée en personne; ayant amené du renfort, il pressa le siege avec tant de force, que Villiers trahi par d'*Amaral*, chancelier de son ordre, fut obligé de se rendre le 20 décembre de la même année. Estimé du vainqueur, il refusa les offres les plus flatteuses, et préféra tenir aux conventions de son ordre et en prit les intérêts avec plus de chaleur; il fut obligé de partir avec ses chevaliers. Après avoir erré pendant huit ans sans avoir une retraite assurée, *Charles-Quint* lui donna Malthe, le Gaze et Tripoli de Barbarie en 1530, il en prit possession le mois d'octobre de la même année. C'est depuis cette époque que les chevaliers de Saint-Jean de Jérusalem ont pris le nom de *chevaliers de Malthe*. Il mourut en 1534, pleuré de tous ses chevaliers dont il avait été le défenseur et le pere. On grava sur son tombeau l'éloge suivant:

C'est ici que repose la vertu victorieuse de la fortune.

N°. 97.
Des Cordeliers.

Statue en bronze, d'Albert Pio, prince de Carpi,

en Italie, antagoniste d'Erasme, mort à Paris, en 1530, revêtu d'un habit de Cordelier, dans lequel il voulut être enterré.

Erasme composa aussitôt l'enterrement séraphique : *Exequiæ seraphicæ*. Marot à cette occasion dit dans sa seconde lettre du *Coq-à-l'Ane*.

> Témoin le comte de Carpi
> Qui se fit moine après sa mort.

(*Voyez Piganiol.*)

Paul Ponce l'a représenté au milieu de ses livres dans l'attitude de la lecture, et en habit de guerre.

J'ai placé près du tombeau de Carpi le portrait de Didier Erasme, mort en 1536, copié sur bois d'après Holbeen. Le génie éteignant son flambeau, qui est au-dessus de ce portrait, est de Pilon.

N°. 98.

Des Célestins.

La figure de Philippe Chabot, amiral, mort en 1543, exécutée en albâtre (1), par Jean Cousin.

Cet amiral est appuyé sur son casque, dans l'attitude du repos. On remarque dans sa main, le sifflet avec lequel il commandait la manœuvre.

Léonor Chabot, grand écuyer de France, a érigé ce monument à son pere ; on voit au bas une petite

---

(1) A cette époque il y avait à Lagni, près Paris, des carrieres d'albâtre blanc, dont les statuaires tiraient des blocs propres à la sculpture.

statue en albâtre, exécutée par Jean Cousin, représentant la Fortune renversée, allégorie relative à la perte que faisait la chose publique dans la personne de Chabot. Les bas-reliefs du piédestal qui ont été mutilés par les malveillans, sont de Pilon, et représentent Saint-Paul et Melchisedec. (*Ils étaient placés à Saint-Etienne-du-Mont.*)

Ce monument, tel qu'on le voit ici, a été restauré sur mes dessins.

N°. 99.

De Saint-Denis.

Chapelle sépulchrale, dans laquelle on voit le tombeau de François Ier, mort en 1547.

Ce monument funebre, tout en marbre blanc, érigé en 1550, au Restaurateur des arts, a été construit sur les dessins de Primatice, peintre ordonnateur des bâtimens et manufactures de France.

François Ier, et Claude de France sa femme, y sont représentés dans leur état de mort. Ces deux statues plus fortes que nature, sublimes par leur exécution, et la connaissance profonde de l'anatomie que l'artiste y a écrit avec beaucoup d'art, restent sans nom d'auteur. Cependant si j'en examine le style et le dessin, je les attribuerais à Jean Gougeon, comme le seul artiste capable alors de réunir tant de savantes perfections. Ces deux corps sont posés sur une estrade ornée d'une frise en relief, représentant les batailles de Marignan et de Cérisoles. On y remarque la forme des canons, des habits de guerre et des costumes en usage alors, et principalement de l'arbalêtre introduite sous le regne de Philippe Auguste. Une grande voûte, composée d'arabesques et de bas-reliefs, exécutés par Jean Gougeon, représente des génies éteignant le flambeau de la vie; l'immortalité de l'ame, ingénieusement exprimée par l'allégorie de Christ, vainqueur des ténèbres, et les quatre prophêtes de l'Apocalypse, enveloppent ces deux figures intéressantes. Seize colonnes, cannelées, d'ordre ionique, dans la proportion de six pieds, supportent l'entablement, au-dessus duquel sont placées cinq figures sculptées en marbre blanc, savoir : François Ier et Claude sa femme, vêtus en habit de cour et représentés à genoux devant leur prie-dieu; les trois autres aussi à genoux, sont François Dauphin, soupçonné d'avoir été empoisonné par Catherine de Médicis; Charles duc d'Orléans, ses deux fils, et Charlotte de France sa fille, morte à huit ans.

Je viens de rendre ce précieux monument, qui avait été mutilé par des barbares, à son état primitif, en le faisant restaurer d'après des dessins que j'en avais faits dans ma jeunesse, pour l'étude particuliere de mon art.

J'ai fait graver sur une table de marbre noir, qui entre dans la décoration de cette chambre sépulchrale, les noms des hommes les plus célebres qui ont paru dans ce siecle mémorable; les voici dans leur ordre.

Personnages célebres en France dans le seizieme siecle.

	Mort.
Pierre du Terrail, dit le chevalier Bayard,	1524
Jacques de Beaune de Samblançai, sur-intendant des finances, pendu en	1527
Guillaume Budé, savant,	1540
Guillaume du Bellai, grand capitaine, écrivain estimé,	1543
Clément Marot, poëte,	1544
François Ier, protecteur des lettres et des arts,	1547
Marguerite de Valois, sœur de François Ier a fait des ouvrages en littérature fort estimés,	1549
François Rabelais, médecin littérateur,	1553
Mellin de Saint-Gelais, poëte,	1558
Jean du Bellai, cardinal, poëte,	1560
Jean Calvin, novateur,	1564
Diane de Poitiers,	1566
Michel Nostradamus, médecin littérateur,	1566
Anne de Montmorenci, connétable,	1567
Jean Gougeon, sculpteur et architecte,	1572
Gaspard de Coligny, amiral,	1572
Michel de l'Hospital, chancelier,	1573
Estienne Jodelle, poëte,	1574
Philibert de Lorme, architecte, a écrit sur son art,	1577
Jean Bullant, architecte du château d'Ecouën, et autres monumens d'architecture,	1578
Christophe de Thou, président au parlement de Paris,	1582
René Birague, chancelier et cardinal,	1583

	Mort.
GUI DE FAUR DE PIBRAC, avocat du roi,	1584
BERNARD PALISSY, potier de terre, a écrit sur son art et sur l'hydraulique,	1584
PIERRE RONSARD, poëte,	1585
JEAN COUSIN, peintre-sculpteur et anatomiste,	1588
CATHERINE DE MÉDICIS, épouse de Henri II,	1589
AMBROISE PARÉ, chirurgien,	1590
JACQUES CUJAS, jurisconsulte,	1590
JACQUES AMIOT, littérateur, évêque d'Auxerre,	1591
MICHEL MONTAIGNE, philosophe,	1592
LEONARD DE LIMOGES, émailleur célebre,	15..
ALBERT DE GONDI, cardinal de Retz,	1602
JEAN PASSERAT, poëte,	1602
CLAUDE-CATHERINE DE CLERMONT-TONNERRE, femme savante,	1603
GERMAIN PILON, sculpteur,	1608

N°. 448.

La statue en marbre blanc et couchée, de François Ier, représenté en état de mort, exécutée par Gougeon. Pour faciliter les études que l'on peut faire d'après ce chef-d'œuvre, je me suis déterminé à le poser sur un socle de marbre noir, dans lequel j'ai introduit les modeles des bas-reliefs que l'on remarque au tombeau ci-dessus décrit, savoir: les batailles de Marignan et de Cerisoles, afin de donner à ce monument le caractere de son siecle. (Voyez *la description du tombeau, sous le n°. 99*.)

Nota. Deux mille barbares environ ont porté

une main téméraire sur ce chef-d'œuvre, ils ont gravé leurs noms avec une pointe sur les parties les plus intéressantes de la statue; malheureusement on peut le vérifier sur le monument même. Voici les plus remarquables, Hugues Bétauld, 1580, Fison, Estiot, Mutzinger, Lorme, 1584, Rebours, Estienne Plessier, 1586, Bassé, 1592. Alexandre Syts est le dernier qui s'est gravé illustre comme Érostrate; il a quitté la ville de Gand pour ajouter son nom au nombre de ceux que je viens de citer. Amis des arts, permettez-moi d'imprimer sur cette liste le cachet de l'ignorance et de l'infamie? Citoyens conservateurs, qui avez dans vos mains les plus belles statues de la Grèce, voilez la statue d'Apollon, si jamais Alexandre Syts osait souiller son sanctuaire (1).

De la barbe sous François Ier.

Un accident qui arriva à François Ier, étant à Romorantin, fut cause de la reprise de la barbe et des cheveux courts; voici ce que dit Mezerai à ce sujet. » François Ier étant à Romorantin en Berry, le jour de la fête des Mages, comme il folâtrait, et que par jeu il attaquait avec des pelotes de neiges le logis du comte de Saint-Pol qui le défendait de même avec sa bande; il arriva malheureusement qu'un tison jetté par quelqu'étourdi d'atteignit à la tête, et le blessa grièvement, à cause de quoi

---

(1) Une loi rendue par la convention nationale, condamne à dix années de fers les destructeurs, dégradateurs et dilapidateurs des monumens des arts.

il

il fallut lui couper les cheveux. Or, comme il avait le front fort beau, et que d'ailleurs les *Suisses* et les *Italiens* portaient les cheveux courts et la barbe grande, il trouva cette maniere plus à son gré, et la suivit. Son exemple fit recevoir cette mode à toute la France, qui l'a gardée jusqu'au regne de Louis XIII; et depuis l'on a peu-à-peu coupé la barbe, et laissé recroître les cheveux; tant qu'enfin l'on n'a plus conservé de poil aux joues ni au menton, et que la nature ne pouvant pas fournir de cheveux assez longs à la fantaisie des hommes, ils ont trouvé beau de se faire raser la tête pour porter des perruques de cheveux de femme.

N°. 100.

Des Célestins.

Statue de Charles Maigné, capitaine des gardes-la-porte de Henri II, en costume militaire de son tems, dans l'attitude du sommeil.

Cette statue en pierre de liais, a été exécutée par Paul Ponce, en 1556. Le cavalier Bernin, lors de son voyage à Paris, admira cette statue précieuse pour le travail et le costume.

N°. 101.

De Saint-Magloire.

Un guerrier, dans l'attitude du sommeil, tenant dans sa main des pavots.

Ce bas-relief de bronze, était sur le tombeau d'André Blondel, intendant des finances, mort en 1558, à qui sa veuve fit ériger ce monument par Paul Ponce.

N°. 102.

De Saint-Denis.

Le tombeau des Valois, d'ordre composite, orné de douze colonnes, et de douze pilastres de marbre bleu turquin; ce monument exécuté sur les dessins de Philibert de Lorme, porte quatorze pieds de haut, sur dix de large et douze et demi de long. On voit dans les angles quatre figures en bronze, représentant les quatre vertus cardinales.

Les corps de Henri II, et de Catherine de Médicis, y sont représentés en marbre blanc, dans leur état de mort, couchés comme sur un lit. Leur auteur y a transmis avec infiniment d'art, un sentiment profond de sensibilité, qui attendrit le spectateur.

Les statues en bronze de Henri II et de Médicis, vêtus en habit de cérémonie, et à genoux devant des prie-dieu, qui sont placées au-dessus de l'entablement, sont du même sculpteur, ainsi que les quatre bas-reliefs, représentant la Foi, l'Espérance, la Charité (1) et les Bonnes-œuvres, qui sont placées dans le soubassement.

Ce fut Catherine de Médicis qui entreprit de bâtir ce magnifique monument, peu après la mort de Henri II, et qui en donna l'exécution à Germain Pilon, son sculpteur particulier. Cet artiste

---

(1) L'artiste l'a représentée nue, voulant exprimer que cette femme après avoir donné ses vêtemens pour couvrir des malheureux, il ne lui reste plus que son sein, elle l'offre et se laisse teter par deux enfans à la fois.

célebre, l'un des fondateurs de l'Ecole française, a été au-dessus de lui-même dans l'exécution de ces morceaux qui sont autant de chefs-d'œuvre ; il a su allier avec adresse la sévérité du style de Michel-Ange à la grace de Primatice qui, à cette époque, avait donné le ton dans les arts dépendans du dessin.

N°. 103.

Du même lieu.

Les statues couchées de Henri II et de Catherine de Médicis, en habits de cour, exécutées en marbre par Germain Pilon. On trouve de la vérité dans le portrait de Catherine, et des détails précieux dans son vêtement.

N°. 104.

Des Célestins.

Une colonne en marbre blanc, d'ordre composite, haute de 9 pieds 6 pouces, diamètre 12 pouces 6 lignes, érigée à la mémoire de François II, mort en 1561, dont elle a dû porter le cœur dans un vase de bronze.

Elle est chargée de flammes, par allusion à la devise : *Lumen rectis*, qu'avait prise ce prince.

Les génies qui l'accompagnent, sont attribués à Paul Ponce, mais je les crois de Germain Pilon.

On lit sur chacune des trois faces une des inscriptions qui suivent :

PREMIERE FACE.

Cor Regis in manu Dei.

Hoc oraculo dignum fuit cor Francisci II. Regis

Christianissimi ; in urnâ columnæ superpositâ conclusum tanto veræ fidei assertori, generosam Christi martyrem, Mariam Stuard conjugem habuisse quâdam fuit veræ immortalitatis assertio.

Seconde face.

Lumen rectis.

Tale fuit emblema hieroglyphicum Francisci II. piissimi Francorum Regis, cujus cor hìc situm est. Hìc, instar igneæ columnæ Israeli noctu prælucentis, rectitudinem, et pro avitâ religione flagrantem zelum, adversus perduelles hæreticos semper præ se tulit.

Troisieme face.

D. O. M.

Ei perenni memoriæ

Francisci II. Francorum Regis, Carolus nonus ejus in regno successor suadenti reginâ matre Catharinâ, hunc columnam erigi curavit, anno salutis 1562.

N°. 449.

De Saint-Martin, à Montmorency.

Monument érigé à Anne de Montmorency, connétable, par Henri II de Montmorency, son petit-fils, qui y faisait encore travailler lorsqu'il fut décapité à Toulouse, en 1632. Après sa mort, la terre de Montmorency passa à la maison de Condé, et le mausolée ne fut pas achevé.

Ce magnifique monument exécuté sous la direction et sur les dessins de Bullant, architecte célebre, est orné de dix colonnes de marbre (1), élevées sur un soubassement en forme de piédestal.

Les figures en marbre du connétable et de sa femme Magdeleine de Savoie, couchées comme sur un lit, sous un plafond demi circulaire, et exécutées par Barthélemi Prieur, sont d'une correction parfaite et d'une superbe exécution.

Leurs figures en bronze qui étaient placées au-dessus de l'entablement, devant un prie-dieu, ont été enlevées, en 1794, pour être fondues.

Anne de Montmorency, guerrier intrépide, sauva la France sous François Ier, en 1521 ; il défendit la ville de Mezieres contre l'armée de Charles-Quint, et obligea le comte de Nassau à lever honteusement le siege. Après avoir reçu huit blessures dangereuses à la bataille de St-Denis, en 1567, ce vieillard abandonné des siens dans cet état rassembla le peu de force qui lui restait, et l'épée à la main il tua un officier ennemi ; lorsque Stuart, gentilhomme écossais, lui tira un coup de pistolet dans les reins, il en mourut après avoir cassé deux dents à son assassin ; il avait alors 74 ans.

N°. 450.

Les statues couchées d'Anne de Montmorency et de Magdeleine de Savoie, sa femme ; par Prieur.

---

(1) Il y avait quatre colonnes de marbre vert antique, dans le nombre de celles qui décoraient le tombeau d'Anne de Montmorency ; elles ont été enlevées pour le Musée central des arts ; j'y ai suppléé par deux autres colonnes de marbre noir et deux de marbre de Languedoc.

Les chevaliers qui perdaient la vie dans les combats étaient représentés sur leurs tombeaux, armés de toutes pieces, le casque en tête, l'épée au côté avec les éperons à la chaussure, et des gantelets aux mains. Ceux qui après avoir reçu une blessure mortelle ne mouraient pas sur le champ de bataille, étaient représentés armés d'une cuirasse, la tête nue, le casque et les gantelets à côté d'eux.

N°. 105.
Des Célestins.

Une colonne torse, ornée de lauriers et de feuilles de vigne, haute de neuf pieds sur quinze pouces de diametre.

Elle est l'ouvrage de Barthélemi Prieur, artiste distingué, que le connétable, Anne de Montmorency, aimait et protégeait, et qui mit vingt ans à exécuter ce monument, pris dans un seul bloc de marbre, élevé à la gloire de son brave protecteur. La statue en bronze qui s'éleve sur le sommet du chapiteau représente la Justice. J'ai fait exécuter un piédestal pour soutenir cette belle colonne, avec les débris même du monument que j'ai pu recueillir; l'épée de connétable, et les autres détails précieux en marbre blanc, incrustés dans du Campan isabelle, ont été exécutés par Prieur. L'inscription du monument composée de petites lettres découpées, en marbre blanc, incrustées dans du marbre noir, forme le second socle. Voici ce qu'on y lit:

> Ci-dessous gist un cœur plein de vaillance,
> Un cœur d'honneur, un cœur qui tout savait,
> Cœur de vertus qui mille cœurs avait,
> Cœur de trois rois, et de toute la France.

Cy gist ce cœur qui fut notre assurance,
Cœur qui le cœur de justice vivait,
Cœur qui de force et de conseil servait,
Cœur que le ciel honora dès l'enfance,
Cœur non jamais, ni trop haut, ni remis.
Le cœur des siens, l'effroi des ennemis,
Cœur qui fut cœur du roi Henri son maître,
Roi qui voulut qu'un sépulchre commun
Les enfermât après leur mort, pour être,
Comme en vivant, deux mêmes cœurs en un.

N°. 451.

De la chapelle d'Ecouën.

Un autel en pierre de liais, exécuté pour Anne de Montmorency; par Bullant.

Ce morceau unique pour la précision et la correction, d'un style fin et délicat, présente des perfections rares dans ses détails; il est orné de quatre colonnes de marbre noir, de huit bas-reliefs, de chiffres et d'entrelas. Le bas-relief en marbre blanc du retable, représente le sacrifice d'Abraham; le déssin en est fin, gracieux et correct; ceux qui décorent l'autel représentent les quatre Evangélistes, la Foi, la Religion et la Force. Cette sculpture magnifique passe pour être de la main de Bullant, ami particulier de Jean Gougeon, dont il avait reçu des leçons de sculpture. On ne sera pas éloigné de ce sentiment, si l'on observe les rapports harmoniques qu'il y a dans la sculpture et l'architecture de ce chef-d'œuvre.

Les figures qui couronnaient le monument, ainsi que celles qui étaient dans les niches, ont été brisées par l'armée révolutionnaire ; j'y ai suppléé par deux vases que j'ai fait exécuter en marbre de griotte.

N°. 452.
Du même lieu.

Un grouppe de grandeur naturelle, représentant l'éducation de la Vierge, exécuté en albâtre de Lagni, par Bullant. On retrouve dans cette statue qui accompagnait l'autel ci-dessus décrit, la même finesse, la même grace et la même touche dans le travail.

N°. 106.
Des Célestins.

Une colonne de marbre blanc, d'ordre composite, haute de dix pieds six pouces, diametre de quatorze pouces, ornée de couronnes et de chiffres, élevée à Timoléon de Cossé, comte de Brissac, en 1572.

Son chapiteau, du goût de ceux que l'on voit à Rome, au temple d'Auguste, est d'un travail précieux, et orné de quatre aigles. (Voyez *Millin*, tome III.)

N°. 107.

Monument érigé à la mémoire de Jean Gougeon, architecte et sculpteur de l'Ecole française, né à Paris, en ...., et tué d'un coup d'arquebuse en travaillant au Louvre sur son échafaud, le 24 août 1572, jour de la Saint-Barthélemi. (Il était calviniste.)

C'est le sculpteur le plus habile qui ait paru en France, il avait obtenu le titre glorieux de

Phidias Français. Tout ce qui est sorti de son ciseau, est admirable. On remarque, entr'autres ouvrages, la fontaine des Innocens, composée de bas-reliefs représentans des Nymphes, le triomphe de Vénus, d'Amphitrite, etc. Au Louvre, dans la salle de l'Institut, quatre figures caryatides et colossales soutenant une espece de tribune. Dans l'intérieur du vieux Louvre, plusieurs figures de bas-relief dans le goût de celles qu'il a exécutées à la fontaine des Innocens, dont la premiere pierre fut posée en 1550. A l'hôtel de Carnavalet, rue Culture-Sainte-Catherine, des bas-reliefs représentant deux lions, des victoires et des renommées; et dans ce Musée un bas-relief du plus beau travail et du dessin le plus correct, représentant le Christ au tombeau. Les Grecs n'ont rien produit de plus parfait. Tout est réuni dans ce morceau que des mal-adroits avaient mis en couleur, et que j'ai fait restaurer.

Pour honorer la mémoire d'un artiste qui a si dignement illustré la France dans le seizieme siecle, j'ai cru devoir lui ériger un monument. Puisse-t-il durer aussi long-tems que son nom! C'est le vœu des amis des arts.

Pour la composition de ce monument, j'ai dû employer les ouvrages de Jean Gougeon même; ce que l'on voit dans les deux nymphes qui accompagnent son buste. Ces bas-reliefs sont des modeles de ceux qu'il a exécutés au Louvre; celui que l'on remarque plus bas, est de la fontaine des Innocens.

Le buste en marbre, de Jean Gougeon, que l'on voit dans un encadrement circulaire, modelé par Michallon, qui l'a exécuté d'après une médaille

fondue de ce tems, revêtue de cette légende.
A J. J. Gougeon, a été terminé après la mort de ce sculpteur enlevé aux arts, par une chûte qu'il fit en travaillant au théâtre de la République, le 20 fructidor an 7, par Francin fils, son beau-pere.

N°. 253.

On voit ici le tombeau de Jean Cousin, que j'ai composé avec deux figures en albâtre, exécutées de sa main.

Voici l'inscription :

A la mémoire de Jean Cousin, peintre et sculpteur, fondateur de l'Ecole française, mort en 1550.

N°. 454.

Le tombeau de Germain Pilon, composé dans le même systême, est orné de deux figures, la Sculpture et la Prudence; d'un bas-relief en bronze, représentant le Christ mort.

A la mémoire de Germain Pilon, sculpteur de l'Ecole française, mort en 1590.

N°. 455.

Du château d'Ecouën.

Deux tableaux en fayence, représentant des batailles, dessinées et exécutées par Bernard Palissy (1).

---

(1) Bernard Palissy, agenois, prenait le titre d'ouvrier de terre, et d'inventeur des rustiques figulines du roi et d'Anne de Montmorency, pair et connétable de France. Palissy annonce qu'il a dessiné, fait des recherches sur la peinture sur verre, et qu'il a pratiqué lui-même cet art; d'après cela, il paraît probable, d'après le titre qu'il prenait, qu'il a peint non-seulement les pavés du château d'Anne de Montmorency à Ecouën; mais encore les

Ces deux morceaux uniques et précieux servaient de pavement dans la chapelle du château d'Ecouën ; leur fabrique date de 1542. « Les esmaux de quoy je fais ma besongne, (dit Palissy) sont faits d'estaing, de plomb, de fer, d'acier, d'antimoine, de saphre de cuivre (1), d'arène, de salicort, de cendre gravelée, de litarge et de pierre de Périgord. »

Bernard Palissy, surnommé suivant Peyresc, Bernard des Tuileries, parce qu'il demeurait aux Tuileries, vis-à-vis de la Seine, est un de ces génies extraordinaires qui s'élèvent d'eux-mêmes au-dessus des autres. Né calviniste, il échappa à la Saint-Barthélemi ; on croit que Charles IX le sauva avec Ambroise Paré, son médecin. Lacroix Dumaine, son contemporain, assure qu'il florissait à Paris, en 1584, *philosophe naturel*, dit-il en parlant de cet homme célèbre, *homme d'un esprit merveilleusement prompt et aigu, fait des leçons de sa science et profession* ; il mourut, si l'on en croit d'Aubigné, l'an 1589, âgé de 90 ans.

Palissy, dont la profession était la poterie (2),

___

vitraux que l'on y voyait, et placés aujourd'hui dans la galerie du Musée des monumens français, représentant l'histoire de Psyché. Cela paraît plus que prouvé, puisqu'il dit lui-même qu'il s'est particuliérement attaché à copier les ouvrages de Raphaël.

(1) Préparation de cobalt.

(2) Bernard Palissy, natif d'Agen, et potier de terre de profession, établi à Saintes, a écrit un traité sur la nature des eaux et fontaines, des métaux, des sels, des pierres, etc. ; il ne savait ni grec, ni latin, et cependant il a parlé de toutes ces choses avec esprit. Il vivait encore en 1584, et était pour lors âgé de quatre-vingts ans. (*Voyez Moreri.*)

étudia dans sa jeunesse la géométrie-pratique. Cette science le mena naturellement à l'art du dessin, et après avoir pris pour modele Albert Durer, Léonard de Vinci, Raphaël, le Primatice, etc., il produisit des dessins singuliérement estimés ; il s'adonna à la chimie, à l'hydraulique, et publia plusieurs ouvrages, sur la nature des eaux, des fontaines, des métaux, des sels, des pierres, etc. Les citoyens Faujas de Saint-Fond et Gobet nous ont donné une nouvelle édition de ses œuvres *in*-4°., imprimées en 1777.

N°. 108.

De la Culture-Sainte-Catherine.

Monument érigé à René Birague, chancelier en 1573, et depuis cardinal, mort en 1583.

On voit la statue à genoux, de Birague, fondue en bronze. Balbiani sa femme, vétue à la maniere du tems, couchée sur un lit, et dans l'attitude de la lecture ; au-dessus d'elle est un bas-relief où cette femme est représentée en état de mort. Ce bas-relief est un chef-d'œuvre d'anatomie. Deux génies, éteignant leurs flambeaux, terminent la composition de ce monument exécuté en marbre et en bronze par Germain Pilon. Le tout est posé sur un cénotaphe de brêche verte, antique, provenant de Saint-Sulpice. Le monument tel qu'on le voit aujourd'hui a été récomposé sur mes dessins, et avait prodigieusement souffert des mutilations.

Ce Birague italien, avec les Guise, les Gondi et Catherine de Médicis, formerent et dirigerent le complot de la Saint-Barthélemi.

N°. 109.
De l'Ave-Maria.

Statue en marbre et à genoux, de Jeanne de Vivonne, fille d'André de Vivonne, seigneur de la Chastaigneraye, gouverneur de François, dauphin, fils de François Ier, mort en 1583, et mere de Claude-Catherine de Clermont-Tonnerre, femme illustre.

N°. 110.
Des Cordeliers.

Statue en marbre blanc et à genoux, de Catherine Nogaret de la Valette, femme de Henri de Joyeuse (1), morte en 1587.

Cette sculpture d'un travail très-grossier, n'a point d'auteur connu.

Voici l'épitaphe de cette Nogaret:

Illustri heroinæ Catharinæ
Nogaretæ Valletæ
Henrici a Joiisa,
Qui tum Buchiacii comes, post dux Joiisa, (Bouchage)
Vestiarii Regii magister,
Audibusq^e, Cænomanis, Perchensibus, Turonibus
Præfectus erat.
Conjugi suavissimæ, sanctissimæ, incomparabili
Cujus heu! nimis.

---

(1) Connu sous le nom de *frere Ange*, qu'il prit en se faisant capucin, après la mort de sa femme. Il mourut en 1608, âgé de 41 ans.

Acerbo fato præreptæ, an. et. XXII. prid.
C. id. aug. an. M. IO. LXXXVII.
Vir desolatissimus desiderium ferens insolabiliter dam-
nato seculo, totum se Deo in capucinorum instituto man-
cipavit.
Henrica Catharina Guisæ ducissa
Concordis conjugii unicum pignus.
Monumentum hoc fieri statuamq^e marmoream poni curavit.
Vale mater dulcissima et quiesce.

N°. III.

Des Célestins.

Les trois Graces, prises dans un seul bloc de marbre, chef-d'œuvre de Germain Pilon, hauteur quatre pieds trois pouces, porté sur un piédestal, en forme de trépied antique, de trois pieds six pouces de haut, aussi en marbre blanc, orné de feuillages, palmetes, figures et cartouches.

Vénus-Uranie avait sans doute communiqué à Pilon ce sentiment fin et délicat qu'il fallait pour peindre les graces décentes. On remarque aisément combien cet artiste sensible, autant que spirituel dans sa touche, s'est pénétré de son sujet ; elles se touchent, sans se toucher ; elles foulent la terre, sans la fouler, leur respect est mutuel, et leurs mains innocentes se communiquent avec une douce émotion.

L'origine des Graces a varié chez les anciens, suivant l'imagination des poëtes qui les ont chantées ; cependant plusieurs auteurs s'accordent à les faire descendre de Jupiter et d'Eurynome, fille de l'Océan. Les Grecs les appelaient κάριτες *charites*, distinguées par *Æglæa, Thalia, Euphrosine*. Selon Pausanias, les Lacédémoniens n'en reconnaissaient que deux, Cleta et Phaenna; elles étaient les compagnes assidues de Vénus, et ils les représentaient nues. « Chez les Eliens leur habit était doré, le visage, les mains et les pieds de marbre blanc; l'une tenait une rose, l'autre un dez, et la derniere un rameau de myrthe. » La multitude des monumens anciens qui nous les montrent nues, suffit pour attester que cette opinion était plus généralement adoptée; les vraies Graces, disaient-ils, existent dans elles-mêmes, et sans emprunter aucun éclat extérieur.

On voit à Rossane, un marbre représentant les Graces; elles sont vêtues, adossées contre une colonne, et se tenant par la main.

Ce grouppe a été fait pour supporter une urne contenant les cœurs de Henri II et de Catherine de Médicis.

Pilon a représenté Médicis dans l'une des Graces. *On fit frapper à cette époque une médaille représentant les Graces, accompagnées de Catherine de Médicis.*

Watelet, dans son ouvrage sur la peinture, prétend que ce grouppe représente les trois vertus théologales. Je rapporte les trois distiques latins gravés sur le piédestal pour prouver que ce sont les trois Graces.

PREMIERE FACE.

Cor junctum amborum longum testatur amorem
Ante homines junctus, spiritus ante Deum.

SECONDE FACE.

Cor quondam charitum sedem, cor summa secutum
Tres charites summo vertice jure ferunt.

MONUMENS

TROISIEME FACE.

Hìc cor deposuit Regis Catharina mariti
Id cupiens proprio condere posse sinu.

N°. 112.

De Saint-Denis.

Une colonne de marbre Campan isabelle, ornée d'un chapiteau allégorique en albâtre. (*Auteur inconnu.*)

Ce monument a été érigé à Charles de Bourbon, cardinal, proclamé roi, (Charles X) en 1589, par le duc de Mayenne, commandant pour la Ligue, et mort en 1590, à Fontenay-le-Comte en Poitou, où il était gardé avec soin par les royalistes; le 3 juin suivant se fit la fameuse procession de la Ligue. Sa statue qui était placée au-dessus de la colonne, a été détruite par les ennemis des arts. J'ai substitué à la place un vase en bronze, qui date du même tems, et dans le piédestal on voit un bas-relief en pierre de liais, représentant le Christ au tombeau; ce morceau de la plus grande beauté, pour la vérité des expressions et la correction du dessin, est de Gougeon. Les bas-reliefs des côtés sont en albâtre et de l'auteur du chapiteau. La Paix et l'Abondance, fondues en bronze par Prieur, accompagnent cette colonne.

Il y a eu des médailles frappées au nom de ce cardinal. Les coings de ces médailles se sont trouvés chez les Jésuites.

N°. 456.

N°. 456.
De Saint-Cloud.

Une colonne torse, en marbre Campan isabelle, d'ordre composite, ornée de feuilles de lierre, de palmes et de chiffres enlassés, représentant dans leur milieu une H, haute de neuf pieds, exécutée par Barthélemi Prieur, dans un seul bloc; et érigée à Henri III, par Charles Benoise, son secrétaire particulier, qui l'avait fait élever dans l'église paroissiale de Saint-Cloud, où l'on avait déposé le cœur de ce prince en mémoire de son assassinat, par Jacques Clément, le 2 août 1589. Le vase qui contenait ce cœur a été détruit entièrement, je l'ai remplacé par un génie en marbre blanc, qui brûle un poignard avec son flambeau qu'il tient renversé; cette figure ajustée pour ce monument est aussi de la main de Prieur.

J'ai détaché de mon cabinet quatre tableaux camayeux peints en émail, de la fabrique de Poitiers, et représentant des sujets de la vie de Saint-Jean; pour les placer dans le piédestal que j'ai fait établir d'après mes dessins; sur la face principale, on voit deux génies en albâtre sculptés par Pilon, soutenant un cartel sur lequel est gravée l'inscription suivante :

Adsta viator, et dole regum vicem.
Cor regis isto conditum est sub marmore,
Qui jura Gallis, Sarmatis jura dedit,
Tectus cucullo hunc subtulit sicarius.
Abi viator, et dole regum vicem.

Ce monument d'un travail soigné, et dont

l'exécution présente de grandes difficultés vaincues, avait été vendu avec le domaine qui le renfermait; j'ai cru devoir l'acquérir (1), non-seulement comme objet précieux sous le rapport de l'art, mais principalement comme monument indispensablement nécessaire à la collection que j'ai formée.

N°. 113.

Statue en pied, d'Henri IV, assassiné en 1610, en habit de guerre, exécutée en marbre par Francavilla, ou plutôt Francheville.

Cette statue est une des plus vraies, pour la ressemblance, qui ait été faite d'après ce prince; remarque que j'ai été à portée de faire sur lui-même; car lors de l'exhumation des corps des rois, qui se fit à Saint-Denis en 1793, il fut trouvé dans un tel état de conservation, qu'il offrait encore des formes soutenues et sans aucune altération. J'ai placé dans le piédestal de cette statue, un bas-relief d'un travail extrêmement précieux, représentant la bataille d'Ivry, donnée en 1590, par Henri qui y est représenté à cheval chargeant les ennemis; ce bas-relief d'une exécution savante est dû au ciseau de Francheville.

---

(1) Je soussigné reconnais avoir reçu du cit. Alexandre Lenoir, administrateur du Musée des monumens français, la somme de 440 francs, pour l'acquisition d'une colonne torse en marbre, qui avait été érigée à Henri III, dans l'église de Saint-Cloud, et d'un bas-relief en albâtre par Pilon. Fait à Surêne, ce 23 pluviôse an 7.

Signé JULLIEN, architecte.

N°. 114.

De Notre-Dame.

Statue en marbre blanc et à genoux, d'Albert de Gondi, maréchal de France en 1574, mort en 1602.

Cette famille, originaire de Florence, joua un grand rôle en France, sous les regnes de Henri II, de Catherine de Médicis, Charles IX, Henri III, et même sous Henri IV.

L'histoire rapporte qu'Albert de Gondi apprit à jurer et à blasphémer à Charles IX, qu'il fut un des conseillers de la Saint-Barthélemi, et qu'il alla s'en excuser auprès d'Elisabeth, reine d'Angleterre.

La composition de ce monument est la même que celle de Pierre de Gondi. Sur le cénotaphe on lit l'inscription suivante :

*Æterna memoriæ
Illustrissimi et generosissimi
Alberti de Gondi,
Ducis Retzii, marchionis Bellinsulæ,
Paris Franciæ, equitum magistri,
Reg. trirem. præfecti,
Duorum regum christianissimorum
Caroli IX et Henrici III
Cubicularii,
Utriusque militiæ regio terque
Donati
Quinque regibus nostris
Quibus trium maximarum provinciarum
Prores octiesque exercituum*

Regiorum cum imperio ductor, quinque
Præliis permultisque obsidionibus
Egregiam operam navavit;
Ob industriam et fidem pergrati
Gravissimis et difficillimis
Legationibus, omnibusque belli ac
Pacis muneribus summâ cum
Integritatis laude perfuncti.
Frater, uxor, filii, nepotes
Posuere 1602.

N°. 115.

De l'Ave-Maria.

Statue en marbre blanc, de Claude Catherine de Clermont-Tonnerre, épouse du duc de Retz, morte en 1603; protectrice des sciences et belles-lettres, qu'elle possédait éminemment, elle remporta sur le chancelier Birague le prix d'un discours qu'elle fit et prononça en latin.

Elle a été sculptée par Prieur, qui l'a représentée à genoux devant un prie-dieu.

Cette statue est supportée par quatre colonnes de verd de mer, provenant d'un tombeau qui avait été érigé à la famille Boucherat dans le temple dit Saint-Landry et qui a été détruit. Le bas-relief en albâtre que l'on voit au bas, est de Pilon et représente Jésus au jardin des Olives; le socle qui porte un lion chimérique est orné aussi d'un bas-relief très-délicatement sculpté en albâtre, et de quatre médaillons bronzés, représentant Cosme de Médicis, grand duc de Toscane, mort en 1574, Ferdinand II, successeur de Cosme, mort en 1668, et de Léon-Baptiste Alberti, architecte et chanoine de Florence, mort en 1550; il fut considéré comme un des restaurateurs de l'architecture, dont il possédait également la pratique et la théorie. On ignore l'année de sa naissance. L'autre représente une allégorie. J'ai été obligé de changer la forme de ce monument, qui tenait tellement à la construction du local où il avait été placé, que la statue se trouvait posée dessus une porte.

Voici l'inscription qui est gravée sur le cénotaphe :

C L A U D I A C A T H A R I N A
C L A R O M O N T I A

Retiorum dux, heroina cùm quàvis prisci ævi comparanda, pietate, pudicitiâ, ingenii elegantiâ, in litteratos eximio favore, in tenuiores benignitate ac munificentiâ, erga omnes comitate insignis; vetustissima gentis splendori etiam aliquid addi posse judicavit, si animum liberaliori doctrinâ suprâ sexum excoleret eoque nomine regibus ac principibus quorum plures arctâ necessitudine contingebat acceptissima fuit, ut qui eam sæpius de rebus gravissimis ac omnibus disciplinis admirabili facundiâ disserentem, libentissime audirent; iis præstantis ingenii dotibus enituit præsertim cùm Polonorum legati Carolum IX. Henricum novum Poloniæ regem, Catharinam reginam parentem latino sermone alloquerentur. Ipsi enim principes usi sunt interprete Claromantia legatis appositè respondente. Joanni Annebaldo Claudii illius famosi maris præfecti filio primùm nupsit; quo pro patriâ et rege in prælio Druidensi fortiter dimicante occiso, cum Alberto Gondio Retiorum duce, Franciæ

Pari, equitum tribunorum principe, triremiumque Gallicarum generali ob prudentiam et animi magnitudinem de Gallia bene merito; 36 annos unanimi connubio vixit. Obiit Lutetiæ Paris. mense feb. anno S. 1603. ætatis 60.

Henricus Gondius Retiorum dux, ex Carolo Bellainsulæ Marchione filio nepos aviæ pientissimæ; Henricus Parisiensis episcopus. Philippus Emmanuel Juniaci Comes, triremium Gallicarum præfectus generalis. Joannes divi Albi Abbas, filii matri suavissimæ mœrentes posuerunt.

« Ce fut cette femme qui répondit en latin, pour Catherine de Médicis, aux ambassadeurs de Pologne, qui apportaient à son fils le décret d'élection à cette couronne; quoiqu'elle n'eût eu qu'un jour pour se préparer à répondre à ces ambassadeurs, son discours remporta le prix d'une commune voix sur ceux du chancelier Birague et du comte de Chiverni, qui avaient aussi répondu, le premier pour le roi Charles IX, et l'autre pour le duc d'Anjou. »

N°. 116.

La statue en pied, d'Henri IV, exécutée en marbre par Barthélemi Prieur.

Cette statue placée originairement dans la galerie de Saint-Cloud, avait été donnée à cette maison par Louis XV; depuis elle avait été transportée au jardin de Mousseaux, où la main droite qui avait été brisée a été restaurée par Fernex, sculpteur qui s'est distingué dans l'art de faire un buste.

L'auteur d'un ouvrage sur les *Curiosités de Paris*, regarde ce morceau, fait en 1598, comme un ouvrage médiocre, et s'exprime ainsi : » Ce monument de l'enfance de la sculpture française, (il avait oublié qu'à cette époque nous avions eu en sculpteurs habiles, Juste, Jean Cousin, Jean Gougeon et Germain Pilon) serait peu fait pour nous frapper et nous séduire, si on le considérait en lui-même. » Cependant les yeux les moins exercés reconnaissent le ciseau de Prieur.

N°. 457.
De Charenton.

Les statues à genoux, et en marbre blanc de Bailly du Séjour et de son épouse. Ces figures portent un grand caractere de vérité, tant dans l'exécution des chairs que dans les étoffes ; l'auteur en est inconnu.

N°. 117.
De Notre-Dame.

Statue en marbre et à genoux, de Pierre de Gondi, évêque de Paris et cardinal, mort en 1616. âgé de 84 ans.

Cette statue médiocre, est placée sur un entablement posé sur quatre colonnes de marbre noir, au milieu desquelles on voit un grand cénotaphe de pareil marbre, revêtu de l'inscription suivante :

Petrus S. R. E.
Presbiter cardinalis
De Gondi,
Vir notæ in deum pietatis,
In ecclesiam observantiâ, in regem fide
In subditos curâ

In patriam charitate, in suos amore,
Domi dignitate, publicè præsertim
In pauperes vinctos religiosasque
Familias liberalitate,
Autoritatis, juris, disciplinæ
Ecclesiasticæ tenax, sacrarum ædium
Collapsarum restaurator,
Novarum ædificator
Frequens ad pontifices maximos
Legatus,
Regibus Carolo IX et Henrico III.
Imprimis charus ;
Henrici magni cum pontifice maximo
Et Ecclesia conciliator
Ludovici XIII.
In christo progenitor
Mortalitatis memor hoc sibi funeri suo
Annis quatuordecim superstes
Monumentum poni curavit.
Excessit anno domini 1616, ætatis 84.
13 calend. martii.

Nº. 118.

Des Minimes.

La statue en marbre blanc, de Diane de France, duchesse d'Angoulême, fille naturelle de Henri II, représentée à genoux par Boudin, morte en 1619.

Nº. 119.

La statue en marbre de Diane, dans la proportion de deux pieds.

Cette sculpture, qui offre des parties de restauration, date du commencement de la renaissance des arts en France, et paraît être du même artiste, auteur d'un bas-relief en pierre de Tonnerre, représentant le Christ au tombeau, dont on trouve la description *sous le n°. 33.* Les dorures que l'on voit aux draperies de ce morceau, sont des restes du mauvais goût gothique que les artistes de ce tems commençaient à laisser derriere eux.

N°. 120.

De Saint-Denis.

Une statue en marbre blanc, représentant le Génie de l'Etude.

Cette statue porte un caractere simple et fin; son expression est vraie. On croit qu'elle peut être attribuée à Léonard de Vinci : elle était placée dans le trésor de l'abbaye de Saint-Denis. Des malveillans en ont mutilé les pieds et les mains.

Léonard, né en 1445, au château de Vinci, près Florence, pratiquait avec un égal succès la peinture, la sculpture, l'architecture, l'hydraulique et les lettres. François Ier l'attira en France pour y perfectionner les arts. Il y mourut en 1520.

Perin Vinci, son neveu, qu'il avait formé avec soin, s'est distingué particuliérement dans la sculpture.

N°. 121.

Une statue en marbre blanc, représentant David vainqueur de Goliath, exécutée par Pierre Francavilla, en 1580.

On remarque dans les productions de cet artiste une grande maniere de faire, et un goût qu'il avait puisé à Florence. Le piédestal qui porte cette statue, a été formé des débris de la chaire des Grands-Augustins; composée de six petites caryatides, et d'un bas-relief représentant la Samaritaine, et Saint-Jean prêchant dans le désert, le tout de Germain Pilon.

N°. 122.

De Saint-Gervais.

Ecce-Homo, terre cuite, de grandeur naturelle, exécuté avec beaucoup de finesse et d'expression par Pilon.

N°. 123.

De Sainte-Genevieve.

Deux groupes en terre cuite, représentant, l'un le Christ au tombeau, et l'autre la Résurrection.

Ces deux monumens ne peuvent être considérés que comme des esquisses. Pilon, leur auteur, fut quelquefois imitateur du style de Primatice. Ce genre chiffoné dans les draperies, qu'on lui a reproché avec raison, convenait moins à la sculpture qu'à la peinture.

N°. 124.

Un grouppe en marbre blanc, composé de trois figures, représentant la Résurrection du Christ.

Pilon dans cette exécution était inspiré du style de Michel-Ange.

Ce morceau précieux, quoiqu'imparfait, n'avait

jamais été placé. Je l'ai composé tel qu'on le voit dans ce Musée, en cherchant à me rapprocher des idées de son auteur.

N°. 458.

Les statues en marbre blanc et couchées de Henri II et de Catherine de Médicis représentés en état de mort. Germain Pilon auteur de ces figures y a transmis avec beaucoup d'art un sentiment profond de sensibilité.

N°. 125.

Une statue couchée, en marbre blanc, représentant une étude anatomique.

Ce morceau, resté à son ébauche, offre de grandes vérités dans ses détails, et une connaissance exacte de l'anatomie.

Pilon, son auteur, a réuni dans ce modele toutes les vérités de la nature, qu'il a su présenter avec beaucoup de grace dans l'effigie de Henri II, pour l'exécution de laquelle il l'avait fait.

N°. 459.

Plusieurs archétypes d'après Pilon, représentant une femme en état de mort, des enfans, figures académiques, et le Christ au tombeau.

N°. 128.

Des Grands-Augustins.

Terre cuite de grandeur naturelle, représentant Saint-François en habit de capucin, à genoux sur un rocher, les bras étendus vers un crucifix, exécutée en 1588, par Germain Pilon.

,Cette figure d'une expression vraie, et sentie avec force, excite l'admiration des connaisseurs. Raoul Boutrays, en son livre intitulé *Lutetia*, en a donné une description curieuse.

N°. 130.
De Saint-André-des-Arts.

Deux figures académiques, exécutées en bronze par Barthélemi Prieur, placée sur le fronton de la porte de cette salle. Les colonnes qui portent ce fronton sont en brêche dorée.

N°. 133.
De Sainte-Genevieve.

Le Christ portant sa croix, et le Christ au tombeau, bas-reliefs en pierre de Tonnerre.

On en ignore l'auteur. Il paraîtrait avoir indiqué à Jean Gougeon son style et sa maniere de faire, que ce dernier a porté au plus haut point de perfection.

N°. 460.

Deux bas-reliefs, représentant un combat, et l'entrée triomphale de Louis XII dans Milan, par Paul Ponce.

N°. 135.
De Saint-Victor.

Une cuve en pierre de liais, ornée d'arabesques, exécutée en 1542.

N°. 136.
De Saint-Eustache.

Un vase en bronze, orné d'arabesques, exécuté

par Benvenuto Cellini, artiste venu en France, sous François Ier, pour qui il travailla d'orfevrerie.

N°. 137.

Modele en plâtre, de plusieurs bas-reliefs de la fontaine des Innocens, par Jean Gougeon.

Inscription proposée en 1781, pour la fontaine des Innocens, lorsque le cimetiere fut converti en marché.

> *Quæ loca flebilibus squallebant fœda sepulchris,*
> *Suppeditant lautas civibus ecce dapes:*
> *Hinc pete quod rapida tibi det producere vita*
> *Tempora : supremam sed meditare diem.*
>
> J. P<small>H</small>. J<small>ANNET</small>.

Nota. Tous les objets qui se trouvaient décrits dans les précédentes éditions, sous les numéros supprimés dans celle-ci, ont changé de destination.

N°. 461.

Du château de Sceaux.

Une statue en marbre blanc, représentant Pomone, par Barthélemi Prieur.

N°. 142.

De Saint-Germain-l'Auxerrois.

Deux bas-reliefs en marbre blanc, l'un représentant la Justice et l'autre la Paix, par Barthélemi Prieur, éleve de Pilon.

N°. 144.

De Saint-Eustache.

Le Christ au tombeau, bas-relief en pierre de liais, attribué à Daniel Ricciarelli, connu sous le nom de Daniel de Volterre. Ce morceau est un chef-d'œuvre de l'art.

N°. 145.

Le buste en bronze, de François Ier.

L'auteur de ce buste est inconnu; on pourrait l'attribuer à Jean Cousin.

Autre buste, de même matiere, représentant François Ier, en habit de guerre, par le même artiste.

N°. 146.

De Saint-Germain-des-Prés.

Monument érigé à Charles-Quint, mort en 1558, où l'on voit son médaillon en bronze, orné de mascarons et autres ornemens, par Jean Cousin. Dans les bas-reliefs que j'ai placés dans le soubassement de ce monument, exécuté sur mes dessins, on voit François Ier à cheval.

N°. 147.

Du dépôt de Nesle.

Le médaillon en bronze, de Henri II.

On croit qu'il a appartenu à Diane de Poitiers. L'artiste en est inconnu.

N°. 148.

Des Cordeliers.

Guillaume Frœlich, grand capitaine, né à Soleure, en 1522, mort à Paris, en 1562.

L'auteur de ce buste est inconnu.

Frœlich se couvrit de gloire, en 1544, à la bataille gagnée par les Français sur les Espagnols près Cérisoles, village du Piémont.

N°. 149.

Des Grands-Augustins.

Le buste en marbre, de Jean-Baptiste de Gondi, frere du cardinal, mort en 1580, âgé de 80 ans, par Prieur.

N°. 462.

Le buste de Michel Montaigne, mort en 1592, par Leitier fils.

N°. 463.

Le buste du même personnage, par le citoyen Deseine, artiste, dont les talens méritent d'être distingués.

N°. 150.

De Saint-André-des-Arts.

Le buste en marbre, de Christophe de Thou, seigneur de Bonneuil, etc., premier président au parlement de Paris, mort en 1584.

Il servit avec courage Henri II, Charles IX et Henri III, qui le pleura amerement; et lui fit des obseques solennelles.

Ce buste, dont l'exécution est exacte et belle, est de Barthélemi Prieur.

N°. 152.

De Saint-Germain-l'Auxerrois.

Deux bustes en marbre blanc, représentant, l'un François de Montholon, garde-des-sceaux, mort en 1590; et l'autre, Jacques de Montholon, fils du président, homme de loi, mort en 1622.

Ce dernier a publié un ouvrage sur les plaidoyers.

N°. 153.

Des Cordeliers.

Le buste en marbre, de Thomas d'Elbene Briçonnet, secrétaire du roi, mort en 1593.

N°. 154.

Des Grands-Augustins.

Les bustes en marbre blanc, de Nicolas Brûlart et de sa femme.

Nicolas Brûlart fut célebre en 1589 et 1598.

N°. 155.

Des Minimes de Passy.

Le buste en bronze, d'Olivier Lefebvre, seigneur d'Ormesson, par Paul Ponce.

N°. 464.

Le buste en marbre de Dominique Sarrede de Vic d'Ermenonville, sergent de bataille, successivement gouverneur de Calais et ensuite d'Amiens,

lors

lors de sa reprise par Henri IV, en 1571 ; Sarrede s'est distingué à la bataille d'Ivry, où il eut la jambe emportée d'un boulet. Son amour pour Henri IV était si grand, que passant par la rue de la Feronnerie, deux jours après la perte de ce prince, il y fut saisi d'une telle douleur, qu'il en tomba presque mort sur la place même, et en expira le lendemain.

On lui érigea un tombeau à Ermenonville avec ses armes dont on fit un trophée, on lit au bas l'inscription suivante :

En ce bocage où ton laurier repose
Sur le joli myrte d'amour,
Ton fidele sujet dépose
Ses armes à toi pour toujours.
O mon cher, mon bien aimé maître !
J'ai déjà, sous ton étendard,
Perdu de mes membres le quart ;
Te voue ici mon restant être.
Que si d'un pied marche trop lent pour toi,
Point ne défaudrai meilleure aide ;
Car pour combattre pour son roi,
L'amour fera voler *Sarrede*.

N°. 465.
Du château d'Ecouën.

Deux bustes, bas-reliefs en marbre blanc, représentant Platon et Aristote, par Bullant.

N°. 156.
De Saint-Méry.

Une mosaïque, représentant la Vierge, le Christ

Q

enfant, et deux Anges adorateurs, exécutée à Florence, en 1500.

Ce tableau curieux, a été apporté à Paris, par un français, nommé David.

N°. 157.

De l'Ave-Maria.

Un recueil de petits tableaux en émail, composé de 34 petits sujets, dont 15 sont tirés de la Passion du Christ, et les autres sont des portraits de rois, évêques, poëtes et hommes célèbres de ce tems.

L'auteur de ces tableaux qui datent du commencement de ce genre de travail en France, est inconnu.

N°. 466.

Du château d'Anet.

La statue en marbre et à genoux de Diane de Poitiers, femme célèbre par ses amours, et par son talent à manier les affaires du gouvernement, morte en 1566, posée sur un sarcophage de marbre noir, revêtu de l'inscription ci-jointe, et porté par quatre têtes de sphynx, le tout posé sur un piédestal supporté par quatre figures de femme.

Ce tombeau dont j'ai acheté les débris à Anet (1) était dans un état d'abandon, tel que les animaux les plus vils paissaient dedans ; il vient d'être res-

---

(1) Je soussigné Antoine Salliard, propriétaire à Rouvres près Anet, reconnais avoir reçu du cit. Alexandre Lenoir, administrateur du Musée des monumens français, la somme de deux cents cinquante francs, pour le sarcophage en marbre noir et socles provenant du tombeau

tauré sur mes dessins (2); n'ayant pu me procurer le prie-dieu qui était placé devant Diane, j'ai posé près d'elle un chien, symbole de la fidélité conservant le flambeau de l'Amour, et plus loin on voit l'Amour assis sur des volumes, écrivant l'histoire de cette femme illustre. J'ai élevé ce monument sur un piédestal que j'ai fait supporter par quatre nymphes; Pilon, leur auteur, a mis de la grace et du goût dans l'invention et l'exécution de

---

de Diane de Poitiers. Fait à Rouvres, le 10 fructidor, an 6 de la République.

Signé SALLIARD.

Je soussigné reconnais avoir reçu du cit. Alexandre Lenoir, etc., la somme de quatre-vingt-seize francs, pour l'acquisition de deux enfans sculptés en marbre provenant du tombeau de Diane de Poitiers. Fait à Anet, le 13 fructidor, an 6 de la République.

Signé VESLY, propriétaire à Anet.

Je soussigné Estienne-Jérôme Lacroix, domicilié à Anet, reconnais avoir reçu du cit. Alexandre Lenoir, etc., la somme de cent cinquante-cinq francs, pour le dessus en marbre noir du tombeau de Diane de Poitiers, le cartel du même monument et quatre consoles, etc. Fait à Anet, le 13 fructidor, an 6 de la République.

Signé LACROIX.

(2) Je soussigné Beauvallet, sculpteur statuaire, reconnais avoir reçu du cit. Alexandre Lenoir, etc., la somme de cinq cents vingt-huit francs, prix convenu pour la restauration complette du tombeau de Diane de Poitiers, et déclare avoir fait ces travaux pour ce prix par égard pour sa personne, et par reconnaissance pour des services qu'il a rendus aux arts. Fait à Paris, ce 25 germinal, an 7 de la République.

Signé BEAUVALLET.

ces figures, qu'il avait sculptées en bois pour supporter la châsse de Sainte-Genevieve. Les émaux que j'ai introduits dans ce piédestal conviennent parfaitement, puisque d'un côté on y voit François Ier, et de l'autre Henri II à genoux devant Diane, entourée des las et des chiffres amoureux dont il faisait orner tous les monumens érigés par ses ordres. (*Voyez* le n°. 158.) Sur le devant on voit encore François Ier représenté en Saint-Paul, et sur l'autre face l'amiral Chabot. (*Voyez* le n°. 159.) Les émaux placés dans le socle représentent des sujets de dévotion, exécutés à Poitiers, d'après des cartons de Raphaël.

Epitaphe sur le sarcophage de Diane de Poitiers.

Hic tecum meditans paulisper, siste viator;
Prole, opibusque potens, gelido tamen ecce Diana,
Marmore proteritur, vermibus esca jacens.
Terra cadaver habet, sed mens, tellure relicta,
Morte novans vitam, regna beata petit.
Vixit an. LXVI, mens. III. dies XVII.
Obiit an. a Christo nato M. D. LXVI.
VI. calend. maii.

Æternæ memoriæ
Dianæ Pictoniensis, ducissæ Valentinæ,
Lodoici Bresæi,
Apud Normanos senescalli,
Uxoris.
Pietate ac religionis integritate laudabilis,
Hujusque sacræ ædis conditricis.

Charissima matris pietissima filia
Lodoica, principis illustrissimi
Claudii Lotharani, ducis Aumallæi,
Franscisca Roberti Markiani
Strenuissimi ducis Buillonensis
Conjuges,
Mæstissimæ posuerunt.

———————————

Rapport historique sur le château d'Anet, présenté au ministre de l'Intérieur par Alexandre Lenoir, *conservateur et administrateur du Musée des monumens français, sur l'emploi d'un portique de ce château, qu'il propose de restaurer et d'appliquer à la porte d'entrée de la salle d'introduction dudit Musée, donnant dans la premiere cour. Vendemiaire an 8.*

L'origine du château d'Anet, situé au bord de l'Eure, est fort ancienne; une charte, datée de 1169, nous apprend que Simon d'*Anet*, alors *seigneur de ce bourg,* donna la paroisse de Rouvres, située à cinq kilometres en-deçà, à l'abbaye du Bec-Helvin qu'il avait particuliérement affectionnée : et près du château qui existe maintenant, on voit encore des vestiges de l'ancienne demeure de Simon d'Anet.

En 1209, cette possession passa dans d'autres mains; et ce ne fut qu'en 1318 que Louis, comte d'Evreux, fils de Philippe III, et frere de Philippe-le-Bel, obtint ce monument d'Antoine de Trénete.

Vers 1340, Charles-le-Mauvais, comte d'Evreux

et roi de Navarre, possesseur d'Anet, s'y retira et fit construire un château fortifié de tours : une partie de ce bâtiment se voit encore aujourd'hui telle qu'il l'avait fait élever. Charles V, qui le soupçonna de l'avoir fait empoisonner, fit démolir les fortifications qui l'entouraient.

Charles VII, reconnaissant des services que lui avait rendus Pierre de Brézé, en chassant les Anglais de la Normandie en 1444, lui donna le château d'Anet et autres lieux, avec des redevances. Pierre de Brézé fut tué à la bataille de Montlhéry, en 1465 ; et Jacques, son fils, qui avait épousé Charlotte de France, fille naturelle de Charles VII et d'Agnès Sorel, souilla cette maison par le meurtre de sa femme, qu'il tua la nuit dans un accès de jalousie.

Enfin Louis de Brézé, son fils, après avoir perdu Catherine de Dreux, fille de Jean de Dreux, sa premiere femme, épousa, le 29 mars 1514, la célebre Diane de Poitiers, fille de Jean de Poitiers, seigneur de Saint-Vallier. L'histoire rapporte que ce dernier ayant conspiré avec le connétable de Bourbon contre François Ier, fut pris à Lyon, et condamné à perdre la tête. Ce jugement lui fit une impression telle que ses cheveux noirs devinrent blancs en moins de douze heures. L'amour filial porta Diane aux pieds de François Ier, pour implorer la grace de son pere. Ce prince généreux, séduit par la noblesse et la beauté de cette jeune femme, ne put résister à ses sollicitations. Des écrivains ont osé dire que ce souverain exigea, pour prix de son bienfait, que Diane lui fît le sacrifice de sa virginité ; elle pouvait avoir alors 25 ans : mais rien n'est moins prouvé que ce fait ; et j'aime à croire qu'un noble chevalier, l'ami des sciences et des arts, n'a point souillé sa vie par ce trait odieux. *La plus grande partie de la magnanimité est de pardonner, et la plus grande marque de pusillanimité et de vilité de cœur est la vengeance*, disait souvent François Ier.

Diane, après la mort de Louis de Brézé, son époux, se retira dans sa maison d'Anet. Cependant sa réputation augmentait ; le caractere fier de cette femme aimable, la sagacité de son esprit, et surtout l'art qu'elle possédait pour manier les grandes affaires, séduisirent Henri II qui en devint amoureux : elle l'écouta.

L'on comprend aisément que la solitude modeste de Diane ne pouvait plus convenir à l'amante de Henri. Ce prince chargea donc Philibert de Lorme de construire un palais digne de celle qu'il aimait, et dont il voulait que l'on honorât les talens.

L'architecture et généralement les arts dépendans du dessin, avaient fait à cette époque de grands pas vers la perfection. François Ier, qui connaissait les ressources que les arts et les sciences amenent dans un gouvernement policé, était parvenu, par ses soins et par de nombreux encouragemens, à former des artistes habiles ; et la France, pour la premiere fois, vit éclore tous les talens, les Lescot (1),

---

(1) Pierre Lescot, abbé commendataire de l'abbaye de Cluny, et chanoine de Notre-Dame de Paris, étudia l'architecture. Cet artiste, l'ami particulier de Gougeon, bâtit, de concert avec lui, la Fontaine des Innocens, une partie du Louvre et beaucoup d'autres monumens aussi précieux. Il est mort en 1578, âgé de 68 ans.

les Gougeon (1), les Bullant (2), les Cousin (3), les Philibert (4), les Pilon (5) : enfin, le protecteur des arts du seizième siècle, aidé des conseils de Léonard de Vinci, fit disparaître le goût arabe qui dominait depuis les premieres croisades ; et il reçut le nom de Restaurateur des arts et des sciences.

---

(1) Gougeon, sculpteur célebre, avait obtenu, de son vivant, le surnom de *Corrége des sculpteurs*. Il fut tué le 24 août 1572, après avoir laissé la Fontaine des Innocens, l'hôtel de Carnavalet, une tribune et des bas-reliefs magnifiques qui décorent la salle de l'Institut national, au palais des Sciences et des Arts.

(2) Bullant, sculpteur et architecte, mort en 1578, a bâti le château d'Ecouen ; l'exécution de l'autel de la chapelle de ce château, qui est au Musée des monumens français, est un chef-d'œuvre de sa main ; le tombeau d'Anne de Montmorency, etc.

(3) Jean Cousin, peintre, sculpteur, géometre, anatomiste, né à Soucy près Sens, en 1462, et mort en 1550, a peint le Jugement dernier qui était à Vincennes : ce tableau rare et précieux se voit au Musée central des arts. Les vitres d'Anet, qui seront placées dans la chambre sépulchrale de François Ier au Musée des monumens français ; même Musée, des vitres de Vincennes qui se voient dans la salle du 16e. siecle ; même salle, l'amiral Chabot, armé de pied en cap, statue en pied.

(4) Philibert de Lorme, né à Lyon au commencement du 16e. siecle, et mort en 1570, a dessiné et dirigé le monument de Henri II que l'on voit au Musée des monumens français ; une partie du château des Tuileries ; il a écrit sur son art et sur la coupe des charpentes.

(5) Germain Pilon, sculpteur et architecte, né à Paris, y est mort en 1590. Il a produit beaucoup de monumens précieux qui sont renfermés dans le Musée des monumens français. Cet artiste célebre est plus connu comme sculpteur que comme architecte.

Tout ce que l'art et la galanterie purent inventer, Philibert sut l'employer à propos dans son plan ; et son génie vaste nous a laissé un monument précieux dans son ensemble, riant par sa position, grand par son dessin, et pittoresque par la variété des mouvemens qu'il a donnés à son architecture. L'illustre Goujon fut chargé de l'exécution des sculptures, et Jean Cousin des peintures sur verre. Partout on trouve des statues, des bas-reliefs et des chiffres enlacés, exécutés sous la direction du Phidias français : beaucoup sont aussi de sa main. Une vue agréable entoure ce temple consacré à l'Amour. C'est ainsi que l'Homere français s'exprime sur le château d'Anet :

Il voit (*l'Amour*) les murs d'Anet bâtis au bord de l'Eure ;
Lui-même en ordonna la superbe structure.
Par ses adroites mains avec art enlassés,
Les chiffres de Diane y sont encor tracés ;
Sur sa tombe, en passant, les plaisirs et les graces
Répandirent les fleurs qui naissaient sur leurs traces.

(VOLTAIRE, *Henriade*, chant IX.)

Lieux charmans, célebres dans l'histoire et chantés par nos poëtes, vous avez perdu tout votre éclat : là, les vieux chênes, dont les rameaux jadis ombrageaient Diane entourée de sa cour, tombent aujourd'hui sous la coignée d'un avide mercénaire ! Et vous, palais dont on admire les corniches et les reliefs, productions aimables de l'étude et de l'art, le marteau d'un manœuvre va vous anéantir pour jamais ! Mais un ministre ami des sciences et des arts, entendra la voix de l'artiste conservateur qui desire arrêter les mains qui peuvent vous anéantir ;

il sera écouté, sans doute, et vous servirez encore de modèles à nos éleves.

Le château d'Anet, après avoir passé de la maison de Vendôme à la maison de Penthievre, fut vendu, il y a environ trois ans, par le département d'Eure et Loir. Les propriétaires de ce château connaissaient bien toute l'importance de leur acquisition : ils s'étaient bien promis de conserver un monument si recommandable ; tel était leur dessein ; mais des revers et des circonstances qu'il ne m'est pas permis de citer, les déciderent à démolir cette maison, pour remplir les engagemens dont ils étaient chargés ; et ce travail est à la veille d'être consommé.

Déjà, de concert avec ces généreux propriétaires, j'ai obtenu des morceaux précieux qui avaient été vendus dès les premieres époques de la révolution. Ces débris, appartenant au tombeau de Diane de Poitiers, m'ont servi à la composition de ce monument que je viens de restaurer, en réunissant dans son ensemble différens morceaux précieux qui représentent cette femme célebre, ou qui ont des rapports avec son histoire. On peut en juger dans le Musée que je dirige. J'ai obtenu aussi des bronzes de Gougeon, qui décoraient l'une des portes du château ; deux portraits mosaïques et un groupe complet de marbre, de la main de l'auteur de la fontaine des Innocens, représentant Diane chasseresse, appuyée sur un cerf et accompagnée de ses deux chiens Procion et Syrius. J'ai commencé la restauration de ce groupe magnifique, que des malveillans avaient brisé, et dont les débris avaient été transportés à cinquante kilometres au-delà.

Vous voyez, citoyen Ministre, avec quelle

magnificence Philibert de Lorme avait établi ce château, et que ce n'est pas sans raison que Voltaire l'a chanté. Si vous voulez seconder mes vues, nous pourrons sauver de la destruction le plus beau portique de ce château, et plusieurs autres objets intéressans dont je puis disposer; votre autorisation me suffit, et j'ose croire que vous me l'accorderez, si vous daignez jetter un coup-d'œil sur mon projet:

1°. Ce portique est celui dont je vous offre le dessin à la suite de ce rapport; il est composé de trois ordres les uns sur les autres, à la maniere du tems; le style en est pur, les détails précieux et bien travaillés; les bas-reliefs que l'on voit dans le haut sont bien conservés et ont été dessinés par Gougeon. Il peut se déplacer, ainsi que trente colonnes qui décorent les soubassemens du monument; toutes ornées de leurs bases et de leurs chapiteaux, sont d'une belle proportion et d'une exécution parfaite. Ces objets, composés par un artiste français dans le siecle de la renaissance des arts, conviennent parfaitement au Musée que je dirige.

Je me propose de faire servir ce portique à la façade intérieure du Musée des monumens français, donnant dans la premiere cour et servant d'entrée à la salle d'introduction dudit Musée, ainsi que le représente le dessin ci-joint. Les colonnes isolées serviront à faire les portiques des côtés, telles que je les ai placées dans le dessin; et en entrant par cette porte (d'Anet), le premier objet qui frappera les regards des artistes et des amateurs dans l'intérieur de la salle d'introduction, c'est le tombeau de Diane de Poitiers, élevé sur un piédestal soutenu par quatre nymphes. Tel était mon plan dans son ensemble, lorsque j'ai restauré ce monument.

2°. Une boiserie de vingt-neuf mètres, servant de plafond dans la chambre qu'occupait Diane lorsqu'elle recevait Henri. Ce morceau, d'une sculpture rare pour la délicatesse et la finesse de son exécution, a été dirigé par Gougeon qui en avait donné les dessins. Mon intention est d'employer ce plafond magnifique dans la chambre sépulchrale que j'ai destinée au tombeau de Henri II ; de la restauration de laquelle je m'occupe : et il m'a paru piquant de placer l'effigie de l'amant de Diane sous le toit qui jadis les avait réunis.

3°. Dans la chapelle, douze figures en pierre de Vernon, travaillées dans le même style.

Tous ces objets précieux, citoyen Ministre, peuvent entrer dans la composition générale du Musée que j'ai formé ; déjà ils tiennent leur place dans le plan général que j'en ai fait : ces morceaux du plus beau tems de l'art, comme je l'ai dit plus haut, peuvent appartenir à la République *sans bourse délier*, en suivant le mode que je vous ai présenté particulièrement sur cette opération.

Je me suis empressé de m'engager affirmativement auprès des propriétaires, dans la crainte de voir détruire des chefs-d'œuvre. Citoyen Ministre, je n'attends plus que votre décision pour consommer une opération qui est de la plus haute importance pour le Musée des monumens français ; décision que je serais flatté d'obtenir avant la mauvaise raison, pour faire charier à Paris les objets qui sont déplacés.

Toutes ces considérations, citoyen Ministre, me déterminent à vous présenter ce plan ; éclairé comme vous l'êtes, il vous sera facile d'en apprécier les avantages; et je pense que vous ne me refuserez pas votre adhésion, puisqu'il s'agit de conserver aux arts des monumens précieux, et que cette conservation ne pesera en aucune maniere sur le trésor public. Salut et respect,

LENOIR.

N°. 158.

De la Sainte-Chapelle.

Deux grands émaux, l'un donné par François Ier, et l'autre par Henri II.

Les émaux sont de la fabrique de Léonard le Limousin, peints en 1553, d'après les dessins de Primatice. Ils représentent la Passion du Christ divisée en plusieurs sujets; au bas du premier tableau, on voit en pied les portraits de François Ier, et de Claude de France, sa femme, et au bas de l'autre, ceux d'Henri II et de Diane de Poitiers.

Les compositions de ces tableaux sont grandes, largement distribuées, et ordonnées tout-à-fait dans le goût de Raphaël, surtout les médaillons représentant le Christ porté au tombeau, et le Christ portant le bois de son supplice. Les deux grands médaillons tiennent plus au style et au dessins de Jules Romain.

N°. 159.

Des Feuillantines.

Deux émaux, exécutés par Léonard de Limoges, d'après les dessins de Solario, représentant Saint-Pierre et Saint-Paul.

La tête de ce dernier est le profil de François Ier, et l'autre, le portrait de face de l'amiral Chabot. On peut présumer que le reste des douze apôtres qui manquent, représentait les personnages les plus distingués de la cour de Henri II.

N°. 467.
Du même lieu.

Un groupe en marbre blanc, représentant Diane appuyée sur un cerf, et accompagnée de ses chiens Procion et Syrius, posé sur une espece de vaisseau aussi de marbre, orné d'écrevisses, de crabes, de chiffres de Diane et de Henri, et des emblêmes les plus galans; le tout composé et exécuté avec beaucoup de recherches et de talens. Ce vaisseau était groupé de quatre lévriers en bronze qui ont été fondus, (je les rétablirai) portés par un support en marbre blanc, ornées de petites arcades que j'ai décorées de petites têtes de lion en bronze, archétypées sur des modeles de Gougeon.

Un dessin vigoureux et du plus grand style, et une exécution ferme concourent à l'ensemble de ce morceau magnifique que l'on croit du ciseau de Jean Gougeon, qui l'avait composé pour servir de fontaine dans le parc de Diane de Poitiers, à Anet.

N°. 468.
Du même lieu.

Deux archivoltes, représentant deux nymphes portant des torches, exécutées en bronze par Jean Gougeon.

N°. 469.

Monument érigé à Philibert de Lorme, architecte célebre, né à Lyon dans le commencement du seizième siecle, et mort en 1570, après avoir laissé des monumens d'architecture fort estimés, et un ouvrage sur la pratique de son art et sur la coupe des charpentes.

Le tombeau de Henri II, placé dans la même chambre sépulchrale, a été exécuté sur ses dessins et sous sa direction, en 1564, par les ordres de Catherine de Médicis.

J'ai composé ce monument avec des bas-reliefs de Gougeon son ami. On voit son portrait en médaillon dans le milieu du monument.

N°. 160.

Des Grands-Augustins.

Monument érigé à Gui du Faur, seigneur de Pibrac, président à mortier du parlement de Paris, mort en 1586, âgé de 60 ans, avec un marbre sur lequel est gravé l'abrégé de sa vie en latin, et de ses quatrains en vers français. Je rapporte ici l'un et l'autre.

ÉPITAPHE.

TUMULUS
VITI FABRI PIBRACHII.

Hic teguntur cineres tantum, et ossa Viti Fabri Pibrachii : nomen ejus, virtusque spirat in ore et admiratione populorum omnium, quos non solùm orbis christianus, sed oriens, et intima Scytharum ora vidit : genus illi à stirpe veterum Fabrorum, quæ neminem habuit, in tàm longa serie annorum plus quàm trecentorum, qui non aut ex ordine senatoria in toga illustris, aut inter fortes rei militaris ac bellicæ gloria famâque insignis fuerit ; ipse qui nasci ab illis fortuitam neque ultrà duxit, cùm per omnes iret dignitatum et honorum gradus, tribunal emptum nummario pretio, nec insedit, nec appetivit unquam; virtute non censu, meritorum æstimatione, non divitiarum magnitudine ratus censeri munus, et relligionem judicantium. Sub Carolo IX primum ex prætura Tolosana accitus in urbem et missus Tridentum (quo tum sanandis, formandisque rebus Ecclesiæ adversùs furentem impietatem sectariorum convenerant secta Regnorum et Provinciarum nominis christiani lumina) sic renuntiavit summam imperatæ legationis, sic Gallici nominis prærogativam, Regisque sui jus, ac dignitatem fandi prudentiâ et ubertate asseruit, ut cùm gratia causâ nihil diceret, omnia tamen essent illic omnibus grata quæ diceret : illinc reversum, non in prioris provinciæ prætura et magistratu otium, sed altior honos ad negotia traxit, evectum ad regiæ advocationis munus in augustiore et primario Galliæ totius senatu; ubi cùm auctior fama virtutum in dies cresceret et triumpharet ejus oratio, raptus est velut in selectiorem et sanctiorem illorum ordinem, qui arcana regni et tacitas principis meditationes cognoscit ac regit, et mox deinde Henrico III quem tunc Poloni publico, solemni, comitiorum ordinumque regni sui decreto regem sibi rementiarant, datus omnium auctor ac princeps consiliorum, quæ sic temperavit arte, judicio, sapientiâque, ut brevi præter spem omnium, in tanta rerum difficultate avito eum Galliarum regno tuendo rursus incolumem et salvum reddiderit ; et quærentes nihilominus per secessionem Poloniæ proceres, cui se, regnique jura permitterent, aliquandiu interim in prioris sacramenti fide, et regis obsequio continuerit ; tùm his perfunctum,

perfunctum, et redditum sibi excepit rursum senatus, sed inter præsides suos, otiumque fecit, in quo patriis verbis tetrasticis numeris ea suis vitæ præcepta composuit, quæ propter eximiam vim sapientiæ populorum omnium sermone versa teruntur, non sine præcipua autoris sui apud Turcas, etiam et Barbaros veneratione. Ad extremum quoque Francisco Henrici regis fratri minori, quem inferioris Germaniæ populi ducem, ac principem sibi dixerant, à rege quæstor sacri palatii, et cancellarius serò missus (qui è rebus jam desperatis ac penè eversis) cùm inde redisset, morbo diem suum gloriæ plenus feliciter clausit an. 1584. 2. maii.

QUATRAINS.

Dieu tout premier, puis pere et mere honore,
Sois juste et droit, et en toute saison;
De l'innocent prends en main la raison,
Car Dieu te doit là haut juger encore.

Heureux qui met en Dieu son espérance,
Et qui l'invoque en sa prospérité
Autant ou plus qu'en son adversité,
Et ne se fie en humaine assurance.

Il est permis souhaiter un bon prince;
Mais tel qu'il est, il le convient porter;
Car il vaut mieux un tyran supporter,
Que de troubler la paix de la province.

Songe long-tems avant que de promettre;
Mais si tu as quelque chose promis,
Quoi que ce soit, et fut-ce aux ennemis,
De l'accomplir en devoir te faut mettre.

R

Gui du Faur fut député aux Etats d'Orléans en 1560; Charles IX lui donna ensuite le titre d'ambassadeur au Concile de Trente. S'étant distingué dans plusieurs occasions, le chancelier de l'Hôpital le fit nommer avocat-général au parlement de Paris en 1565. Après s'être montré avec éclat, il suivit le duc d'Anjou en Pologne, et répondit pour lui dans les harangues. Ce prince lâche, fuyant secrettement de la Pologne et abandonnant ses sujets, laissa, à Cracovie, Pibrac qui fut exposé à la fureur des Polonais qui voulaient se venger sur lui de la fuite du duc d'Anjou.

N°. 470.

Du château d'Anet.

Un bas-relief en pierre de Vernon, représentant l'adoration des Mages. Ce monument d'un style agréable avait été exécuté pour l'autel de la chapelle d'Anet, il a été mutilé avec acharnement; enfin je l'ai acquis pour l'enlever des mains de la destruction; on le destinait à servir de pâlier à une porte (1).

---

(1) Je soussigné reconnais avoir reçu du citoyen Alexandre Lenoir, administrateur du Musée des monumens français, la somme de trente-six francs, pour l'acquisition d'un bas-relief en pierre, représentant l'adoration des Mages.

Fait à Anet, le 14 fructidor, an 6.

Signé TESSIER, maçon.

Fin du seizieme siecle.

MONUMENS
DU DIX-SEPTIEME SIECLE.

LA dégradation qui eut lieu dans les arts dépendans du dessin, à la suite du siecle *de la renaissance* que nous venons de décrire, est frappante. C'est dans la moralité et dans la politique du gouvernement qu'il faut en chercher la premiere cause; cependant la prépondérance que Simon Vouët prit dans les arts, vers le commencement du dix-septieme siecle, prépara cette décadence qui fut pour ainsi dire spontanée. Cet homme d'une imagination féconde et bouillante introduisit dans ses écoles une maniere facile, et tellement de convention que les plus grands tableaux s'exécutaient au bout du pinceau sans consulter la nature. Cette nouveauté plut, et ce système fut saisi avec d'autant plus d'enthousiasme, qu'il flattait la paresse des étudians et qu'il levait toutes les difficultés de l'art. Bernin et Borromini perdirent la sculpture et l'architecture par les productions extravagantes qu'ils mirent au jour, et qui furent imitées avec empressement. L'abandon entier du beau idéal et de l'étude de la nature, devint une *mode* générale pour les artistes, et personne n'ignore que de cette puissance, dans nos contrées découle souvent la destinée des choses les plus importantes. Ainsi s'oublierent peu-à-peu les leçons que Léonard de Vinci avait puisées dans les formes antiques, et qu'il avait déposées dans le sein de nos académies. Lesueur mourut, et Poussin fut repoussé; Poussin, le seul talent remarquable alors, et qui a montré à l'Europe entière que c'est par une harmonie bien combinée dans les linéamens que l'on obtient la correction du dessin, que c'est de la profondeur des pensées que dérive toute la science de la composition, que le raisonnement est le véritable creuset où elle doit s'élaborer; que c'est de l'ame du compositeur que doivent naître les expressions frappantes et vraies qui caractérisent le génie; que l'artiste enfin doit s'identifier avec la puissance du créateur, et descendre dans la pensée des êtres qu'il veut représenter. Tels étaient les préceptes de cet artiste sublime, de ce philosophe profond, l'espoir et l'honneur de la France, lorsque tourmenté par des jaloux et des intrigans, il emporta tous les talens en passant sur une terre étrangère (1).

Ce fut aussi dans ce siecle plus grand dans les lettres que dans les arts, que se multiplierent les contrefaçons des statues antiques; plusieurs artistes furent occupés à ces sortes de travaux, très-peu réussirent. Legros obtint le plus de succès dans ce genre de travail. On voit dans le parc de Versailles

_____

(1) Voyez au Musée central des arts les savantes productions du Poussin, et comparez-les avec ses contemporains et avec ce qui a été produit après lui. On remarque le Déluge, la Femme adultere, le Tems découvrant la Vérité, Moïse sauvé des Eaux, Esther devant Assuérus, le testament d'Eudamidas, l'Extrême-Onction, la plus belle tragédie qui soit jamais sortie du pinceau des artistes; des paysages, etc.

beaucoup de copies de sa main dans lesquelles cherchant à enchérir sur ses modeles, et voulant donner ce qu'on appelle de la *grace* et de la *flamme*, il s'est éloigné de la vérité et du beau. Il est des artistes modernes qui ont pompeusement vanté Mnémosyne, qu'il a copiée pour décorer le jardin des Tuileries où elle se voit encore; c'est avec raison si on admire l'art de travailler le marbre, mais lorsqu'on la compare avec l'original, dont on peut voir un beau plâtre chez le citoyen Girault, sculpteur, place Vendôme, on ne retrouve plus cette sévérité qui en impose au premier aspect, cette ondulation harmonieuse dans les formes et dans les draperies, ni cette belle correction qui peint la divinité. Les artistes de ce tems ont rarement réussi dans l'imitation des statues antiques. Entraînés par trop de facilité dans l'*art-pratique*, et abandonnant tout au travail de la main, ils ont nécessairement porté dans toutes leurs productions cette uniformité et cette ressemblance qui fait que l'art se dégrade, qu'il n'est plus qu'un métier, et que l'artiste en s'éloignant dans son dessin du caractere *sur-humain*, et de ce sentiment profond qui naît du génie, devient un homme ordinaire et un simple ouvrier.

N°. 161.

De Saint-Germain-l'Auxerrois.

Statue en marbre blanc, de la femme de Jacques Cœur, représentée à genoux, intéressante par son costume; par Philippe Buyster.

On n'a point d'autres renseignemens certains sur ce monument, qui a été en partie détruit par les malveillans.

N°. 162.
De Saint-Germain-des-Prés.

Statue couchée, en marbre blanc, de Guillaume Douglas, écossais, armée de pied-en-cap, mort en 1611.

L'auteur de cette statue est inconnu.

N°. 163.
Des Célestins.

Statue en marbre blanc, de Louis de la Trémouille, lieutenant-général en Poitou, mort en 1613, âgé de 27 ans. Il est représenté à genoux et cuirassé.

N°. 164.
Des Feuillans.

Statue en marbre blanc, de Claude de l'Aubespine, femme de Méderic Barbezier, morte en 1613, âgée de 68 ans, célebre par sa vertu.

Théodoric Sevin, président au parlement, son parent et son ami, fit élever ce monument à cette femme, qu'il fit placer auprès de son époux, dans un sarcophage commun, ainsi qu'elle l'avait demandé de son vivant.

N°ˢ. 165 et 166.
De Saint-André-des-Arts.

Statue en marbre blanc, de Jacques-Auguste de Thou, historien célebre, mort en 1617. On voit près de lui les statues en marbre blanc, de Marie Barbançon de Carny, et de Gasparde de la Châtre, sa seconde femme, exécutées par Prieur, et François Anguier. J'ai restauté ce monument qui avait été mutilé.

N°. 471.
De l'église Notre-Dame de Cléry.

La statue en marbre blanc et à genoux, de Louis XI, mort en 1483; revêtu de l'ordre de Saint-Michel et posé sur un piédestal, groupé par quatre petits génies aussi de marbre blanc, soutenant des écussons; devant cette figure on voit un coussin servant de prie-dieu, qui porte un livre sur lequel est posé le bonnet que Louis XI avait affectionné, et sur lequel il portait sa petite *bonne Vierge*; le tout exécuté en 1622, par Michel Bourdin, d'Orléans.

Ce monument que je viens de réunir à ma collection, avait été mutilé avec fureur par les habitans des environs de Cléry; la tête qui est un chef-d'œuvre pour son expression vraie et son exécution soignée, a été décolée et coupée en trois parties; après de longues recherches, ayant pu réunir tous les débris qui composaient ce monument, je l'ai fait restaurer et l'ai rendu à son premier état.

On dit à Cléry que le sculpteur après avoir terminé ce monument, étant peu satisfait de son salaire, déroba une lampe d'argent qui était suspendue dans l'église, et que peu de tems après il fut exécuté à Orléans.

Il paraît certain que le tombeau que l'on voit ici n'est qu'une imitation de celui qui fut érigé à ce prince, suivant le programme qu'il en avait donné lui-même, ainsi que nous l'apprend Vély, tome XIX, page 65. C'est ce qui m'a autorisé à placer cette statue à cet ordre de date qui est celle de son exécution. Le buste d'après lequel Bourdin a exécuté la tête se voit dans la salle du seizieme siècle, sous le n°. 443.

« De retour d'un pélerinage que Louis XI fit à Saint-Claude, qui loin de lui rendre la santé, épuisa ses forces; quelque horreur que lui inspirât la pensée de la mort, on voit qu'il s'en occupa quelquefois. Il donna ordre à Duplessis Bouré, l'un des généraux des finances, de faire prix avec *Conrard de Coulogne*, orfèvre, et *Laurent Wrine*, fondeur, pour lui ériger un mausolée de bronze doré dans l'église de Notre-Dame de Cléry, où il voulait être enterré: lui-même en prescrivit la forme et les ornemens. Il voulait être représenté à genoux sur un carreau, en habit de chasseur, son chien à côté de lui, chaussé de ses brodequins, tenant les mains jointes dans son chapeau, revêtu du collier de l'ordre de Saint-Michel, et ayant son cornet ou cor de chasse attaché en écharpe, de façon qu'on en pût voir les deux bouts. Il ordonna qu'on le représentât tel qu'il était dans la fleur de l'âge, et d'après un de ses portraits qu'il avait envoyé au sculpteur; le nez un peu long et aquilin, les cheveux plus longs sur le derriere que sur les côtés: il recommanda surtout qu'on se gardât bien de le représenter chauve, et dans l'état où l'avaient réduit l'âge et la maladie. Il ne voulut point d'autres ornemens que six écussons autour de son tombeau » (1).

---

(1) Ce mausolée ne fut point achevé, celui qu'on voit aujourd'hui à Notre-Dame de Cléry, est de marbre.

Nos. 167, 168 et 169.

Des Carmélites.

Le cardinal de Berulle, en marbre blanc, de grandeur naturelle, représenté à genoux, dans l'attitude d'un bien-heureux, par Jacques Sarrazin.

Il est posé sur un piédestal enrichi de deux bas-reliefs, dont l'un est le sacrifice de Noé, lorsqu'il sortit de l'Arche, et l'autre celui de la Messe. Sur le devant on voit deux génies portant un chiffre.

Ces bas-reliefs, ainsi que le piédestal, sont de Lestocart, éleve de Sarrazin.

Le même Berulle, représenté à genoux. Un génie tient son livre; par Michel Anguier.

Autre statue à genoux, de Pierre de Berulle, cardinal, mort en 1629, en disant la messe; sculptée en marbre blanc, par Jacques Sarrasin.

On voit sur le devant du prie-dieu, un bas-relief exécuté avec beaucoup de finesse, représentant Jonas sortant de la baleine, symbole de la résurrection.

Berulle se distingua dans la fameuse conférence de Fontainebleau, où Duperron combattit Duplessis Mornay. Il fut envoyé par Henri IV, dont il était aumônier, en Espagne, pour amener des Carmélites à Paris. Il fonda depuis, la congrégation de l'Oratoire. La devise de cette institution était·

> Ici l'on obéit sans dépendre,
> Et l'on gouverne sans commander.

(Ce monument remarquable par la pureté de son exécution, vient de l'Institut de l'Oratoire.)

N°. 472.

Statue en marbre blanc, d'un guerrier à genoux armé de pied en cap, représentant Philippe de Castille. Ce jeune guerrier mourut à 28 ans d'un coup de feu qu'il reçut à la cuisse dans un combat.

Cette figure parfaitement exécutée, et d'une grande exactitude pour le costume, appartenait au citoyen Rosty, sculpteur, demeurant à Melun, qui a bien voulu me la céder (1); il l'avait acquise à Chenoise près Provins, où elle avait été posée dans le couvent des religieux de la Merci.

Voici son épitaphe :

Philippi de Castille hîc mortales conduntur exuviæ, adolescentis indolis eximiæ cui virtus generis claritudini super inductæ ante annos contigit. Nam lustrato vix dum puber oriente, equitum classi mixtus Melitensium, Leucadis expugnationi interfuit, glande plumbeâ dum vallum superat à barbaris crure trajecto. Redditus tandem patriæ, inter fortissimos XIII selectæ nobilitatis ordines à rege Lodoico conscriptus 1625. Anglis insulam Ream obsidentibus arci subsidio adfuit : quibus fusis fugatisque, Martium spirantes animos ardentemque bellicâ laude juvenem, non domus patris anxia, non opes avitæ, non denique

---

(1) Je soussigné reconnais avoir reçu du cit. Alexandre Lenoir, administrateur du Musée des Monumens français, la somme de huit cents francs, pour l'acquisition et le transport de Melun à Paris d'une figure en marbre blanc, représentant Philippe de Castille. Ce 5ᵉ. jour complémentaire an 7.

Signé ROSTY, sculpteur-marbrier à Melun.

principis favor demulsit, quominus spretis urbis dominæ illiciis, Alpe superatâ, Venetos bellum molientes adiret : acceptus ubi peramanter à serenissimo duce augustissimoque senatu peregrinam virtutem mirantibus duobus peditum millibus, totidemque, cataphractorum equitum turmis præficitur. At, heu mortalium spem infidam! Dum credita belli munia adolescens viriliter exequi parat, exitiali morbo correptus Galliam, medicis imperantibus, repetere cogitur ære nativo, frustrà convaliturus ; contracto cælo namque febris Italo præcordiis hæserat lethaliter, quæ constantem et adversus omnes casus firmissimum juvenem, malè indicantibus fatis Briâræ Carnutum acerbo funere abstulit. Philippus de Castille et Catharina de Ligny parentes luctu exanimes filio dulcissimo desideratissmo M. P. P.

Vixit annos XX. M. III. D. V.
Obiit IIII. kal. Maii anno salutis
CIƆ. IƆC. XXVII.

N°. 170.

De l'Ave-Maria.

Statue en marbre blanc, d'une femme à genoux, représentant Charlotte-Catherine de la Trémouille, femme de Henri de Bourbon Condé, morte en 1629, âgée de 61 ans ; accusée d'avoir fait empoisonner son mari, et depuis innocentée par le parlement de Paris qui rendit un décret en sa faveur.

Cette statue est estimée pour la vérité de la ressemblance. On ignore le nom du sculpteur.

N°. 171.
Des Feuillans.

Statue en marbre blanc, de Raymond Phélipeaux, conseiller et secrétaire d'État, sous Louis XIII, mort en 1629, représenté à genoux, vêtu du costume civil de ce tems.

N°. 172.
De Saint-Germain-l'Auxerrois.

Statue en marbre blanc, d'Etienne d'Aligre, chancelier en 1624, disgracié sous le cardinal de Richelieu, en 1626, mort en 1635 ; par Anguier.

D'Aligre quitta la place d'intendant du comte de Soissons pour entrer au conseil ; il parvint en très-peu de tems aux places les plus éminentes. Le marquis de la Vieuville, alors ministre d'État, sut apprécier son mérite et estimer sa personne.

N°. 173.
Du Temple.

Statue à genoux d'Amador de la Porte, grand-prieur de France, mort en 1640, par Boudin.

La statue de Villiers de l'Isle-Adam, exécutée en albâtre, que l'on voyait dans le même lieu, a été entiérement brisée par les malveillans.

N°. 174.
De la Sorbonne.

Le célebre grouppe en marbre, d'après les dessins de Lebrun, formant le mausolée d'Armand du Plessis, cardinal de Richelieu, mort en 1642, chef-d'œuvre de Girardon; ayant dans son soubassement 14 pieds de long, sur 5 pieds 9 pouces de large, et formé de la statue principale dans les proportions de 6 pieds; de deux figures de femmes symboliques, proportion de 5 pieds 3 pouces, l'une représente la Religion et l'autre l'Histoire, et de deux génies, proportion de 2 pieds et demi.

Cet ouvrage, parfait en sculpture pour son exécution, avait déjà été mutilé par des ennemis des arts, qui avaient eu accès dans la chapelle, et depuis par des soldats de l'armée révolutionnaire qui me blesserent à la main d'un coup de bayonnette dont je porte encore la marque, parce que je m'opposais à leur dessin.

N°. 175.

Du Pont-au-Change.

Statue en bronze et en pied, de Louis XIII, mort en 1643, par Guilain.

N°. 176.

Des Célestins.

Statue en marbre, de Louis Potier, marquis de Gesvres, fils de René et de Marguerite de Luxembourg, représenté à genoux, et armé de pied-en-cap.

Il est mort en août 1643, âgé de 32 ans, au siege de Thionville, enseveli sous les ruines d'un bastion renversé par une mine. Il avait le corps couvert de 32 blessures qu'il avait reçues dans les divers combats où il s'était trouvé.

N°. 177.

De Saint-Germain-des-Prés.

Statue couchée en marbre blanc, de Jacques Douglas, petit-fils de Guillaume Douglas, dont est mention au n°. 162.

Il fut tué à l'âge de 24 ans, dans un combat qui se donna près de Douay, le 22 octobre 1645.

Cette statue est de Coyzevox.

N°. 178.

De Sainte-Geneviève.

Statue en marbre blanc, de François de la Rochefoucauld, cardinal, mort en 1645, exécutée par Philippe Buyster.

La queue du manteau, portée par un enfant à moitié nu, a fait dire à Saint-Foix, que Buyster avait oublié de donner une livrée à cet enfant.

N°. 179.

Des Célestins.

Statue en marbre blanc, de Marguerite de Luxembourg, duchesse de Trêmes, femme de René Potier, morte en 1645.

Elle est représentée à genoux, et dans un costume curieux.

N°. 180.

De Sainte-Geneviève.

Médaillon en terre cuite, de René Descartes, mort en Suède, en 1650, posé sur une espece de colonne en marbre blanc, sur laquelle on lit les inscriptions suivantes.

La premiere qui est en latin, est du pere Lallemand, chanoine régulier de Sainte-Genevieve; la seconde, en français, est de Gaspard Fieubet, conseiller d'Etat, mort en 1694.

RENATUS DESCARTES.

Vir suprà titulos omnium retro
Philosophorum, nobilis genere,
Armoricus gente, Turonicus origine.
In Galliâ, Flexiâ studuit;
In Pannoniâ miles meruit;
In Bataviâ philosophus delituit;
In Sueciâ vocatus occubuit.
Tanti viri pretiosas reliquias
Galliarum percelebris tunc legatus
Petrus Chanut, Christinæ
Sapientissimæ Reginæ, sapientium
Amatrici, invidere non potuit
Nec vindicare patriæ, sed quibus licuit
Cumulatus honoribus peregrinâ terrâ,
Mandavit invitus.
Anno domini 1650, *mens. Febr.* 10, *ætatis* 54
Tandem post septem et decem annos
In gratiam christianissimi Regis
Ludovici decimi quarti
Virorum insignium cultoris
Et remuneratoris, procurante
PETRO DALIBERT.
Sepulchri pio et amico violatore
Patriæ reddita sunt;
Et in isto urbis et artium culmine
Posita: Ut qui vivus apud exteros otium

Et famam quæsierat, mortuus
Apud suos cum laude quiesceret, suis
Et exteris in exemplum
Et documentum futurus.
I nunc, Viator,
Et divinitatis, immortalitatisque animæ
Maximum et clarum assertorem, aut jam
Crede felicem, aut precibus redde.

Descartes dont tu vois ici la sépulture
A désillé les yeux des aveugles mortels;
Et gardant le respect que l'on doit aux autels,
Leur a du Monde entier démontré la structure.
Son nom par mille écrits se rendit glorieux;
Son esprit mesurant et la terre et les cieux,
En pénétra l'abîme, en perça les nuages;
Cependant comme un autre il cède aux lois du sort,
Lui qui vivrait autant que ses divins ouvrages;
Si le sage pouvait s'affranchir de la mort.

Dix-sept ans après la mort de Descartes, ses ossemens et ses cendres furent transportés en France, par son ami Dalibert, trésorier de France.

N°. 181.

Des Minimes.

Statue à genoux, en marbre blanc, de Magdeleine Marchand, femme du président Lejay de Tilly, morte en 1650.

N°. 182.

N°. 182.
Du même lieu.

Statue couchée, de Charles de Valois, duc d'Angoulême, comte d'Auvergne, fils naturel de Charles IX et de Marie Touchet, fille du lieutenant particulier au présidial d'Orléans.

Marie Touchet, épousa depuis, François de Balzac, seigneur d'Entragues, dont elle eut Henriette de Balzac, l'une des maîtresses d'Henri IV.

Charles de Valois fut successivement grand-prieur de France, comte d'Auvergne et duc d'Angoulême; il mourut en 1650.

N°. 183.
Des Célestins.

Grouppe en marbre blanc, représentant Henri Chabot, duc de Rohan, mort en 1655, âgé de 39 ans. Il était parent de Philippe Chabot.

Anguier, auteur de ce grouppe, a représenté ce personnage mourant, soutenu par deux génies.

N°. 184.
De Saint-Nicolas-du-Chardonnet.

Monument érigé à Jérôme Bignon, conseiller d'Etat, mort en 1656.

Bignon, par son esprit, par son savoir et par sa probité, a été l'admiration de son siecle, ce qui est parfaitement exprimé par l'inscription suivante, placée au bas de son buste, exécuté en marbre par Anguier.

Hieronymus Bignon
Sui sæculi amor, decus,
Exemplum, miraculum.

Les deux Vertus, en pierre de Tonnerre, assises sur un cénotaphe, représentant, l'une la Justice, et l'autre la Tempérance, sont aussi d'Anguier. Le bas-relief, de même matiere, représentant Saint-Jérôme, que j'ai placé dans le soubassement du tombeau, est de Girardon.

N°. 185.

Des Minimes.

Les statues en marbre blanc, du duc et de la duchesse de la Vieuville, représentés à genoux; par Gilles Guerin. On voit dans le socle deux bas-reliefs représentant des enfans en pleurs, portant leur écusson, par l'Espingola.

N°. 186.

Des Feuillans.

Statue en marbre blanc, de Charles de Rostaing, fils de Tristan, mort en 1660.

N°. 187.

Du college Mazarin.

Le mausolée de Jules Mazarin, cardinal, mort en 1661, en marbre blanc : on y voit ce cardinal représenté à genoux; derriere lui un génie portant un faisceau d'armes : le tout posé sur un cénotaphe en marbre Portor. La base est de marbre blanc veiné, sur laquelle sont assises trois figures de bronze, de 6 pieds de proportion, représentant l'une la Fidélité, une autre la Prudence, et la troisieme, l'Abondance.

Ce monument, que beaucoup de connaisseurs

préferent pour l'exécution à celui de Richelieu, est entiérement du ciseau de Coyzevox.

N°. 188.
Des Jésuites, rue Antoine.

Monument érigé à la mémoire de Henri de Bourbon Condé, par Perrault, président à la chambre des comptes, en 1663.

Ce monument est composé de quatre figures assises, représentant la Foi, la Prudence, la Religion et la Charité ; de quatorze bas-reliefs, représentant des sujets de l'Ancien-Testament, allégoriques aux principales actions de Henri de Condé ; et de deux génies, l'un tenant une épée, et l'autre une table sur laquelle est une inscription ; le tout en bronze, exécuté sur les dessins et les modeles de Sarrazin, et jetés en fonte par Perlan et Duval.

Ce monument qui vient d'être rétabli sur mes dessins excita l'admiration du cavalier Bernin, lors de son séjour à Paris. J'ai fait mouler les beaux bas-reliefs de ce mausolée dont on voit plusieurs modeles dans la galerie du dix-septieme siecle, sous le n°. 473.

Extrait des registres des délibérations de la commission exécutive de l'instruction publique, du 15 fructidor, an 3 de la République française, une et indivisible.

Article II. Le citoyen Lenoir est autorisé à faire mouler les bas-reliefs et les statues qui sont dans le Musée qu'il dirige. Il surveillera lui-même cette opération.

Signé le commissaire GINGUENÉ.

N°. 473.

Archétypes des bas-reliefs de Sarrazin, décrits sous le n°. 188.

N°. 189.

Du Pont-au-Change.

Statue en bronze et en pied, d'Anne d'Autriche, morte en 1666 ; exécutée par Guillain.

N°. 474.

Du même lieu.

Statue en pied et en bronze, de Louis XIV, enfant, par Guillain, posé sur un piédestal dans lequel j'ai introduit le modele d'un bas-relief du même artiste, représentant des Captifs et des Trophées de guerre ; l'original de ce bas-relief se trouve au Musée central des arts, ainsi qu'une Renommée qui couronnait ce monument ; j'espere que ces objets rentreront un jour dans ce Musée où ils doivent tenir leur place.

N°. 190.

De Saint-Eustache.

Un grand bas-relief en marbre, représentant l'Immortalité soutenant le médaillon de Marin Cureau de la Chambre, médecin ordinaire de Louis XIV, et membre de l'académie française, mort en 1669, à 75 ans.

Ce morceau, bien composé, a été exécuté par Tuby, d'après les dessins du cavalier Bernin.

N°. 191.

De Saint-Jean-de-Latran.

Monument érigé à Jacques de Souvré-Courtenvaux, commandeur de Malthe, mort en 1670.

Un grouppe en marbre blanc, représentant ce Commandeur à l'article de la mort, et couché près d'un enfant en pleurs, qui le souleve avec peine ; expression parfaitement rendue. Deux caryatides, en pierre de liais, soutiennent un cénotaphe posé sur quatre têtes de lions qui couronnent une frise d'un beau travail.

Ce monument précieux pour son exécution, est de Michel Anguier, et a été composé tel qu'on le voit aujourd'hui par la réunion de plusieurs débris de la même main.

Jacques Souvré, reçu chevalier de Malte, à l'âge de 5 ans, se distingua au siege de Casal, en 1640, puis il commanda les galeres de France, au siege de Porto-Longone ; il y acquit beaucoup de gloire. Chargé par son Ordre d'ambassades ordinaires et extraordinaires auprès de Louis XIV, il s'en acquitta avec succès. Il fut nommé grand-prieur de France, en 1667 ; après avoir soutenu ce caractere avec beaucoup d'éclat, il mourut en 1670, âgé de 70 ans. Il avait fait bâtir le superbe hôtel du Temple, pour la demeure ordinaire des grands-prieurs de France.

N°. 192.

Des Célestins.

Statue en marbre blanc, de René Potier, duc de

Tresmes, représenté à genoux, armé de sa cuirasse, mort en 1670, âgé de 93 ans.

On attribue cette statue à Anguier.

N°. 193.
De Saint-André-des-Arts.

Un grand bas-relief, consacré à la mémoire d'Anne-Marie Martinozzi, princesse de Conti, morte en 1672, âgée de 35 ans; consistant en une belle figure de marbre blanc, à demi-bosse, accompagnée des attributs qui désignent la Foi, l'Espérance et la Charité, vertus caractéristiques de cette princesse.

Ce monument érigé par ses deux fils, a été exécuté par Girardon. On remarque de chaque côté une branche de cyprès, précieuse pour la délicatesse du travail.

A l'âge de 19 ans, pendant la famine de 1656, elle vendit toutes ses pierreries pour nourrir les pauvres du Berry, de la Champagne et de la Picardie. Elle restitua tous les biens dont l'acquisition lui était suspecte, jusqu'à la somme de huit cents mille livres, etc.

N°. 194.
De Saint-Germain-des-Prés.

Tombeau de Jean Casimir V, roi de Pologne, mort en 1672.

Balthasar Marsy, a représenté ce prince à genoux, abdiquant sa couronne, et revêtu des habits du culte. Le bas-relief que l'on voit dans le soubassement du tombeau représente une bataille donnée en 1661, par le même Casimir, contre les

Moscovites en Lithuanie. Ce roi venu en France, en 1667, y fut accueilli par Louis XIV, qui lui donna l'abbaye de Saint-Germain-des-Prés, et autres bénéfices; il mourut à Nevers, en 1672.

Ce bas-relief a été fondu en plomb sur le modele de Thibaut, frere convers du couvent.

N°. 195.

De Saint-Denis.

Tombeau de Henri de la Tour-d'Auvergne, vicomte de Turenne, maréchal général des camps et armées de France, tué d'un coup de canon, près Saltzbach, le 27 juillet 1675, à 64 ans.

Ce monument érigé à ce guerrier par la reconnaissance, a été exécuté sur les dessins de Charles Lebrun. Le grouppe, composé de Turenne, dans les bras de l'Immortalité, est de Jean-Baptiste Tuby; les figures accessoires représentant, l'une la Sagesse et l'autre la Valeur, sont de Marsy.

Le bas-relief en bronze que l'on voit dans le milieu du cénotaphe, est de Tuby, et représente Turenne, chargeant les ennemis à la bataille de Turkeim, en 1675.

Voici l'inscription qui fut faite par Chevreau pour être gravée au bas de ce tombeau, et que l'orgueil de Louis XIV ne permit pas d'exécuter.

Turenne a son tombeau parmi ceux de nos rois,
C'est le fruit glorieux de ses fameux exploits.
On a voulu par là couronner sa vaillance,
 Afin qu'aux siecles à venir
 On ne fît point de différence,
De porter la couronne ou de la soutenir.

Extrait de Félibien.

« Un grand bas-relief de bronze, représente au-devant du tombeau une des plus célebres actions de sa vie, la derniere de sa campagne de 1675, où avec environ 25,000 hommes, il battit en différentes rencontres plus de 70,000 des ennemis, et acheva, à la journée de Turkeim, le 5 janvier, de les mettre en un désordre tel qu'il ne se sauva de tout ce grand nombre qu'environ 20,000 hommes, qui repasserent le Rhin, ce qui délivra l'Alsace et la Lorraine des insultes des Impériaux, et mit le comble à la gloire du vainqueur.

» La peau de lion que l'on voit, sous la figure de Turenne, est le symbole de son grand courage, et l'aigle effrayée qui est à ses pieds, marque l'Empire sur lequel il a remporté tant de glorieux avantages. L'Immortalité paraît soutenir ce grand homme au moment qu'il expire, et qu'il tient encore le bâton de commandant. Elle a une couronne radieuse sur la tête, et tient d'une main une couronne de laurier qu'elle éleve vers le ciel. Turenne semble l'envisager comme la seule récompense qu'il ait jugée digne de son estime pendant sa vie. Jamais général d'armée ne s'était moins soucié des richesses que lui, ne les ayant fait servir qu'à assister ses soldats, avec une profusion qu'on a ici exprimée par un vase renversé, d'où des pieces de monnaie tombent en abondance.

» Aux deux côtés du tombeau sont deux grandes figures de femmes assises qui expriment, l'une la Sagesse et l'autre la Valeur. »

N°. 475.

De Cluny.

Les administrateurs du département de la Côte-d'Or, après avoir annoncé au ministre de l'intérieur qu'il existait dans le château de Cluny un monument magnifique en marbre, ont invité ce ministre à faire transporter à Paris pour le Musée des monumens français, ce mausolée qui avait été érigé à Frédéric-Maurice de Bouillon, frere du maréchal de Turenne. Ce qui m'a engagé à adresser au ministre une description historique de ce monument, accompagnée du dessin que j'en avais fait avant la révolution.

Depuis environ 80 ans, les marbres du mausolée de Frédéric-Maurice de Bouillon, pere du cardinal de ce nom, et frere du maréchal de Turenne, sont déposés dans le rez-de-chaussée d'une tour de la maison abbatiale de Cluny. Le cardinal de Bouillon, doyen du sacré college, les fit exécuter à Rome, pendant son séjour dans cette ville. Il les fit passer à Cluny dont il était abbé. Il se proposait de les faire élever dans la superbe église de cette abbaye ; mais comme il était alors en disgrace à la cour, Louis XIV fit poser les scellés sur les caisses qui les renfermaient par M. de Seve, sénéchal de Lyon, qui se transporta à Cluny. Le cardinal de Bouillon mourut à Rome, en 1715, et ce beau monument, chef-d'œuvre de l'art, est resté dans l'oubli. Il n'y a qu'environ vingt ans que les caisses ont été rompues par la curiosité et pour voir les figures qu'elles renfermaient. On a cru fort long-tems, c'est encore un dire public, que c'était le mausolée du maréchal de Turenne. M. de Baquencourt, intendant de Bourgogne, qui les visita en 1775, le crut également. Il en instruisit les ministres de ce tems en leur proposant de le faire conduire à Paris; mais les sciences occupaient peu les gens de cour, et ce beau monument est resté dans l'oubli; c'est à vous, Ministre éclairé et ami des arts, qu'était réservé l'honneur de recueillir et de rétablir un monument qui, par sa beauté et sa magnificence, blessait l'orgueil et la vanité de Louis XIV.

Frédéric-Maurice de Bouillon était né dans la religion protestante; il embrassa ensuite la religion catholique par les soins, la sagesse et les lumieres d'Eléonore-Catherine de Bergh, son épouse. Ce fut pour éterniser la mémoire de cet heureux événement, et pour rendre hommage aux vertus de cette femme, que le cardinal de Bouillon fit exécuter à Rome ce superbe mausolée.

Voici les détails et la description des marbres qui sont à Cluny.

On voit dans la premiere caisse, une figure de haut-relief, demi-à-genoux sur un riche carreau; cette figure représente Eléonore-Catherine-Fébronie de Bergh, épouse du duc de Bouillon et mere du cardinal. Elle est coëffée en cheveux, vêtue d'une robe longue, et par-dessus un manteau ducal. Elle a la face tournée sur sa droite, pour envisager son époux. A sa gauche est un génie qui tient un gros livre ouvert; cette femme paraît l'aider à le soutenir de sa main gauche; de sa main droite elle indique à son mari ces paroles: *Hoc est enim corpus meum, quod pro vobis tradetur*, etc........

Dans la seconde caisse l'on voit une figure en plein relief assise sur un faisceau d'armes; cette figure représente Frédéric-Maurice de la Tour-d'Auvergne, duc de Bouillon et prince de Sedan, lieutenant-général des armées françaises, et commandant général de la cavalerie de France. Il est en habit de guerre de costume romain (1); il a la tête découverte, son bras droit est allongé sur son casque qui est à son côté, et il tient dans sa main son bâton de commandement.

Sa main gauche est placée sur sa poitrine; il marque par-là sa foi pour la religion qu'il vient d'embrasser, et dont le livre des mysteres, porté par un génie qui est à sa gauche, lui est présenté par son épouse. Il paraît attester sa persuasion par l'attitude de ses regards qui sont tournés vers le ciel.

Dans la troisieme caisse est un bas-relief en marbre blanc, sur lequel est représenté un combat de cavalerie. Le duc de Bouillon y est représenté à cheval tenant son bâton de commandement à la main; il paraît donner des ordres, et ranimer le courage et l'ardeur des combattans. Les détails de l'action y sont variés à l'infini. Les beautés de ce marbre ne peuvent être décrites, l'œil seul peut les saisir et les apprécier.

La quatrieme caisse renferme les pieces d'une tour en marbre blanc; elle est crenelée dans le

---

(1) Anachronisme fort en usage à cette époque. Voyez le monument de Turenne au Musée des monumens français, *idem*, la statue de Louis XIV, et plusieurs autres du même siecle.

haut, et les assises des pierres y sont marquées. Cette tour qui doit être placée derriere les deux grandes figures est une allégorie au nom de la Tour-d'Auvergne.

Dans la cinquieme caisse est un ange qu'un nuage enveloppe; il tient dans sa main droite qu'il éleve au-dessus de sa tête, un cœur qui désigne celui du duc de Bouillon; il paraît par son attitude l'emporter au ciel; cet ange doit être placé au-dessus de la tour et paraître en sortir. Cette figure répond par ses beautés, aux autres pieces du mausolée.

Dans la sixieme et derniere caisse sont des trophés d'armes en bronze doré, pour placer sur le rond de la tour dont on vient de parler.

On y trouve encore deux griffons couronnés pareillement en bronze doré, qui tiennent chacun dans leurs serres un écusson aux armes du duc de Bouillon; ils ont chacun leur console de pareille composition. Toutes ces pieces en bronze sont d'un travail riche et très-recherché. Les ornemens du piédestal qui doivent être pareillement en bronze, manquent; on ignore ce qu'ils sont devenus.

On voit douze chapiteaux en marbre, d'ordre corinthien, pour le couronnement des colonnes qui devaient être placées au-devant de la chapelle du mausolée. Ces chapiteaux sont travaillés avec beaucoup d'art.

Ce sont là toutes les pieces qui se trouvent dans une des tours de l'abbaye de Cluny; on croit qu'il n'y en a pas été déposé une plus grande quantité.

Les marbres qui devaient composer la chapelle ne se trouvent pas. On croit même qu'ils n'ont pas été envoyés de Rome. Les pieces du tombeau, qui doivent être en marbre noir, manquent pareillement.

Les pieces telles qu'elles sont actuellement peuvent être facilement rassemblées. On en peut composer le mausolée du duc de Bouillon, tel qu'il devait être élevé. On peut aisément suppléer aux marbres qui manquent, par ceux que j'ai sous la main.

Voilà, citoyen Ministre, ce que j'ai dû mettre sous vos yeux en vous demandant au nom des arts l'autorisation suffisante pour retirer ce monument de l'abandon où il est, et le faire transporter dans le Musée que je dirige, pour y être placé dans la salle du dix-septieme siecle, en face de celui de Turenne.

Salut et respect,

LENOIR.

N°. 196.

De Saint-Germain-l'Auxerrois.

Statue en marbre, d'Etienne d'Aligre, garde-des-sceaux en 1672, représenté à genoux, mort en 1677, âgé de 85 ans; par Anguier.

N°. 197.

De Saint-Nicolas-du-Chardonnet.

Monument érigé par Charles Lebrun à sa mere. Il a été exécuté sur ses dessins par Tuby et Collignon.

La mere de ce peintre est représentée par une figure en marbre, qui sort du tombeau au son d'une trompette embouchée par un ange.

Cette figure, d'une expression admirable, marque parfaitement l'avidité qu'elle a de jouir de la gloire céleste. Elle est due au talent de Collignon; l'Ange est de Tuby.

N°. 198.

Du Calvaire du Marais.

Un petit monument en marbre blanc, représentant la Force, qui tient un cœur à la main, élevé à Paul de Gondi, cardinal de Retz, en 1679; par Girardon.

N°. 199.

De Saint-Germain-l'Auxerrois.

Monument érigé à Henriette Salincart, femme d'Israël Sylvestre, graveur célebre, morte en 1680.

Charles Lebrun, à qui cette femme était chere, l'a peinte à l'article de la mort, sur un fond de marbre noir. J'ai composé ce monument tel qu'on le voit aujourd'hui dans ce Musée. Le médaillon était originairement attaché à un pilier, sans autre ornement.

N°. 200.

De Saint-Eustache.

Monument érigé à Jean-Baptiste Colbert, ministre d'Etat, mort en 1683, qui à juste titre avait obtenu le surnom de Mécène Français.

Ce ministre représenté à genoux, en marbre blanc, de grandeur naturelle, revêtu des habits de l'ordre du Saint-Esprit, est de l'exécution de

Coyzevox. La figure de l'Abondance, qui l'accompagne, est aussi du ciseau de cet artiste. La Fidélité qui est placée de l'autre côté, est attribuée à Tuby, ainsi qu'un Ange qui portait un livre. Cet Ange a été détruit par les malveillans.

N°. 201

De Saint-Germain-des-Prés.

Deux statues de femmes, de grandeur naturelle, provenant du tombeau des Castellans dont elles tiennent les bustes; exécutées par Girardon, posées en 1683.

Le reste du tombeau a été brisé.

N°. 202.

Des Petits-Peres.

Monument érigé à Jean-Baptiste Lulli, mort en 1687; exécuté par Cotton.

Ce monument est composé d'un cénotaphe de marbre noir, auprès duquel sont adossées deux femmes éplorées. Deux Génies en pleurs élevent la composition, et sont grouppés au bas du buste en bronze de ce musicien célebre.

Cotton était éleve d'Anguier.

N°. 203.

De Saint-Nicolas-du-Chardonnet.

Monument en marbre, érigé à Charles Lebrun, peintre de l'école française, né à Paris en 1619, et mort en 1690; par Suzanne Butay, sa femme.

Ce monument exécuté par Coyzevox, son ami,

est d'une composition simple et noble. Devant une pyramide qui s'élève très-haut, on voit le buste de Lebrun, monté sur un soubassement qui renferme son épitaphe. D'un côté, on remarque la Piété qui porte ses regards vers ce buste, et de l'autre la Peinture affligée. Coyzevox a déployé dans cette figure tous les moyens de son art. Il a su réunir la grace et la noblesse à la sensibilité la plus profonde ; sentiment qui contraste parfaitement avec l'expression froide et sévère de la Piété qu'il a rendue avec un mérite aussi distingué.

Je rapporte ici son épitaphe telle qu'on la voyait autrefois. Elle a été mutilée par des malveillans, et il m'a été impossible de la faire restaurer entièrement.

A LA MÉMOIRE DE CHARLES LEBRUN,

Ecuyer, sieur de Thionville, premier peintre du roi, directeur des manufactures royales des Gobelins, directeur-chancelier de l'académie royale de peinture et de sculpture.

Son génie vaste et supérieur le mit en peu de tems au-dessus de tous les peintres de son siecle. Ce fut lui qui forma la célèbre académie de peinture et de sculpture, que Louis le Grand a depuis honorée de sa royale protection, qui a fourni des peintres et des sculpteurs à toute l'Europe, où elle a toujours tenu le premier rang.

L'académie de dessin de cette superbe Rome, qui avait eu jusqu'à présent l'avantage des beaux-arts sur toutes les autres Nations, le reconnut pour son prince, en 1676 et 1677. Ce sont ses dessins qui ont répandu le bon goût dans tous les arts ; et sous

sa

sa direction les fameuses manufactures des Gobelins ont fourni les plus précieux meubles, et les plus magnifiques ornemens des maisons royales.

Pour marque éternelle de son mérite, Louis le Grand le fit son premier peintre, lui donna des lettres authentiques de noblesse, et le combla de ses bienfaits. Il est né à Paris, le 22 de mars 1619, et y est mort dans le sein de la piété, le 12 février 1690.

Susanne Butay, sa veuve, après avoir élevé à son illustre époux ce monument de son estime et de sa reconnaissance, l'a rejoint dans le tombeau, le 26 juin 1699.

N°. 204.

Des Feuillans.

Statue en marbre blanc, de Tristan de Rostaing, chevalier des ordres, mort en 1691.

N°. 205.

Des Capucines.

Un grouppe de marbre blanc, sculpté par Girardon, représentant François-Michel Letellier, marquis de Louvois, ministre d'Etat, mort en 1691. L'Histoire, figurée par une femme qui tient un livre ouvert, semble tourner ses yeux mouillés de larmes vers Louvois, en lui montrant le passage de ce livre, où ses opérations dans le Palatinat sont rapportées.

On voit au bas de ce monument deux statues en bronze, l'une représentant la Sagesse, par Girardon ; et l'autre représentant la Vigilance, par Desjardins. Le bas-relief placé dans le soubassement, représente le Christ au tombeau, par

T

Girardon ; il était placé sur le maître-autel de la chapelle, où était érigé ce monument.

N°. 206.

De Saint-André-des-Arts.

Un grand bas-relief, représentant Minerve, appuyée d'une main sur un lion, et tenant de l'autre le médaillon de François-Louis de Bourbon, prince de Conti, mort en 1709 ; exécuté par Girardon.

N°. 207.

Des Célestins.

La pyramide, de Longueville, à quatre faces, de marbre noir, où sont incrustés en marbre blanc des bas-reliefs, allégoriques aux sciences, aux arts libéraux et à la guerre.

Hauteur 13 pieds 8 pouces, face de la base de la pyramide 2 pieds 2 pouces.

Deux bas-reliefs en bronze doré, placés dans le piédestal de la pyramide, l'un représentant la bataille de Senlis, et l'autre les secours accordés à la ville d'Arques. On apperçoit sur ce dernier Henri IV à cheval.

Quatre autres petits bas-reliefs en marbre blanc, provenant du même monument, représentant l'Abondance, la Justice, la Force, sous l'emblême d'un combat entre un lion et un ours, et la Prudence par une tête allégorique à deux faces. Les quatre angles du piédestal sont accompagnés de figures représentant la Force, la Justice, la Tempérance et la Prudence. Le tout par Michel Anguier.

Ce monument élevé à la mémoire de Henri Ier, duc de Longueville, mort en 1595, a été terminé par ordre d'Anne-Geneviève de Bourbon, duchesse de Longueville qui le fit servir de mausolée pour Henri II, duc de Longueville, fils du précédent et son mari, mort en 1663.

(Pour plus de renseignemens sur ce monument, voyez *Millin*, tome III.)

N°. 208.

Monument élevé avec les débris que j'ai recueillis de celui de la place des Victoires.

Les bas-reliefs qui ornent le piédestal, composés et exécutés par Desjardins, représentent le Traité de la France avec l'Espagne, en 1662; la Conquête de la Franche-Comté, en 1668; le Passage du Rhin, en 1672, et la Paix de Nimégue, en 1678.

La statue que l'on voit sur la colonne que j'ai fait poser sur ce piédestal est de bronze, et représente l'Abondance et l'Egalité.

N°. 209.

De la Municipalité de la Roche-sur-Seine.

Statue en marbre, de l'un des Silly.

Il est représenté à genoux devant un prie-dieu, sur lequel est posé un de ses enfans nouveau-né. Ce monument est un *ex-voto*. Il a été sauvé de la destruction par le citoyen l'Estrade, vieillard respectable et maire de sa commune, auquel on a voulu faire perdre la vie pour cette bonne action.

N°. 210.
Des Invalides.

Une statue colossale, en marbre blanc, exécutée par Coyzevox, représentant Charlemagne.

N°. 211.
Du même lieu.

Une statue colossale, en marbre blanc, exécutée par Coustou, représentant Louis IX.

N°. 212.

Louis XIV à cheval, modele en bronze, de la statue qui se voyait à la place Vendôme, exécuté par Girardon.

On voit sur un socle le pied gauche original de cette statue, fondue en 1792.

N°. 213.
De Notre-Dame.

Statue en marbre blanc, de Louis XIV, par Coyzevox.

N°. 214.

Statue en pied de Louis XIV, exécutée en marbre, par Michel Anguier.

Pour sacrifier au goût de son tems, cet artiste a blessé les convenances du costume, en donnant à son héros un vêtement romain. Cette remarque peut s'étendre sur une multitude de peintres et de sculpteurs, ses contemporains, qui, comme lui, ont affaibli leurs ouvrages par de semblables flagorneries.

Cette statue est d'un travail très-soigné, et précieuse dans ses détails.

N°. 476.
De la maison de Bourbon.

Grouppe en marbre blanc, par Sarrazin, représentant Louis XIV jeune, foulant au pied la Fronde, représentée par un soldat renversé, dont la lance est brisée, et ayant son casque surmonté d'un rat. Voici l'historique de cette statue que l'on avait enterrée dans les caves du Palais-Bourbon, et qui m'a été remise lorsqu'on y a établi le conseil des cinq-cents.

Le Prévôt des Marchands et les Echevins, éléverent sur un piédestal dans la cour de l'hôtel-de-ville de Paris, la statue de Louis XIV, qu'ils avaient fait sculpter par Sarrazin, et se rendirent en cérémonie, le 23 juin 1654, la veille de la Saint-Jean, en présence de la statue. Ils eurent soin de prendre un jour de réjouissance publique pour ne pas annoncer une fête commandée. Le peuple encore mécontent et enclin aux soulevemens ne l'eût probablement pas goûtée. La statue fut élevée une demi-heure avant d'allumer le feu. Louis XIV est représenté habillé en romain foulant la fronde, et la montrant vaincue avec le bâton de commandement qu'il tient à la main.

Cette figure resta en place jusqu'au 30 janvier 1687. Cette année Louis XIV vint dîner à l'hôtel-de-ville, un jour de réjouissance publique, et dit en entrant dans la cour: *Otez cette figure, elle n'est plus de saison.* De Fourcy était alors prévôt des marchands. La nuit même on ôta la statue; elle fut portée à Chessy, dans la maison de campagne de M. de Fourcy, qui la fit élever dans ses jardins. Quelque tems après, la maison de Condé, fit faire l'acquisition de ce monument; et pour le dérober à la connaissance du public, elle le fit enterrer dans les caves de son palais.

Le 14 juillet 1689, deux ans après, on éleva dans la cour de l'hôtel-de-ville, à la place de la statue dont je viens de parler, celle en pied et en bronze de Louis XIV, faite par Coyzevox, que la révolution a fait fondre en 1792, et dont on voit le modele dans le Musée, sous le n°. 240. On remarquait à côté de la statue les médaillons en bronze de M. de Fourcy, et celui de M. de Gêvres, gouverneur de Paris.

La statue dont je viens de parler n'est intéressante que sous le rapport historique; je la regarde comme indigne du ciseau de son auteur.

N°. 215.

De Saint-Benoît.

Un grouppe en terre cuite, représentant la Trinité, que l'on croit avoir été exécuté en 1630, par Dupré.

L'abbé Dinouart, voulant personifier le Verbe, fit ajouter la Colombe que l'on voit sortir de la bouche du Pere-Eternel.

N°. 216.

De la Sorbonne.

Statue de Saint-Ambroise, en marbre blanc, plus forte que nature; par Guillain.

N°. 477.
De la porte Saint-Antoine.

Deux statues plus fortes que le naturel, exécutées en pierre de liais, par Michel Anguier, représentant la Force et l'Espérance.

N°. 218.
De l'abbaye de Montmartre.

Saint-Denis, représenté à genoux, dans l'attitude de l'Adoration.

Cette statue de marbre blanc, très-estimée pour son ajustement et son exécution, est de Sarrazin.

N°. 220.
De Saint-Jean-de-Latran.

Un grouppe en marbre blanc, composé de la Vierge, du Christ enfant, et de Saint-Jean ; exécuté en Italie, par Anguier.

N°. 223.
Du Val-de-Grace.

Un grouppe en marbre blanc, composé de trois figures, représentant la Nativité du Christ ; exécuté par Anguier.

Cet artiste, souvent employé dans les monumens publics, érigés de son tems, a fait un chef-d'œuvre dans la figure du Christ qu'il a représenté endormi.

N°s. 226 et 227.
De la Sorbonne.

La Vierge, statue en marbre ; par Louis Lecomte.

Celle de Saint-Jean-l'Evangéliste ; par Cadene.

N°. 228.

Du même lieu.

Statue colossale, en marbre blanc, représentant la Vierge; par Desjardins.

N°. 229.

Une statue en pierre de Tonnerre, représentant la Mélancolie; par Desjardins. Ce sculpteur, qui était très-avancé en âge, lorsqu'il apprit les premiers élémens de son art, réussissait infiniment mieux dans la fonte et l'exécution des bronzes. *Voyez* au Musée central les figures qu'il avait fondues pour la place des Victoires

N°. 231.

De Saint-Germain-des-Prés.

Statue en marbre blanc, de Sainte-Marguerite; par Bourlet, frere-convers de ce monastere.

N°. 232.

De Saint-Gervais.

Monument érigé à Michel Letellier, chancelier, mort le 30 octobre 1685, âgé de 83 ans. On voit un sarcophage en marbre noir, sur lequel est couchée la figure de ce chancelier; la Religion et la Force, de grandeur naturelle, accompagnent ce monument; exécuté par Pierre Mazeline et Simon Hurtrelle.

Le ministre, par une lettre en date du 7 floréal an 6, m'a autorisé à recueillir ce monument qui était resté dans son état de mutilation.

N°. 233.
Des Dames-de-Sainte-Catherine.

Statue en marbre blanc, de Sainte-Catherine ; par Regnaudin.

N°. 478.
Du parc de Sceaux.

Une statue en marbre blanc, représentant Erigone ; exécutée par Louis Leranbert, né en 1614, et mort en 1670.

N°. 234.

Statue en marbre blanc, de 6 pieds de proportion, représentant la Religion ; exécutée par Girardon.

N°. 235.
De Saint-Denis.

Statue en marbre blanc, représentant Saint-Benoît ; par Tuby.

Cette statue, bien drapée et bien exécutée, a été prodigieusement mutilée par les malveillans de 1793.

N°. 479.
Du château de Sceaux.

Un grouppe en marbre blanc, représentant le Baptême de Christ, exécuté par Tuby ; on lit au bas : *A la mémoire de Jean-Baptiste Tuby, qui a exécuté ce monument ; il est mort en 1700.*

N°. 480.
Du même lieu.

Statue en pierre de liais, copiée d'après l'antique ; par Marsy, représentant Jupiter.

N°. 481.

Du même lieu.

Autre statue, par le même, représentant Minerve.

N°. 482.

Du même lieu.

Autre statue, par le même, représentant Junon.

N°. 483.

Du même lieu.

Statue en marbre, par le même, représentant l'Hiver.

PORTRAITS EN PIED.

N°. 236.

Statue en pied, dans la proportion de 30 pouces, de Nicolas Poussin, peintre de l'Ecole française, né aux Andelys, en Normandie, en 1594; mort à Rome en 1665.

Il fut surnommé *le Peintre des philosophes.*

N°. 237.

Statue en pied, dans la même proportion, de 30 pouces, d'Eustache Lesueur, peintre de l'Ecole française, né à Paris en 1617; mort dans la même ville en 1655.

Ce peintre fut surnommé *le Raphaël français.*

N°. 238.

Statue de même proportion, de Jacques Sarrazin, peintre et sculpteur de l'Ecole française, né à Noyon, en 1598; mort à Paris, en 1666.

N°. 239.

Statue de même proportion, de Pierre Puget, sculpteur-peintre, et architecte de l'Ecole française, né à Marseille, en 1622; mort dans la même ville, en 1694.

Puget fut surnommé *le Michel-Ange français*.

Ces quatre statues que j'ai fait faire pour être placées à la suite des grands hommes qui ont illustré la France, dans le 17e siècle, ont été exécutées d'après des médailles authentiques, par le citoyen Foucou, artiste, qui s'est distingué dans d'autres occasions. Les masques ou larves que l'on voit dans le jardin Elysée sont du même artiste.

N°. 484.
De l'Arsenal de Paris.

La statue en pied et de grandeur naturelle, de Pierre Corneille, terre cuite, de Caffieri; le marbre de cette statue se voit à l'institut national de France, au palais des sciences et arts.

N°. 240.
Du dépôt de Nesle.

Modele en bronze de la statue de Louis XIV, qui était placée dans la cour du ci-devant hôtel-de-ville de Paris. La statue qui a été fondue était de Coyzevox.

BAS-RELIEFS.

N°. 241.
Des Feuillans.

Un bas-relief en plomb, représentant Minerve,

offrant le portrait de Louis de Marillac, maréchal de France.

Malgré ses exploits, ce militaire encourut la disgrace du cardinal de Richelieu, et eut la tête tranchée le 10 mai 1632.

N°. 242.
Des Célestins.

Un bas-relief en bronze, sur lequel est représenté Louis Potier de Gesvres, dans son dernier combat.

On voit la Renommée qui publie ses exploits, et les Parques qui vont trancher ses jours. Ce bas-relief est attribué à Guillain.

N°. 243.
Des Jacobins.

Bas-relief en bronze, exécuté par Joly, représentant la bataille gagnée en 1677, sur les Impériaux, par François de Créqui, maréchal de France, à Kochersberg, en Alsace. On voit au-dessus le buste en marbre blanc de ce maréchal, représenté à mi-corps cuirassé, et ayant les mains jointes; exécuté par Coyzevox. Le monument qui lui avait été érigé a été entièrement détruit. Le buste est tout ce qui en reste.

N°. 485.
De Vincennes.

Un bas-relief allégorique, représentant le Gouvernement Français, recevant la paix des mains d Hercule; la victoire le suit, et près de lui un génie tient Cerbere enchaîné; plus loin l'Envie ronge ses serpens, les sciences et les arts, près de la France annoncent la prospérité.

Ce marbre d'un bon style et d'une belle exécution, de la main d'Anguier, avait été vendu au citoyen Baudri, marbrier, auquel je l'ai acheté pour une somme de 120 francs; son pendant que j'ai fait chercher a été détruit.

N°. 244.
De Sainte-Croix-de-la-Bretonnerie.

Un bas-relief ovale, en marbre blanc, représentant une femme dans la douleur; par Sarrazin.

N°. 245.
Des Jésuites.

Deux inscriptions, en marbre blanc, ornées de grouppes d'enfans; par Sarrazin.

Ces inscriptions proviennent d'un monument érigé à Louis XIII, par les ordres d'Anne d'Autriche.

N°. 246.
Du même lieu.

Quatre médaillons, en marbre blanc, représentant la Justice, la Charité, la Force et la Prudence.

Ces bas-reliefs, d'un style très-correct, ont été exécutés par Sarrazin, pour le même monument que ci-dessus.

N°. 247.
Du Val-de-Grace.

La présentation du Christ au Temple, bas-relief en bois; sculpté par Sarrazin.

N°. 249.
De l'Oratoire.

Deux petits bas-reliefs, en plâtre, esquisses de Michel Anguier, représentant l'un le Baptême du Christ, et l'autre sa Résurrection.

N°. 250.

Ces bronzes ont été vendus à l'hôtel de Nesle, rue de Beaune.

N°. 251.
Des Feuillans.

Un bas-relief, représentant Henri III, accueillant le plan du couvent de Paris, que lui présente dom Jean de la Barriere, fondateur du monastere de la rue Saint-Honoré.

Ce modele unique est attribué à Anguier.

N°. 252.
De l'Oratoire.

Un grand bas-relief, sculpté en pierre de Tonnerre, représentant la Justice, tenant le portrait d'un magistrat.

Ce morceau, d'un style soigné, est d'Anguier.

N°. 254.
De Saint-Jean-de-Latran.

Deux lions, en marbre, sculptés par François Anguier, placés au-dessus des portes d'entrée de la salle du dix-septieme siecle. Cette porte d'un goût agréable a été exécutée sur les dessins du citoyen Peyre fils, architecte, qui aurait dû imiter le style du tems.

N°. 256.

De Saint-Denis-de-la-Chartre.

Un bas-relief, en marbre, représentant le Christ, donnant la communion à des prisonniers; par Regnaudin.

N°. 258.

De Saint-Nicolas-du-Chardonnet.

Un bas-relief, en bronze, représentant Saint-Charles, donnant la communion à des malades de la peste; par Girardon.

N°. 260.

De Saint-André-des-Arts.

Un petit bas-relief, en marbre, représentant les derniers devoirs rendus à l'Humanité; par Girardon.

N°. 486.

De Sceaux.

Bas-relief, représentant le Purgatoire; exécuté en marbre, par Tuby.

N°. 487.

Bas-relief, représentant un combat d'Athletes; exécuté en marbre, par Legros. Ce morceau vient du cabinet du citoyen Panckoucke.

N°. 261.

Des Carmélites.

Un grand bas-relief, en bois, représentant l'apothéose d'Elie, dans un char de feu; par Anselme Flamen.

N°. 264.
Des Feuillans.

Monument allégorique, érigé à Henri de Lorraine, comte d'Harcourt. Plus bas on voit dans un bas-relief la Victoire qui présente son héros à la Religion; allégorie qui exprime ses succès contre les non-catholiques. Ce monument est de Nicolas Renard, en 1693.

N°. 488.

Un grand médaillon en marbre blanc, représentant Louis XIV passant le Rhin; par Coustou.

BUSTES ET PORTRAITS EN MÉDAILLON.

N°. 265.

Le buste en marbre, d'Henri IV, mort en 1610; par Barthélemi Prieur.

Ce buste extrêmement soigné, est d'une exécution parfaite.

N°. 266.

Buste en marbre, de Louis XIII enfant; par Prieur.

N°. 267.
Du dépôt de Nesle.

Le buste en bronze, de Louis XIV. La draperie est en albâtre oriental. On l'attribue à Coyzevox.

N°. 268.
De l'académie des Belles-Lettres.

Le médaillon, en bronze, de Louis XIV; par Benoît, artiste très-peu connu.

N°. 269.

N°. 269.

Le buste de Louis de France, fils de Louis XIV, et ayeul de Louis XV, mort en 1711.

N°. 270.

De Saint-Germain-l'Auxerrois.

Le buste en marbre blanc, de Pompone de Bellievre, surintendant, sous Henri III, mort en 1607, âgé de 78 ans; par Barthélemi Prieur.

Il était surnommé *le Nestor* de son siecle.

N°. 271.

Des Bernardins.

Le buste, en marbre blanc, de Guillaume Duvair, garde-des-sceaux en 1616, et évêque de Lisieux en 1618, mort en 1621; par un artiste inconnu.

Duvair a laissé plusieurs ouvrages de littérature.

N°. 272.

De Saint-Germain-des-Prés.

Deux têtes de vieillards, études fondues en bronze, attribuées à Sarrazin.

N°. 273.

Buste de Claude-Fabri de Peyresc, célebre en 1610, mort en 1637; exécuté en marbre par Francin fils, artiste vivant. J'ai dû l'exécution de ce marbre à la mémoire de ce grand homme (1).

---

(1) Note des bustes des grands hommes, dont l'exécution a été autorisée sur ma demande. 16°. siecle, Gougeon, Michel Montaigne; 17°. siecle, Fabri de Peyresc; 18°. siecle, J. J. Rousseau, Winckelmann, Champfort, Gluck.

N°. 274.

Buste en marbre d'Armand Claude de Bullion, surintendant des finances, mort en 1640; sculpté par Anguier.

N°. 275.

Buste de Maximilien de Bethune, baron de Rosny, duc de Sully, maréchal de France, et ministre d'Henri IV, mort en 1641, à Villebon, au pays Chartrain.

N°. 276.

Le buste, en marbre, d'Armand-Jean Duplessis, cardinal de Richelieu, ministre d'Etat, mort en 1642; par Coyzevox.

N°. 277.

Du même lieu.

Le buste du même, en bronze, que l'on dit être de Varin.

N°. 278.

Le buste de Jean Rotrou, poëte dramatique, mort en 1650.

N°. 489.

De Saint-Victor.

Le buste en marbre, de Henri du Bouchet, conseiller au parlement, qui donna sa bibliotheque à cette maison et au public; mort en 1654.

N°. 279.

Des Cordeliers.

Le buste en marbre, de Thomas Briçonnet, conseiller en la cour des aides, mort en 1658.

N°. 280.

Le buste, en marbre, de Jules Mazarin, cardinal et ministre d'Etat, mort en 1661 ; par Coyzevox.

N°. 281.

Le buste de Jean-Baptiste Pocquelin de Moliere, comédien et poëte, mort le 17 février 1673, reçu de l'académie française cent ans après sa mort.

N°. 282.

Le buste, en marbre, d'Henri de la Tour-d'Auvergne, vicomte de Turenne, tué le 27 juillet 1675, à l'âge de 64 ans, enterré à Saint-Denis le 29 août. Ce buste est de Coyzevox.

N°. 283.

Le buste de Jean-Baptiste Colbert, ministre d'Etat, mort en 1683 ; par Coyzevox.

N°. 284.

Le buste de Pierre Corneille, poëte dramatique, de l'académie française, mort en 1684.

N°. 285.

De Saint-Germain-des-Prés.

Le buste, en bronze, de Michel le Tellier, chancelier, célèbre par la révocation de l'Edit de Nantes, mort en 1685, âgé de 83 ans.

Sarrazin est l'auteur de ce buste, fait du vivant de ce chancelier.

N°. 286.

Le buste, en marbre, de Louis II, de Bourbon Condé, dit *le Grand Condé*, mort le 11 décembre 1686, âgé de 66 ans, ouvrage de Coyzevox.

N°. 288.

Le buste, de Philippe Quinault, de l'académie française, mort en 1688.

N°. 289.

Le buste, en marbre, de Henri d'Harcourt, maréchal de France, mort en 1718, fort avancé en âge, après s'être distingué dans plusieurs combats.

N°. 290.

Le buste de Jean Lafontaine, de l'académie française, mort en 1695.

N°. 291.

Le buste, en marbre, d'Edouard Colbert, frere du ministre d'Etat, mort en 1693; sculpté par Desjardins.

N°. 292.

Des Minimes.

Le portrait en médaillon, du même Edouard Colbert; sculpté en marbre par Coyzevox.

N°. 293.

Des Jacobins.

Le buste en marbre, de Pierre Mignard, peintre de l'Ecole française, mort en 1695; par Desjardins.

N°. 490.

Buste en marbre, de François de Salignac de la-Motte-Fénélon, archevêque de Cambrai, par Coyzevox. J'ai acheté ce buste au cit. Balleux.

N°. 491.

Buste en terre cuite, d'un Lamoignon.

N°. 294.

Le buste, de Jean-Baptiste de Santeuil, poëte latin, mort à Dijon, le 5 août 1697; par Couânon, artiste vivant.

Le marbre sur lequel était gravée son épitaphe, ayant été vendu comme simple marbre, je la transcris ici telle que Rollin l'a composée.

F. JOANNIS BAPT. DE SANTEUIL,
Parisini, subdiaconi, etc., can. nostri

EPITAPHIUM.

Quem superi præconem habuit quem sancta poetam
    Relligio, latet hoc marmore Santolius.
Ille etiam heroas, fontesque et flumina et hortos
    Dixerat : ad cineres quid juvat iste labor ?
Fama hominum, merces sit versibus æqua prophanis:
    Mercedem poscunt carmina sacra deum.
    Obiit anno Domini M. DC. XCVII.
Nonis Augusti, ætatis LXVI. professionis XLIV.

N°. 295.

Le buste, de Jean Racine, de l'académie française, mort en 1699; fait par Coyzevox.

N°. 296.

De Saint-Roch.

Le buste, en marbre, d'André Lenostre, intendant et architecte des jardins de Louis XIV, mort en 1700; par Coyzevox.

N°. 297.

Le buste, en marbre, de Marie Serre, mere

de Rigaud, célebre peintre de portraits, par Coyzevox en 1706.

N°. 298.
De Saint-Paul.

Un buste, en marbre blanc, que l'on croît être celui de Pierre Silvain Regis, né en 1632, à la Salvetat de Blanquefort, en Agénois, et mort à Paris, en 1707 (1).

Il était de l'académie des sciences, et l'un des plus fameux sectateurs de Descartes. Fontenelle a fait l'éloge de ce philosophe.

N°. 299.
Du même lieu.

Le médaillon, en marbre blanc, de Jules Hardouin Mansard, architecte célebre, surintendant et ordonnateur général des bâtimens, arts et manufactures de France; mort à Marly, en 1708.

Ce médaillon qui a été exécuté par Coyzevox, est posé sur une moitié de colonne, sur laquelle est gravée l'épitaphe suivante:

D. O. M.

JULIUS HARDOUIN MANSARD.

Comes Sagonensis,
Regii ordinis eques,
Regiorum ædificiorum summus præfectus,
Quibus titulis auctus

---

(1) Toutes les inscriptions et les monumens que renfermait ce temple, ayant été détruits par les malveillans de 1793, je n'ai que des notions vagues sur le personnage que présente ce buste.

*A Ludovico Magno quàm merito
Fuerit, docebunt posteros illustria toto
Regno, tam publica quàm privata
Architecturæ monumenta.
Vixit annos LXIII.
Obiit die XI maii
Anno salutis M. DCC. VIII.*

N°. 300.

Le buste, de Thomas Corneille, de l'académie française, mort en 1709.

N°. 301.
Des Minimes.

Le buste, en marbre, de Charles de Jay de Maisonrouge.

N°. 302.
Du même lieu.

Le buste, en marbre, de Guillaume Lesrat, seigneur de Lancrau.

N°s. 303, 304, 305 et 306.
Des Feuillans.

Les bustes, en marbre, de Gaston de Rostaing; d'Antoine de Rostaing; de Jean de Rostaing, fils d'Antoine; et de Louis-Henri de Rostaing, fils de Charles.

N°. 307.
Des Minimes de Passy.

Un Génie soutenant un cartel, en marbre blanc; par Van Cleve.

On ignore quels sont les deux personnages représentés dans le cartel.

N°. 308.

Des Feuillans.

Le buste, en marbre, de Méderic Barbezieres, grand-maréchal-des-logis du roi. (*Majoris regiarum domorum marechallis*, c'est ainsi que son épitaphe s'exprime sur ces titres.)

N°. 309.

De Saint-Jacques-la-Boucherie.

Tête d'expression, représentant le Christ mourant; étude exécutée en bois, par Sarrazin. Le reste a été brisé.

N°. 310.

Bustes, en marbre, par Girardon, représentant Mercure, Flore, Apollon et Pomone.

N°. 312.

Le buste de Nicolas Boileau Despréaux, de l'académie française, mort en 1711.

MOSAIQUE.

N°. 313.

Des Petits-Peres.

Une petite Mosaïque, représentant Saint-Jérôme dans le désert, copie d'après le Dominiquin.

L'original de ce tableau se voyait à la galerie d'Orléans.

EPITAPHES.

N°. 314.

Monument que j'ai élevé dans le jardin Elysée à Jacques Rohault, disciple et ami de Descartes, dont le cœur, qui était à Sainte-Genevieve, est déposé dans un vase de marbre gris, supporté par une colonne de marbre noir. Il est mort en 1674. Il était le partisan le plus zélé du systême de son ami, fondé sur les phénomenes de la nature, et non sur des spéculations.
Son épitaphe a été composée par Santeuil.

D. O. M.

Et æternæ memoriæ JACOBI ROHAULT,
Ambiani, celeberrimi quondam
Mathematici et philosophi
Cujus cor hìc repositum.
Discordes jam dudum æquis rationibus ambæ
Et natura et relligio sibi bella movebant :
Tu, rerum causas Fidei et mysteria pandens
Concilias utrasque et amico fœdere jungis.
Munere pro tanto, decus immortale sophorum
Hoc memores posuere tibi venerabile bustum,
Quos unum doctrina facit, compingit in unum.
Doctaque Cartesii ossa hoc marmor, corque Roolti
Has tanti exuvias hominis Lienardus ad aras
Appendit fidi officiis cumulatus amici.
           Positum 1675.

N°. 315.

De Saint-Victor.

La tombe, en pierre de liais, qui couvrait Santeuil, portant l'inscription suivante :

A   Ω.

Hìc jacet
F. JOANNES BAPTISTA DE SANTEUIL,
*Hujus abbatiæ
Canonicus regularis
Et subdiaconus.
Qui sacros hymnos.
Piis æque ac politis versibus
Ad usum Ecclesiæ
Concinnavit.
Obiit
Die quintâ Augusti
Anno reparatæ salutis* M. DC. XCVII.
Ætatis LXVI.
Canonicæ professionis.
A   XLIV.   Ω.

AUTRE.

Cy gît le célebre Santeuil !
Muses et foux prenez le deuil.

Fin du dix-septieme siecle.

MONUMENS
DU DIX-HUITIEME SIECLE.

Si nous voulons suivre dans ses détails les véritables causes de la décadence des arts en France, nous les trouverons toutes dans les corporations établies au commencement du siecle dernier ; Charles Lebrun, éleve et successeur de Simon Vouët, en montant au trône académique, voulut s'entourer d'artistes qui lui étaient inférieurs ; il en fit ses courtisans, ses satellites et chacun d'eux s'empressa pour arriver à la suprématie, de suivre sa méthode, sa maniere d'exécuter, et même consentit à soumettre ses compositions à son examen. De ce moment on vit dans toutes les productions des beaux-arts cette teinte uniforme, et cette même physionomie qui ne se montre ordinairement qu'en l'absence du génie ; bientôt ce corps isolé des artistes externes devint tellement tyrannique qu'il absorba tous les talens. Voilà l'origine de ces peintures *blafardes* sans conception et sans ame, dont nous avons vu tapisser les murailles du Louvre, jusqu'au moment qu'un génie (1) bienfaisant est descendu du midi de la France avec la rapidité de l'aigle, pour arracher le voile épais qui cachait à nos yeux les plus belles productions de l'antiquité, et restaurer par ses leçons et ses

---

(1) Vien.

modeles toutes les parties qui composent l'art du dessin.

C'est l'enseignement vicieux des maîtres à la mode, et principalement le goût lâche et tortillé introduit dans l'Ecole française, sous la dénomination de *large*, faire *largement*, dont on a excessivement abusé, qui avait éloigné la sévérité de l'antique, dont la beauté et la pureté devenait effrayante pour les praticiens des arts dépendans du dessin. Qui peut fixer le degré de perfection que les arts pouvaient atteindre, s'ils eussent continué de prospérer par les principes que nous avaient laissés les Gougeon, les Cousin et les Pilon, et surtout si l'inimitable Poussin, au lieu d'être repoussé de sa patrie, eût pris la prépondérance qui lui appartenait ? Mais après les Coypel, les Vanloo et les Boucher, Vien parut et l'art sortit de la poussiere. Eleves, oubliez ces perfides systêmes dont j'ai été moi-même la victime, marchez à l'immortalité avec vos habiles maîtres, travaillez avec eux à réparer les erreurs du dix-septieme siecle, et que la fin du dix-huitieme par vos études et vos productions fasse époque dans l'histoire des arts.

Épître adressée à VIEN, *par Ducis, lue à l'institut national de France, an 7.*

De l'Ecole française heureux restaurateur,
Qui, du grand art de peindre atteignant la hauteur,
Aux fécondes leçons as su joindre l'exemple ;
Toi qu'en s'attendrissant l'œil du public contemple
Avec ce doux respect qui suit les cheveux blancs,
Quand la vertu s'unit à l'éclat des talens,

Tu le sais, le beau seul a droit à notre hommage;
VIEN, c'est toi, le premier, qui, vengeant son outrage,
Rendis à nos pinceaux l'exacte vérité,
D'un dessin vigoureux l'aimable austérité,
Le brillant coloris, la sévere ordonnance,
Et de l'art, en un mot, le charme et la science.
Pour plaire et pour toucher, oui, ta voix leur apprit
A s'adresser au cœur, sans trop chercher l'esprit;
Comment, belle sans art, et riche sans parure,
La vérité sortait du sein de la nature;
Aussi ton seul aspect a flétri les atours
Dont un luxe indigent accablait les Amours,
Ces éternels berceaux, ces fleurs toujours écloses,
Qui t'auraient fait haïr le printems et les roses.
On vit tous ces bergers, amans de leurs miroirs,
De leurs rubans chargés, s'enfuir vers les boudoirs;
Et, serrant de dépit ses galantes merveilles,
La Flore des salons remporta ses corbeilles.

  L'Histoire enfin par toi sentit sa dignité,
Reprit sous tes pinceaux sa force et sa fierté.
Pour frapper nos regards par d'augustes exemples,
Leur céleste splendeur éclata dans nos temples.
La Fable aussi par toi, comme un livre charmant,
S'ouvrit pour nous instruire, et plut innocemment.

  Quand son rapt criminel a soulevé la Gréce (1),
Si l'indolent Pâris, au gré de sa molesse,
Lui qui, seul, de la guerre alluma les flambeaux,
Soupire auprès d'Hélene au bruit de ses fuseaux,
L'infatigable Hector, l'œil brûlant de courage,
Hector, couvert de fer, et sortant du carnage,

---

(1) Tableau de Vien.

Vient lui montrer sa lance et sa gloire et ses traits
Suspendus sans honneur aux murs de son palais.
Mais pour ses bras oisifs leur charge est trop pesante.
En tremblant pour ses jours, sa jeune et tendre amante,
N'entend que trop, peut-être, en voyant sa beauté,
Les reproches d'Hector dans la postérité.
   Je quitte ce chef-d'œuvre : un autre ici m'appelle.
Du Guide, du Corrége, admirateur fidelle,
Par les Graces conduit, ton pinceau ravissant
Dans les bras de Vénus me peint Mars languissant (1).
Je vois auprès du Dieu, sous ses flêches mortelles,
Dans un casque d'airain couver des tourterelles.
Mais ce casque abhorré, le signal des combats,
Que précédaient les cris, la fuite, le trépas,
Où flottait la terreur sur un panache horrible,
Plein de Jeux et d'Amours, n'est plus qu'un nid paisible
Qu'animent du bonheur les plus heureux accens.
Là, sont les tendres soins, les soupirs caressans.
Oh que j'aime ce casque, où, joyeux sous leur mere,
Tous ces Amours éclos ont rassemblé Cithere !
Qu'avec ces doux oiseaux je me plais à gémir !
Tout ce tableau m'enchante, et rien n'y fait frémir.
Ce n'est plus Mars sanglant, poudreux, pâle, terrible;
C'est Mars, mais désarmé, mais devenu sensible,
De la belle Vénus adorant les appas :
Il soupire, il frissonne, il languit dans ses bras.
Qu'un jeune homme l'observe; à cette ardente image,
Il s'enivre d'amour, de gloire et de courage;
Il détache de Mars le vaste bouclier;
Il prend sa lance en main, son glaive meurtrier,

_____

(1) Tableau de Vien.

Et croit, déjà vainqueur, lui rapportant ses armes,
D'une amante enchantée avoir conquis les charmes.
  Ainsi par tes leçons, par d'illustres travaux,
Toi-même avec plaisir tu créas tes rivaux ;
Déjà naît une Ecole en grands maîtres fertile.
  Que de nobles tableaux ! là, je crois voir Achille (1),
Non pas poussant des cris, de rage forcené,
Traînant Hector sanglant, à son char enchaîné,
Mais simple et jeune encor, au vieux Chiron docile,
Sur les monts, sur les eaux, suivant son maître agile,
Préludant aux combats par sa légéreté,
Et commençant déjà son immortalité.
  Là, pour garder leur sceptre, une atroce furie (2)
A son fils, à sa fille offre une coupe impie ;
Mais, quand, chassant enfin leur trop juste soupçon,
Pour les empoisonner, elle a bu du poison ;
Quand, retenant ses cris, et d'espoir palpitante,
Elle attend leur trépas pour expirer contente,
C'est alors qu'une amante (une amante a des yeux)
Voit son dépit marqué dans ses doigts furieux,
Qui, serrant ses habits, et trahissant sa rage,
Me font voir la douleur, la mort sur son visage,
Sur ce visage affreux dont la férocité
Fait reculer d'horreur son fils épouvanté ;
Mais enfin Rodogune échappe à sa vengeance.
  Plus loin, dans ses excès, je vois un Peuple immense (3),
Par le fer, par le feu, par sa fureur armé :
Soudain Molé paraît, soudain tout est calmé.

---

(1) Tableau de Regnault.
(2) Tableau de Taillasson.
(3) Tableau de Vincent.

C'est la mer qui s'appaise à l'aspect de Neptune.
C'est ainsi du pinceau que l'heureuse fortune,
Amante des héros, publiant leurs bienfaits,
Raconte aux yeux leur gloire, et nous offre leurs traits.
 Qui sont ces combattans ? La vigueur, la jeunesse (1),
La vertu sur leur front s'unit à la rudesse.
Oui : d'avance, déja ces trois freres Romains
Portent le sort de Rome et du Monde en leurs mains.
De courage et d'espoir tous leurs muscles frémissent;
Leurs cœurs, leurs bras d'acier s'entrelacent, s'unissent;
Ils m'offrent une armée; et leurs traits différens
Avec un même esprit marquent divers penchans.
Le pere, à ses trois fils présentant trois épées,
Du sang des trois Albains les voit déjà trempées.
Ses bras levés au Ciel et ses regards brûlans
Recommandent à Mars et Rome et ses enfans.
Oh comme, à leur pays s'ils étaient infidelles,
Ils mourraient à l'instant sous ses mains paternelles !
 Il nous promet Brutus, Brutus dont les faisceaux,
Dont la vertu partout revit sur nos pinceaux (2).
O Brutus ! pour tes yeux quel spectacle s'apprête !
Je vois deux corps sanglans, je ne vois pas leur tête.
Quoi ! tes fils ne sont plus ! ô pere infortuné !
Ce funeste trépas, qui l'a donc ordonné ?
C'est toi ! mais Rome, hélas ! devait t'être plus chere.
Tu n'as pu tout ensemble être consul et pere.
Je te vois immobile, en détournant les yeux,
Assis près d'un autel, t'appuyer sur les Dieux.

---

(1) Tableau de David.
(2) Tableau de David.

La mort est dans ton sein. Mais, Ciel ! avec quels charmes,
Si belles de candeur, de jeunesse et de larmes,
Tes filles, t'exprimant leurs naïves douleurs. . . . .
Vas, en ne pleurant point, tu fais couler mes pleurs.
Brutus n'en verse pas, il souffre ; et ce grand homme
Rend grace aux Immortels, dès qu'il a sauvé Rome.
 Mais ton ardeur, David, ne doit point se lasser ;
Et rival de toi-même, il faut te surpasser.
Lorsque ton art t'enflâme et t'appelle à la gloire,
C'est l'instinct qui te parle, et c'est lui qu'il faut croire.
Que ne peut le Génie ! il fait tout à son gré.
Son secret de lui-même est souvent ignoré.
Notre travail, c'est l'art ; l'instinct, c'est le génie.
De ce feu créateur, cette ame de la vie,
Du peintre, du poëte aliment enflâmé,
Michel-Ange est brûlant, le Dante est consumé.
Ce feu qui sent, qui voit, juge, invente et dispose,
Sous un calme apparent quelquefois se repose ;
Mais le volcan dormait, il s'entrouvre avec bruit,
Et le chef-d'œuvre est là, qui s'élance et qui luit.
C'est ce noble tourment dont les fureurs divines
Ont forcé ton pinceau d'enfanter tes Sabines.
 O toi, de la Peinture aimable et tendre sœur,
M'inspirant, comme à lui, ta force et ta douceur,
Pour rendre ce tableau, viens, fidelle interprète,
Un moment, s'il se peut, me prêter sa palette ;
Et dans mon vers serré, pur et plein de chaleur,
Fais sentir son crayon et parler sa couleur.
 Au pied du Capitole, entre ces deux armées (1),
D'une égale fureur au combat animées ;

---

(1) Tableau que David vient de terminer, et qui va être incessamment exposé aux regards du public.

X

Quand déjà le sang coule, et fait fumer les mains
Des Sabins indignés, des perfides Romains,
Je vois, je vois courir les Sabines troublées,
Leurs enfans sur leur sein, pâles, échevelées.
« Arrêtez-vous, cruels ! ou, de vos bras sanglans,
Massacrez sans pitié vos femmes, vos enfans ;
Les voilà sous vos pieds ! nous sommes vos familles.
Vos brus, vos tristes sœurs, vos femmes et vos filles.
Pour vous percer le flanc, vous marcherez sur eux,
Commencez sur nos corps ce parricide affreux. »
Le combat a cessé. Ces meres éperdues,
Sous des forêts de dards, de lances suspendues,
Parmi tant de guerriers, freres, peres, époux,
En leur montrant leurs fils, en pressant leurs genoux,
Ont ému la pitié dans tous ces cœurs farouches ;
Elle est dans leurs regards, dans leur port, sur leurs bouches ;
De Tatius déjà le glaive est abaissé ;
Le dard de Romulus n'est pas encor lancé :
Dans sa force et ses traits je lis le sort de Rome.
Oui : c'est Mars, c'est un Dieu. Tatius n'est qu'un homme.
O vous qui nous montrez ces enfans étendus,
Ne craignez rien pour eux, vos pleurs sont entendus !
Que ta noble terreur, Hersilie, a de charmes !
Vas, tu ne connais pas le pouvoir de tes larmes ;
Femme, ô sexe enchanteur, que la maternité,
O que le cri du sang ajoute à ta beauté !
Sous ces chevaux ardens, respirans les batailles,
Qui de vous a jetté le fruit de ses entrailles ?
De ce coursier fougueux, le pied compatissant,
Craint de blesser son calme et son rire innocent.
Courage ! montrez-vous, ô meres alarmées !
Les cris de vos enfans uniront deux armées.

Sabins, Romains, vaincus tous dans un même instant,
Pressent ces chers vainqueurs sur leur sein palpitant.
Oui : leur vengeance expire ; oui : leur haine attendrie
Du glaive en sa prison, fait rentrer la furie.
Tu l'emportes, Nature ! à ses cris triomphans,
Couvrons tous de lauriers, ces femmes, ces enfans.

 Eh ! dis-moi donc, David, par quelle heureuse adresse
Peins-tu si bien les pleurs, la force, la faiblesse ?
Sur un instant qui fuit, sur un vaste tableau,
Quels prodiges en foule, a versé ton pinceau !
Quel cœur résisterait à ta chaleur divine !
Chaque pere est Romain ; chaque mere est Sabine.
Le plaisir le plus doux (qui ne l'a pas goûté ?)
Ton tableau nous le crie : ah ! c'est l'humanité.

 VIEN, quel est ton bonheur, quand tu vois ces ouvrages,
Ces fils de tes enfans, ravir tous les suffrages !
Les puissans rejetons que ta sève a produits,
Célebres dès long-tems, sont chargés d'heureux fruits,
Qui, fameux à leur tour, sont près d'en faire éclore
Que tes vastes rameaux ombrageront encore.
A tes nobles leçons ils n'ont pu déroger ;
Et, tous, près de leur pere ils viennent se ranger.
L'aigle est le fils de l'aigle ; et le ramier timide
N'engendre point son vol, ni son œil intrépide.
Avec eux, de leurs noms, de ta gloire escorté,
Tu t'avances, vivant, dans la postérité.
Tes talens sans orgueil, ta vie et longue et pure
Donne un maître, un Nestor, un pere à la peinture.
Ton front, si jeune encor, sous tes cheveux blanchis,
Tes yeux des lois du tems semblent s'être affranchis.
Vois l'Apollon Romain sourire à ton école ;
Te voilà dans Paris au pied du Capitole.

Dans le champ des beaux-arts, tous amis et rivaux,
Tes enfans avec joie ont saisi leurs pinceaux.
Vois ces enfans si chers, dont l'essain t'environne,
Te montrer leurs travaux, t'apporter leur couronne.
Ainsi Diagoras, chez les Grecs vénéré,
De sa cinquieme race avec pompe entouré,
Vit le fils de ses fils, dans des fêtes publiques,
Couvrir ses cheveux blancs de lauriers olympiques.
Avec éclat porté par leurs bras triomphans,
Ses regards attendris tombaient sur ses enfans,
Et, succombant sous l'âge et le poids de leur gloire,
Il mourut de plaisir sur son char de victoire.

N°. 316.
Des Chartreux.

Un lutrin en bois, de forme triangulaire, haut de 5 pieds et demi, où se trouvent sculptées trois figures de femmes, représentant la Foi, l'Espérance et la Charité.

Ces figures, bien grouppées, sont d'une belle exécution. Le tout est surmonté d'un enfant foulant aux pieds le Vice. Dans les trois bas-reliefs du soubassement, sont représentés des personnages de l'Ecriture-Sainte.

Ce monument précieux est rempli de grace, et rendu avec beaucoup d'art par Julience, qui exerçait son talent en 1700. On sait seulement qu'il était Provençal.

N°. 492.
Des Capucines.

Monument érigé à Charles de Créqui, gouverneur de Paris, mort en 1709, âgé de 64 ans. Sur un cénotaphe est couchée la statue en marbre blanc du duc de Créqui, vêtu en grand habit de l'ordre du Saint-Esprit; l'Espérance le console, et lui soutient la tête, lorsqu'un Génie qui est à ses pieds pleure sa mort. Les statues de la Religion et de l'Abondance en marbre blanc grouppent les angles du soubassement; ce monument a été exécuté par Pierre Mazeline et Simon Hurtelle. (Le ministre a autorisé l'échange de ce monument qui avait été vendu au citoyen Marchal.)

N°. 317.
Des Blancs-Manteaux.

Un grouppe en marbre blanc, représentant Jean Lecamus, lieutenant civil, mort en 1710; il est à genoux devant un Génie qui tient un livre ouvert. Le tout exécuté par Maziere.

N°. 318.
De Saint-Paul.

Une Vierge en marbre blanc; exécuté par Coyzevox.

N°. 319.
Du jardin de Richelieu.

Un petit grouppe en marbre blanc, représentant l'Amour et Psyché.

Cette copie faite d'après l'antique est attribuée à Legros. On remarque dans ce grouppe, dont on voit l'original à Florence, deux jambes antiques que l'auteur y a adaptées avec beaucoup d'intelligence.

Pierre Legros, sculpteur distingué, né en 1666,

et mort en 1719, a produit quantité de belles copies, d'après l'antique, dont on a orné les jardins de Versailles. Son chef-d'œuvre est la Mnémosyne que l'on voit aux Tuileries. Beaucoup d'artistes modernes la préferent à l'original. *Voyez dans cet ouvrage l'introduction du 17ᵉ. siecle, p. 259.*

N°. 321.
De Saint-Landry.

La descente de Croix, qui ornait le tombeau de Catherine Duchemin, femme de Girardon, sculpteur célebre.

Cet artiste, fit exécuter en marbre blanc ce monument, sur ses modeles et dessins, par Nourrisson et le Lorrain, ses éleves. Le bas-relief en bronze représente Charles Boromée donnant des secours à des pestiférés, et est de Girardon.

N°. 322.
Des Invalides.

Une statue en plâtre, représentant Sainte-Emilienne, par Van Cleve.

N°. 324.
De Notre-Dame.

Un grouppe de quatre figures, en marbre blanc, représentant la Vierge, les bras ouverts et les yeux fixés au ciel; le Christ mort, étendu sur un linceul, placé sur les genoux de sa mere; un Ange soutient sa main, tandis qu'un autre tient une couronne d'épines.

Ce morceau est de Nicolas Coustou, et avait été mis en place en 1723.

N°. 325.

Des Blancs-Manteaux.

Une statue, de grandeur naturelle, en pierre de Conflans, représentant la Vierge; par Vassé pere.

N°. 326.

De Saint-Honoré.

Statue, en marbre blanc, de Guillaume Dubois, archevêque de Cambrai, ministre d'Etat et cardinal, mort en 1723, représenté à genoux, de grandeur naturelle, devant un prié-dieu, portant un livre ouvert, sur lequel on lit en gros caracteres: *Miserere mei, deus,* etc.

Cette statue, dans laquelle l'artiste a mis beaucoup de finesse et d'expression, est de Guillaume Coustou, et non de Bousseau, ainsi que le prétend d'Argenville.

Voici son épitaphe, qui n'est pas moins intéressante que le personnage.

D. O. M.

Hic ad aram majorem
Et in communi canonicorum sepulchrato situs est
GUILLELMUS DUBOIS S. E. R. CARDINALIS,
Archiepiscopus et dux Cameracensis, S. Imperii princeps,
Regi à secretioribus consiliis, mandatis et legationibus,
Primarius regni administer, publicorum cursorum præfectus,
Hujus Ecclesiæ canonicus honorarius.
Quid autem hi tituli, nisi arcus coloratus et vapor
Ad modicum parens?
Viator,

Solidiora et stabiliora bona mortuo precare.
Obiit an. M. DCC. XXIII. ætat. LXVII.
Hæredes grati ergà Regem et SS. pontificem
Animi monumentum. PP.

N°. 327.
De Notre-Dame.

Statue, en marbre blanc, de Louis XIII; par Guillaume Coustou.

N°. 329.
Des Jésuites, rue Pot-de-Fer.

Deux statues, en marbre blanc, dans la proportion de 6 pieds, représentant, l'une Saint-Ignace, et l'autre, Saint-François Xavier; par le même.

N°. 330.
Des Invalides.

Statue colossale, en marbre blanc, représentant Saint-Jérôme; par Sigisbert Adam.

N°. 331.
De Saint-Sulpice.

Neuf figures en pierre de Tonnerre, dont huit représentant les Apôtres du Christ; dans la neuvieme de ces figures, on a exprimé l'Affliction, par une femme enveloppée d'une draperie; par Bouchardon.

N°. 332.
Du même lieu.

Une statue, en pierre de Tonnerre, représentant le Christ portant sa croix; par Bouchardon.

N°. 333.
Du même lieu.

Monument allégorique, érigé à Languet de Gergy, curé de Saint-Sulpice, mort en 1750; exécuté en marbre, par Michel-Ange Slodtz.

Le squelette, en bronze, que l'auteur paraît avoir animé, est une invention moderne et ridicule, contraire aux principes des anciens.

N°. 334.

Une statue, de grandeur naturelle, représentant le Christ à la colonne; exécuté d'après Michel-Ange *Buonaroti*, par René Michel *Slodtz*, plus connu sous le nom de *Michel-Ange*.

L'original de cette statue se voit à Rome dans l'église de la Minerve. Elle y est en si grande vénération, que le pouce du pied droit ayant été totalement usé, à force d'avoir été baisé par les fideles, on en avait substitué un d'argent. Enfin, ce second après avoir été également usé, on en fit poser un troisieme en cuivre, qui est déjà entamé.

N°. 336.
De Saint-Louis du Louvre.

Monument élevé à la mémoire d'André-Hercule de Fleury, cardinal et ministre d'État, mort en 1743, âgé de 90 ans.

Sur un cénotaphe de marbre, on voit ce cardinal couché et mourant dans les bras de la Religion qui le soutient; près de lui est l'Espérance qui semble lui indiquer que l'immortalité l'attend. La statue qui est placée sur l'estrade au bas du tombeau, représente la France éplorée.

Ce monument, de la composition et de l'exécution de Lemoine, est resté à son ébauche.

N°. 337.

Une statue en marbre blanc, représentant Iris.

Cette statue qui avait été conçue et commencée par Adam, a été terminée par Clodion son éleve.

N°. 338.
De Saint-Eustache.

Un grouppe, en marbre blanc, représentant le Baptême du Christ ; exécuté par Jean-Baptiste Lemoine.

Ce monument était placé originairement sur le maître autel de Saint-Jean-en-Greve.

N°. 339.
De Notre-Dame.

Monument érigé à Henri-Claude, comte d'Harcourt, maréchal de France, mort en 1769, à 62 ans; par sa veuve qui le lui fit élever en 1776.

Du fond d'un grand sarcophage qu'un squelette (1) ouvre, on voit la statue du comte d'Harcourt, qui se leve en se débarrassant de son linceul pour parler à sa femme, représentée à genoux au bas du

---

(1) Encore un squelette ! J'ai dit, plus haut, que cette invention moderne blessait les convenances et la raison. J'invite les artistes à ne plus représenter à l'avenir *la mort* comme on représenterait un squelette, et à consulter plus souvent les allégories des Grecs.

tombeau. Son expression est celle de la douleur la plus profonde. L'hymen debout, placé derriere elle, est représenté en pleurs éteignant le flambeau de la vie. Sur l'estrade par laquelle on arrive au mausolée, est posé un trophée d'armes et un bouclier portant cette légende : *Gesta verbis præ-venient.*

Ce monument en marbre, richement composé, a été exécuté avec beaucoup de soin par Pigalle.

N°. 340.
De Saint-Roch.

Monument érigé à Louis Moreau de Maupertuis, de l'académie française, mort en 1759.

Ce monument, exécuté en marbre par d'Huez, est composé d'une pyramide sur laquelle est attaché son médaillon. Plus bas est un Génie, de grandeur naturelle, abattu par la douleur la plus profonde, et appuyé sur une colonne tronquée, chargée de l'inscription suivante; et plus bas les découvertes que cet homme de génie a faites dans les sciences, sont caractérisées par des enfans qui en tiennent les instrumens.

D. O. M.

Maupertuisiorum memoriæ ac perennitati.

Hic jacet RENATUS MOREAU, *San-Maclo-vianus . . . . qui postquam naves bellico merca-torias strenuè duxerat, civium suorum pro rebus maritimis apud . . . . orator an.* XL. *Michaelico terque donatus decessit. V°. Jul. an.* M. DCC. XLVI. *ætatis.* LXXXII. *de posteritate bene meritus ob geni-tum ex se* Petrum Lud. Moreau de Maupertuis, *suo, qui litteratum orbem nomine implevit. Hic primâ juventute equit . . . . . turmæ præfectus diuturnæ pacis otio revocatus ad studia, altiores geometriæ sinus penetravit. Newtonianam attractionem cartesianis auribus absonam primus in Galliâ propugnavit. Novis argumentis suffulsit . . . . missus ad Boreales plagas crescentes ad septentrionem circuli meridiani gradus, proindèque compressam, in polo telluris molem suis, sociorumque observationibus primus evicit. Academiæ Galliæ præcipuarumque Europæ socius. Berolin. instaurator ac præses, vocante Frid. III. hujus beneficio ordinis pro merito eques, phisicen, mathesin. astronom. metaphisic. nauticam, ethicam illustrare, amplificare, promovere non desiit. Ob impensam pro extruendo Berolini templo catholico curam summo pontifici Benedicto XIV. gratus vir, ingenio acer, animo ingens, integer fidei. E Patriâ redux, dum Berolinum ibique intermissa munia repeteret, recrudes ante morbi decennis violentiâ detentus Basileæ, quam in armorum conflictu mortem despexerat, impavidus lento passu adventantem in lecto serenus excepit. Amicos inter Joannis Bernoulli hospitis amplexus piè fortis obiit. Jul. XXVII. anno M. DCC. LIX. vixit ann. LX. mens. X. Eleon. de Borck uxor, Maria soror, sor. filii, propinqui, amici hoc monumentum de suo certatim posuere.*

M. DCC. LXVI.

N. B. Toutes les lacunes proviennent de destructions.

N°. 341.

Monument élevé à Prosper Joliot de Crébillon, poëte dramatique, mort en 1762.

D'Huez, auteur de ce morceau, a représenté Melpomène en pleurs, appuyée sur le buste de Crébillon.

J'ai fait terminer ce monument qui était resté imparfait et sans place. Il était destiné à être placé dans l'église Saint-Gervais, où il fut enterré ; mais le curé se refusa à son érection, disant qu'un monument profane ne devait point décorer son église, et qu'il y accéderait volontiers si l'artiste voulait supprimer la figure de Melpomène.

N°. 342.
Du dépôt de Nesle.

Le modèle en bronze de la statue équestre de Louis XV, de la place de ce nom ; exécuté par Bouchardon.

N°. 343.
Des Jacobins, rue Honoré.

Monument érigé à Pierre Mignard, célèbre peintre français, mort en 1695.

Madame de Feuquieres, sa fille, est représentée à genoux auprès du buste de son pere. Ce monument, exécuté en marbre, est du ciseau de Jean-Baptiste Lemoine. Le buste de Mignard est de Desjardins qui l'avait sculpté d'après nature, et que sa fille fit entrer dans la composition du monument.

(L'original du buste est dans le 17e. siecle.)

N°. 344.

La statue, en marbre blanc et en pied, de Louis XV, mort en 1774 ; par Jean-Baptiste Lemoine, qui, à l'exemple des autres artistes ses prédécesseurs, a ridiculement vêtu son modele à la romaine.

On ne saurait trop inviter nos peintres et nos statuaires à éviter de semblables anachronismes.

Cette statue avait été projettée pour le château de Choisy.

N°. 493.
Des Invalides.

La statue en marbre de la Vierge, par Pigalle.

N°. 347.
Des Célestins.

Un cippe de marbre blanc, supportant une urne de lumachelle, entourée d'une branche de cyprès, et couverte d'un voile; monument élevé à la mémoire des vertus filiales et maternelles de M. A. Hocquart de Cossé, morte en 1779, et exécuté sur les dessins du citoyen Demoulin, architecte, vivant.

N°. 348.
Des Dames de Sainte-Marie.

Petit monument en marbre, érigé à Félicité Brûlart.

La figure en marbre blanc, est de Monnot.

N°. 350.
Des Carmes.

Statue en marbre blanc, plus forte que nature, représentant la Justice; par Poncet, artiste vivant.

Cette statue, faite à Rome, ainsi que le tombeau auquel elle appartenait, attira un grand concours de spectateurs aux Carmes de la place

Maubert, où il avait été érigé, en 1776, à la famille Boullenois, par un avocat de ce nom.

N°. 354.
De Saint-Roch.

Jésus agonisant; exécuté en pierre de Tonnerre, par Falconet.

N°. 494.
Monument érigé à la mémoire de Marie-Joseph Peyre, architecte.

Peyre fils voulant honorer la mémoire d'un bon pere, et d'un artiste qui s'était distingué par ses talens et les innovations heureuses qu'il introduisit dans son art, lui a consacré ce monument de sa tendresse et de la reconnaissance qu'il devait à son maître.

Desirant aussi contribuer pour ma part à cet hommage pieux et respectable, nous avons élevé ce cénotaphe à nos frais, sur les dessins de ce fils qui verse encore des larmes sur les traits fideles de Marie-Joseph Peyre, que l'amitié crayonna, et que l'on voit en médaillon sur ce mausolée. Nous avons fait graver sur le marbre un plan de sa composition, monument éternel de sa gloire.

« Marie-Joseph Peyre est né à Paris, en 1730; il fut élevé chez ses parens : lorsqu'il eut atteint l'âge de treize ans, son goût pour l'architecture se développa, et malgré la plus forte opposition de la part de son pere, qui le destinait à un autre état, il suivit l'école de Blondel. Cet artiste ne tarda pas à découvrir en lui le germe d'un véritable talent, il lui donna tous ses soins, après l'avoir reçu chez lui par amitié. Peyre recueillit avec avidité tout ce qui pouvait augmenter et perfectionner ses connaissances; il remporta le prix de l'académie, et partit pour l'Italie, à l'âge de vingt-un ans; il y fit des recherches précieuses sur les monumens des anciens, recherches utiles et auxquelles nous devons la splendeur de l'architecture actuelle. Dans quel siecle, depuis les anciens, cet art a-t-il été porté au plus haut degré de perfection? L'Ecole de chirurgie, le Panthéon-Français, la Monnaie, la salle du Théâtre-Français, le goût actuel des jeunes artistes sont aussi éloignés de l'architecture du commencement de ce siecle, que cette derniere de l'architecture gothique. Il composa son projet sur les académies; il sappa ses anciens préjugés; détruisit ces ressauts dans les masses et les détails, cette pesanteur d'ornemens et les formes tourmentées qui luttaient continuellement contre la pureté de l'architecture; il fit sentir que la beauté de cet art était toute entiere dans les formes les plus simples, que les masses des monumens anciens étaient grandes sans lourdeur et agréables sans mesquinerie; il osa, dans ses projets, mettre, le premier des péristyles et des portiques de colonnes isolées: aussi fut-il en butte à la morgue et à l'inimitié de ceux qu'il voulait éclairer, jusqu'à ce que l'expérience eût démontré la justesse de ses raisonnemens. Il fut cependant, malgré ses principes qui étaient opposés à ceux qui *regnaient* alors *à l'académie*, reçu de cette société, et finit par les voir presque généralement adoptés.

,, Il obtint, quelque tems après son retour d'Italie, des places dans les bâtimens; construisit
la

la salle du Théâtre-Français conjointement avec Wailly son ami et son collegue, après avoir été obligé d'abandonner des projets d'une architecture plus pure, plus grande que celle de la salle actuellement existante, que des entraves qu'on lui suscita empêcha d'exécuter. Enfin il ne dut ses talens qu'à lui seul, tout s'opposa à ce qu'il suivît une carriere si utile à la régénération de l'architecture; mais fort de son génie, il se roidit contre tous les obstacles, et ne répondit même à l'envie que par de nouveaux succès.

„ Il mourut à 55 ans, contrôleur des bâtimens de Choisy : une fievre putride l'enleva à un art qu'il voulait encore perfectionner ; il fut regretté de tous ceux qui le connaissaient. *J'ai cru remplir le devoir d'un bon fils en donnant cette courte notice sur sa vie.* „

N°. 355.

Monument consacré à la mémoire de Jean Drouais, peintre de l'Ecole française, enlevé par une mort prématurée, le 13 février 1788, à l'âge de 24 ans.

Ce talent rare, moissonné dès son berceau, fut généralement regretté des amis des arts, et principalement de ses jeunes rivaux qui se cottiserent pour lui ériger un monument dans l'église de Sainte-Marie, *in via lata*, à Rome. Ce monument fut exécuté par Michallon, son ami particulier, qui représenta dans un bas-relief la Peinture, la Sculpture et l'Architecture, s'empressant à l'envi de tracer sur une pyramide le nom de celui dont les talens excitaient leur admiration, et dont la perte était l'objet de leur douleur. On voit dans un médaillon, placé au-dessus du bas-relief, le portrait de Jean-Germain Drouais.

Frustré à cette époque par des circonstances impérieuses d'un voyage après lequel tout artiste soupire, et n'ayant pu suivre mon ami jusques au tombeau, j'ai cru devoir, pour ses contemporains et pour le soulagement de mon ame, lui ériger, au milieu des monumens de notre histoire, le même monument qui lui fut consacré par ses dignes émules. J'ai fourni les matieres ; Michallon l'a exécuté.

O Drouais ! fils tendre, ami fidele, reçois l'encens de celui qui t'éleve aujourd'hui ce monument au milieu des beaux-arts. Mere sensible, et vous, parens chéris, consolez-vous ! ceux qu'il aima viendront ici honorer sa mémoire, et déposer des fleurs au pied de son image ; et déjà l immortalité a consacré son nom dans les siecles à venir.

Jean-Germain Drouais est né à Paris, le 25 novembre 1763, de Henri Drouais, peintre, qui s'est distingué dans l'art de peindre le portrait. Ce dernier était fils de Hubert Drouais, aussi peintre de portraits, né à la Hogue, petite ville de Normandie, en 1699, mort à Paris, en 1767, qui avait appris son art de Detroy le pere. Henri Drouais mit des crayons dans les mains de son fils dès qu'il fut en état de former un trait, et lui donna lui-même les premiers élémens de la peinture. Il s'apperçut bientôt des dispositions de son fils pour l'art auquel il le destinait, et desirant le lancer dans une carriere plus vaste que celle qu'il avait parcourue, il le plaça chez un peintre d'histoire, nommé Brenet, plus habile à suivre un éleve et à former un talent qu'à produire par lui-même. Le jeune Drouais fit des progrès étonnans en très-peu de tems, et remporta bientôt des prix en dessins. Voulant marcher rapidement à la gloire, il passait les jours et les nuits au travail. Le desir de voir Rome, le fit concourir au grand prix dont la récompense était le pensionnat pendant quatre ans aux frais du gouvernement. Drouais se présente, en 1783, à ce concours qui avait lieu tous les ans, avec cette modestie qui lui était ordinaire ; il y fut reçu. De ce moment, il se renferme dans l'étude la plus suivie, il force son travail, et fournit son premier tableau. Quelques jours avant l'exposition publique du concours, Drouais demande à voir les productions des autres concurrens ; peu satisfait de son ouvrage qu'il trouvait au-dessous du mérite suffisant pour remporter la palme, il rentre dans son attelier le désespoir dans le cœur, et s'y livrant tout entier, déchire son tableau et en porte un débris à David, qui jugea par ce fragment du mérite de la composition, et lui dit : *Malheureux, qu'avez-vous fait ? vous cédez le prix à un autre. — Vous êtes donc content de moi, lui répondit le jeune homme ? — Très-content. — Eh bien, j'ai le prix, c'est le seul que j'ambitionne, celui de l'académie tombera sur un autre à qui il sera peut-être plus nécessaire qu'à moi. L'année prochaine j'espere le mériter par un meilleur ouvrage.*

(Cette année il n'y eut pas de prix) (1).

---

(1) Deux ans avant ce concours, Drouais était entré

Drouais se retira de la société, pour se livrer pendant l'année suivante à l'étude la plus sérieuse. C'est alors qu'il parut avec éclat. Il entre de nouveau en lice : le sujet donné est la *Cananéenne aux pieds du Christ;* il saisit avec vivacité les mouvemens du sujet, et cherche à lier au style sévere et à la correction la plus exacte dans le dessin, la grace qui distingue ordinairement l'Ecole française. Enfin, ô merveille ! le tableau qu'il expose est un des plus beaux qui ait paru depuis Poussin et Lesueur. Ce tableau, maintenant exposé dans le Muséum de l'Ecole française à Versailles, y tient le premier rang. Son triomphe fut grand et fut juste : Drouais fut couronné et porté dans les rues de Paris par ses camarades ; hommage qu'ils se sont fait un honneur de rendre à son rare mérite. Tant de talens, tant de succès ne lui donnerent point d'orgueil ; il sut conserver sa douce modestie au milieu de sa gloire, et ne songea plus qu'à perfectionner un art pour lequel la nature l'avait formé. Rome l'appelle ; le jour est pris pour le départ ; jour de fête pour lui, de douleur pour sa tendre mere qui se voyait séparée de ce qui lui restait de plus cher : pressentiment funeste, pourquoi déchiriez-vous cette ame maternelle ! Drouais au milieu de ses amis qu'il avait réunis, goûtait à la fois toutes les félicités : minuit sonne, il se dérobe aux pleurs de l'amitié, et

---

dans l'école de David pour se perfectionner ; école qui ne cesse de former des artistes distingués, et qui fixera la deuxième époque de la restauration de l'art en France.

marche vers la Porte du Peuple (1). Arrivé à Rome, il embrasse d'un coup-d'œil la maniere de faire des grands maîtres ; il y puise cette vigueur mâle et énergique qui caractérise la puissance d'un vrai talent, et bientôt il envoie à sa mere le tableau de Marius à Minturne, qu'il sut peindre avec tant de force et de caractere qu'il frappa et étonna tous les regards. Un Philoctete fut son dernier ouvrage. Enfin, épuisé par un travail opiniâtre (2), il meurt d'une fievre ardente, âgé de près de 25 ans, le 13 février 1788 ; emportant avec lui les tendresses d'une mere inconsolable, les regrets de ses amis et l'admiration de ses rivaux, qui lui érigerent un monument dans l'église de Sainte-Marie, *in via lata*, à Rome.

N°. 495.

Monument érigé à Jean-Baptiste Britard, dit Brizard, comédien du Théâtre-Français, mort à Orléans, l'an second de la liberté.

Britard aimait son art, il le cultiva avec beaucoup de succès. Il fut bon ami, bon pere ; électeur de cette ville, il soutint avec chaleur les intérêts de la chose publique. Son portrait que l'on remarque sur ce mausolée nous retrace toutes ses vertus, il a été modelé par le citoyen Foucou, et son épi-

---

(1) La Porte du Peuple est celle par laquelle on entre à Rome en arrivant de France.
(2) Il avait de la grace dans l'esprit. Un jour il répondit au citoyen Percier, dont on admire les talens, et son ami, qui lui faisait de vifs reproches sur sa trop grande application au travail : *Mon ami*, lui dit-il, *un peintre se doit à la gloire et à sa maîtresse*.

taphe composée par le citoyen Ducis, avait été abandonnée; je l'ai acquise d'un marbrier.

> Ci gît
> En attendant la résurrection,
> JEAN-BAPTISTE BRITARD, dit BRIZARD,
> Né à Orléans, le 7 avril 1721,
> L'un des électeurs de cette ville,
> Capitaine des grenadiers
> De la garde nationale,
> Marguillier de cette paroisse,
> Et pensionnaire du roi;
> Bon mari, bon pere, bon ami,
> Vertueux et courageux patriote,
> Après avoir joui long-tems
> De la gloire mondaine,
> Qu'une sensibilité profonde
> Jointe à tous les dons
> Extérieurs de la nature
> Lui avait acquise sur la scene française;
> Il préfera aux vains applaudissemens
> Des hommes
> La satisfaction de sa conscience,
> Et le bonheur d'une fin chrétienne;
> Et tournant ses derniers regards
> Vers une gloire impérissable
> Et vers la véritable patrie,
> Il décéda le 30 janvier,
> L'an second de la liberté,
> Emportant l'estime publique,
> Les regrets de tous ceux
> Qui l'avaient connu,

DU DIX-HUITIEME SIECLE. 343

Et la reconnaissance des pauvres.
Sa veuve inconsolable,
Et ses enfans en pleurs
Lui ont érigé ce monument.

N°. 496.

Buste en terre cuite, de Nicolas Coustou, sculpteur habile; exécuté par Guillaume Coustou, son frere et son éleve. Donné au Musée des monumens français par le citoyen Coustou, son petit neveu.

N°. 497.

Le buste de Louis-Hector de Villars, maréchal de France.

N°. 498.

La statue en pied et en marbre, du maréchal de Richelieu, dernier du nom, vêtu du grand habit de l'ordre du Saint-Esprit.

N°. 362.

Des Madelonettes.

La Vierge, terre cuite; par Bridan.

N°. 363.

Des Invalides.

Une statue colossale, en marbre blanc, représentant la Mélancolie; par Mouchy.

N°. 364.

Du même lieu.

Une statue colossale, en marbre blanc, représentant Sainte-Monique; par Monnot.

Y 4

Nº. 365.
De Saint-Sulpice.

Saint-Jean, statue en marbre blanc; par Boizot.

Nº. 366.

L'Amour prêt à saisir ses traits. Cette statue remplie de grace, de finesse et de délicatesse, est de Tassaert.

Jean-Pierre-Antoine Tassaert, sculpteur français, né à Anvers, vint en France dès son enfance; il fut éleve de Slodtz (Michel-Ange) qui en très-peu de tems développa les talens de son jeune éleve, en lui faisant ébaucher ses ouvrages. Tassaert après avoir perfectionné ses talens, passa en Prusse où il avait été appelé pour des travaux considérables par Frédéric II. Il mourut en 1788, âgé de 60 ans; il laissa un fils qui tient un rang distingué parmi nos graveurs.

Nᵒˢ. 367 et 368.
De Saint-Chaumont.

Saint-Joseph, statue en plâtre; par Duret. La Vierge, en plâtre; par le même.

Nº. 369.
Des Petits-Peres.

Une Vierge, en marbre blanc, que l'on dit avoir été sculptée en Italie.

Nº. 370.
De la Congrégation de Saint-Etienne.

Un Christ de 10 pouces, pris dans un seul morceau d'ivoire; l'exécution en est précieuse.

N°. 371.

De Saint-Sulpice.

La Vierge, portant le Christ enfant sur ses genoux. Cette sculpture médiocre avait été attribuée par ignorance à Michel-Ange.

BAS-RELIEFS.

N°. 372.

De Saint-Roch.

Bas-relief, en marbre, représentant une descente de Croix ; par Barrois.

N°. 373.

Du même lieu.

Un médaillon, en marbre blanc, représentant la Vierge ; par le même.

N°. 374.

De Notre-Dame.

Le Christ au tombeau, bas-relief, par Vassé pere.

N°. 375.

De Saint-Sulpice.

Un bas-relief, en pierre de Tonnerre, représentant une femme affligée et appuyée sur une colonne, sur laquelle on lit cette inscription :

Ut flos
Ante diem
Flebilis occidit.

Bouchardon, qui a composé ce monument avec beaucoup de sensibilité, l'avait exécuté pour

M.me de Lauraguais, qui fut tuée à la chasse d'une chûte de cheval, qu'elle montait ordinairement comme un cavalier.

N°. 499.

Buste en marbre, de Brissac, maréchal de France; exécuté par Broche.

N°. 500.

Médaillon en marbre blanc, représentant l'abbé de Marolle, auteur de plusieurs ouvrages célebres.

N°. 376.

Monument érigé à Caylus, antiquaire célebre, mort à Paris, en 1763. On voit le médaillon de Caylus, et un bas-relief représentant une femme dans la douleur; exécutés par Vassé fils.

N°. 501.

De Notre-Dame.

Deux statues, en marbre blanc; exécutées par Jacques Bousseau, mort en 1740, représentant l'une Louis IX portant la couronne d'épine, et l'autre Saint-Maurice.

N°. 502.

Une statue, en plâtre, représentant Phorbas sauvant Œdipe; par Gois le pere.

N°. 379.

De Saint-Louis du Louvre.

Le Christ au tombeau, bas-relief, en plâtre, sous verre; par Duret.

N°. 380.
Des Théatins.

Un bas-relief, en marbre blanc, représentant une femme éplorée ; par Broche.

N°. 381.

Deux têtes de Meduse, en bronze ; exécutées par Daujon, qui les avait composées pour la fontaine des Innocens.

N°. 382.
Du Louvre.

Un grand bas-relief, en plâtre, de 33 pieds de long sur 6 de haut, représentant les miracles de Saint-Philippe. Ce modele a été exécuté par Gois pere, artiste vivant, pour le portail de Saint-Philippe-du-Roule.

N°. 383.
Des Dames de la Croix.

Deux petits bas-reliefs, en cuivre doré, représentant, l'un la Pâque des Juifs, et l'autre la Pénitence. Ces deux bas-reliefs, d'un travail fin et précieux, tiennent au style du Poussin.

N°. 384.

Le citoyen Foucou, artiste estimé, voulant laisser dans ce Musée un monument authentique de ses talens, a composé un bas-relief allégorique, dont le motif du sujet lui a été suggéré par les succès de Bonaparte en Italie. En voici le programme.

La République française, affermie par la Force, la Justice et la Prudence, reçoit la paix des mains de la Victoire, qui est suivie de la Clémence, des Beaux-Arts et des Plaisirs. Par la Force, l'artiste a désigné nos armées ; par la Justice et la Prudence, notre gouvernement ; et dans la Clémence, il a exprimé la conduite généreuse et immortelle de Bonaparte. Les Beaux-Arts désignent la Prospérité du Gouvernement Français, et les Plaisirs le bonheur public.

Je ne m'étendrai pas sur le mérite distingué de cet ouvrage ; l'amitié m'arrête et m'ordonne de laisser ce soin à la postérité.

N°. 386.

De Saint-Eustache.

Le martyre de Sainte-Barbe, bas-relief, en bois. Auteur inconnu.

N°. 387.

De l'Oratoire.

Six petits bas-reliefs, sculptés, en bois, provenant de la chaire de ce Temple, et représentant plusieurs personnages de l'Ecriture-Sainte. Auteur inconnu.

N°. 388.

Des Petits-Peres.

Saint-Léon devant Attila. Ce bas-relief est une copie faite d'après celui d'Algardi, qui est en figures colossales dans Saint-Pierre de Rome. On ignore l'auteur de cette copie.

BUSTES ET MÉDAILLONS.

N°. 389.

Le buste d'Antoine Coyzevox, sculpteur célebre, mort en 1720 ; par Lemoine.

N°. 390.

Buste colossal, en marbre blanc, représentant Marc-René de Paulmy d'Argenson, lieutenant de police, ministre d'Etat, et depuis garde-des-sceaux, mort en 1721; exécuté par Coustou.

N°. 391.

Buste de Philippe d'Orléans, régent de France, mort en 1723.

N°. 392.

Buste en terre cuite, de Jean-Baptiste Rousseau, mort en 1741; par Caffieri.

N°. 393.

De Saint-Roch.

Médaillon, en marbre blanc, de Claude-François Bidal, marquis d'Asfeld, parvenu par son mérite, en 1704, au grade de lieutenant-général, et, en 1734, à celui de maréchal de France, après avoir pris Philisbourg. Il est mort à Paris, en 1743.

N°. 394.

Le buste, en marbre blanc, de Pierre Lepaultre, sculpteur, né en 1659, mort en 1744; exécuté par Francin son petit-fils, artiste vivant.

On compte parmi les chefs-d'œuvre sortis du ciseau de Lepaultre, qui a illustré l'Ecole française, dans le jardin des Tuileries, le grouppe d'Enée et d'Anchise, et celui de Lucrece, qui se poignarde en présence de Collatinus. Un jeune Faune et une Atalante. Ces deux dernieres statues offrent de grandes perfections dans les détails.

MONUMENS

N°. 395.

Le busté, en marbre, de Maurice de Saxe, maréchal de France, mort en 1750, âgé de 54 ans; par Pigalle.

N°. 396.

Buste de Philippe Néricault Destouches, de l'académie française, mort en 1754; par Caffieri.

N°. 397.

Buste de Nivelle de la Chaussée, de l'académie française, mort en 1754; par le même.

N°. 398.

Buste de Charles Secondat de Montesquieu, auteur de *l'Esprit des Lois*, mort en 1755; par Chaudet, artiste vivant.

N°. 399.

Buste de Bernard Lebovier de Fontenelle, de l'académie française, mort en 1757, âgé de près de 100 ans; par Caffieri.

N°. 400.

Busté, en bronze, de Jean Astruc, médecin célebre, mort en 1766; par Bocciardi.

Voici l'inscription qui se trouve au bas de ce buste :

Patri amantissimo
JOHANNI ASTRUC
Doct. medico Paris. et Monsp.
Filius
Libellorum supplicûm magister
Anno M. DCC. LXVIII.

N°. 401.

Le buste de Jean-Joachim Winckelmann, célebre antiquaire, né à Stendal, en Brandebourg, le 9 décembre 1717; assassiné à Trieste, dans une hôtellerie, le 8 juin 1768, par un scélérat se disant connaisseur, auquel il avait imprudemment montré diverses médailles d'or et d'argent.

Winkelmann a laissé plusieurs ouvrages précieux pour l'étude du dessin. Il a principalement développé, dans son *Histoire de l'Art chez les anciens*, les passages chronologiques des arts, avec cette finesse qui caractérise la plus grande érudition et la connaissance la plus approfondie dans la pratique.

Le respect que cet homme sublime m'a inspiré, la reconnaissance que lui doivent les artistes, tout m'a engagé à lui ériger un monument. J'ai placé dans le piédestal qui porte son buste, un des bas-reliefs étrusques qu'il a publiés dans ses ouvrages. Michallon est auteur de ce buste.

N°. 402.
De Saint-Eustache.

Un médaillon, en marbre blanc, représentant François de Chevert.

Voici l'inscription qui est au-dessous du médaillon, que l'on dit avoir été composée par d'Alembert.

FRANÇOIS DE CHEVERT
Gouverneur de Givet et de Charlemont,
Lieutenant-général des armées du roi.
Sans ayeux, sans fortune, sans appui,
Orphelin dès l'enfance,

Il entra au service à l'âge de XI ans;
Il s'éleva, malgré l'envie, à force de mérite,
Et chaque grade fut le prix d'une action d'éclat.
Le seul titre de maréchal de France.
A manqué, non pas à sa gloire,
Mais à l'exemple de ceux qui le prendront pour modele.
Il était né à Verdun-sur-Meuse,
Le 2 février 1695. Il mourut à Paris,
Le 24 janvier 1769.

N°. 403.

Buste, en terre cuite, de Claude-Adrien Helvétius, mort en 1771.

N°. 404.

Buste, en terre cuite, d'Alexis Piron, mort en 1773; par Caffieri. Avec cette épitaphe, trouvée dans l'église Saint-Roch:

Ci gît qui ne fut rien
Pas même académicien.

N°. 405.

Buste de Pierre-Laurent Buiret du Belloi, auteur dramatique, mort en 1775; par le même.

N°. 406.

Buste, en marbre, d'Arouet de Voltaire, de l'académie française, mort le 30 mai 1778, âgé de 84 ans; par Pigalle.

O Parnasse! frémis de douleur et d'effroi;
Pleurez Muses, brisez vos lyres immortelles;
Toi dont il fatigua les cent voix et les aîles,
Dis que Voltaire est mort, pleure et repose-toi.

(*Par le cit.* LEBRUN.)

N°. 407.

N°. 407.

Buste de Jean-Jacques Rousseau, mort le 2 juillet 1778, âgé de 66 ans ; exécuté en marbre par Boyer ; éleve d'Alegrain.

N°. 408.

Buste, en marbre, de Jean-Louis Leclerc, comte de Buffon, célebre naturaliste, mort en 1788 ; par Pajou.

N°. 503.

Buste, en marbre blanc, de d'Alembert, mort en 1783 ; par Francin. J'ai fait faire ce buste sur le modele qu'en avait fait le cit. Lecomte d'après ce philosophe.

N°. 410.

Du jardin de Richelieu.

Buste, en marbre, de Lucius Verus, le jeune ; par Michel-Ange Slodtz.

N°. 412.

Buste de Denis Diderot, mort en 1784 ; terre cuite de Collet.

N°s. 413 et 414.

Des Cordeliers.

Un médaillon, en marbre, représentant M. et Mme Gougenot, par Pigalle. Le buste en bronze, de l'abbé Gougenot, homme de lettres ; par le même.

N°. 415.

Buste du chevalier Gluck, célebre musicien, mort en 1787 ; exécuté en marbre par Francin fils, d'après Houdon. On lit au bas : *Il préféra les Muses aux Syrenes.*

Z

N°. 416.

Buste de Guillaume-Thomas Raynal, mort en 1796, (an 4 de la République française;) par Espercieux, son ami, artiste vivant.

N°. 417.
Des Grands-Augustins.

Une grande épitaphe, en marbre blanc, surmontée d'un cartel en bronze, entouré de branches de cyprès, érigée à Bernard Cherin, généalogiste. Monument exécuté par Chardin, artiste vivant.

N°. 418.

Le buste de Sylvain Bailly, des ci-devant Académies française, des Sciences, des Belles-Lettres; premier président de l'assemblée nationale séante à Versailles, au mois de juin 1789, premier maire de Paris, le 16 juillet suivant; condamné à mort, le 11 novembre 1793; par Deseine, artiste vivant.

N°. 504.

Buste de Dewailly, architecte. Cet artiste, membre de l'Institut, qui vient d'être enlevé aux arts, a rendu de grands services au gouvernement par plusieurs découvertes intéressantes. Le citoyen Pajou, sculpteur, et distingué par les statues de Pascal, Bossuet et Psyché qu'il a exécutées pour la République, a mis beaucoup de vérité et d'expression dans le buste de son ami, dont l'hommage en a été fait à ce Musée par la veuve Dewailly.

N°. 505.

Un médaillon, en marbre blanc, de Vaucanson,

mécanicien célebre ; par Pajou, qui a acheté ce buste au citoyen Tenret, marbrier.

VASE.
N°. 419.

Un vase, en marbre blanc, orné de feuillages de vigne et d'un bas-relief, représentant d'un côté Pâris recevant la pomme des mains de Mercure, et de l'autre les trois Déesses.

Ce vase est une imitation de l'antique, par un auteur inconnu.

PEINTURE SUR MARBRE.
N°. 420.
De Saint-Eustache.

Un grand bas-relief, imitant le bronze, représentant la Charité, la Moisson et la Vendange; peint sur marbre blanc; par Sauvage, artiste vivant.

MOSAIQUE.
N°. 421.

Mosaïque moderne, représentant en médaillon le portrait de Louis XV et celui de la Pompadour.

Un pavé mosaïque de 11 pieds de long sur 7 de large, exécuté à Rome par un artiste auquel Watelet avait fourni les moyens d'étudier cet art qu'il voulait introduire en France. Le ministre a autorisé l'acquisition de cette mosaïque que je destine au pavement de ma salle d'introduction, dont il a également approuvé et arrêté les plans et devis faits pour faire honneur au citoyen Peyre fils. Cette mosaïque vient d'être restaurée par le citoyen Belloni.

Note sur l'art de la Mosaïque.

L'objet principal que l'homme s'est proposé dans les arts dépendans du dessin, c'est l'homme : cependant il a quelquefois négligé cette étude profonde et sérieuse pour s'occuper des arts relatifs à la décoration des palais et des temples. *Le beau* ayant suivi *le nécessaire*, le besoin d'offrir à l'œil les variétés de la nature, a fait naître le goût des ornemens. L'architecture considérée comme nécessaire, a pris peu à peu du développement : bientôt on a substitué des corniches sculptées et des entablemens aux simples pieces de bois qui servaient à soutenir la couverture des réduits, où l'homme naturel goûtait, au milieu de sa famille, les douceurs de la philosophie et du repos ; l'on a mis des colonnes à la place des pieces de support, et le goût a su y placer des bases et des chapiteaux. L'ornement s'est épuré dans la fréquente application qu'en firent les architectes dans les monumens publics. Les sculpteurs s'empresserent aussi de publier des modeles nouveaux, et la bienfesante nature leur offrit un champ vaste : les animaux, les plantes de toute espece furent imités, et cette branche de la sculpture fut portée à la perfection dans toute la Gréce. Callimaque publia, sous le nom d'*ordre corinthien*, le chapiteau qu'il modela dans les champs de Corinthe, d'après le panier fleuri qui ombrageait les cendres d'une jeune beauté que la tendresse maternelle avait enfermées dans la tombe, après les avoir arrosées de son lait et de ses larmes. (*Voyez* Vitruve.) Les malheurs de Carie, ville du Péloponnese, donnerent lieu à l'invention des cariatides.

La mosaïque considérée comme un genre de décoration, a pris son origine à la suite des arts d'imitation, et dès sa naissance cet art fut employé par les architectes dans les monumens publics, soit en incrustation, soit en pavement. Il serait à desirer que nos habiles architectes, à l'imitation des anciens, liassent à leurs savantes élévations cet art intéressant qui est susceptible de produire les plus grands effets.

Avant d'arriver à la perfection de la mosaïque, l'on a commencé par incruster des cailloux, des morceaux de verre colorés, des pâtes et des plaques d'émaux ou de marbres : peu à peu on les réduisit en petites parties, et cet art cultivé avec soin, prit une si grande prépondérance dans la Gréce, que les artistes les plus célebres s'en occuperent et qu'ils parvinrent à produire les tableaux les plus frappans. Pline parle d'un certain Sosus qui travaillait à Pergame, et qui excellait dans l'art de fabriquer les mosaïques. En 1763, on découvrit à Pompéia plusieurs mosaïques de la main de Dioscoride, si l'on en juge d'après les inscriptions dont elles sont révetues.

Les goths fabriquerent aussi des mosaïques ; mais comme ils n'avaient aucune connaissance des regles du dessin, ils ne produisirent que des figures informes, ainsi qu'on peut le vérifier dans ce Musée, d'après la tombe qui couvrait *Frédégonde*, morte en 597 ; décrite dans ce volume n°. 7. Dans le onzieme siecle on fabriquait aussi des mosaïques en France. (Voyez le n°. 429 ci-dessus cité.)

La pratique de la mosaïque se perpétua malgré l'ignorance qui dominait alors, et cet art fut cultivé dans Rome vers le quatorzieme siecle, et à Florence un siecle après. Un président au parlement de Paris, nommé David, fit fabriquer, sous ses yeux et à ses frais, une mosaïque qui est datée de 1500.

Vers la fin du siecle dernier, le goût pour les mosaïques prit à Rome avec cette fureur qui mene nécessairement à la perfection ; et les derniers papes firent des dépenses considérables pour soutenir et encourager des mosaïstes habiles, dont ils étaient jaloux de posséder exclusivement les productions. Ils firent exécuter par ces artistes une grande partie des tableaux du vatican, de la main de Raphaël ; et ces monumens, capables de résister aux siecles et aux barbares, font encore l'ornement de Saint-Pierre.

C'est à la république française qu'était réservée, sans doute la conservation de cet art précieux ; elle peut s'en emparer. Le cit. Belloni, mosaïste romain, établi dans cette ville depuis trois ans, mérite de fixer l'attention de la représentation nationale ; ses talens et sa modestie sont à la fois recommandables.

Je pense donc qu'il serait facile d'établir à Paris, et à peu de frais, une école de mosaïque dont le citoyen Belloni serait le directeur. Un logement et de modiques honoraires lui suffiraient pour former de jeunes éleves, et nous rendre possesseurs d'un art qui, en très-peu de tems, ouvrirait une branche de plus au commerce, et qui nous procurerait de grands moyens pour la décoration des palais nationaux ; voici de quelle maniere :

On pourrait faire exécuter en mosaïque, à titre de récompense, et dont le choix serait soumis à un jury, les tableaux de nos peintres modernes.

Qu'il serait glorieux pour la nation française de rendre éternelles les étonnantes productions des arts, qu'un génie régénérateur a fait éclore à la fin du 18e. siecle! Les tableaux des artistes qui auraient remporté des prix dans les concours, entreraient en lice, et l'on verrait avec plaisir convertir en matiere solide et durable les belles compositions des *David*, des *Vincent*, des *Regnault*, des *Gerard*, des *Girodet* et des autres artistes non moins recommandables.

O! combien seront grands les efforts que feront les éleves pour arriver à cet honneur! Les artistes ont des droits à la reconnaissance publique ; et certes, celui qui consacre sa vie à étudier et à méditer sur son art, pour accroître la gloire de son pays, mérite une attention toute particuliere.

Vien nous a ouvert la carriere du vrai beau dans les arts dépendans du dessin ; les systêmes de la vieille école sont oubliés ; travaillons à surpasser, s'il se peut, les Grecs ; anéantissons le siecle de Colbert, et dérobons à la postérité tous les talens à la fois.

ÉPITAPHE.

N°. 422.
De Saint-Benoît.

L'épitaphe, en marbre blanc, de Jacques Benigne Winslow, célebre anatomiste.

D. O. M.

Hic jacet
In spem beatæ immortalitatis, JACOBUS BENIGNUS WINSLOW, patriâ Danus, commoratione Gallus, ortu et genere nobilis, nobilior virtute et doctrinâ,

parentibus lutheranis natus, hæresim quam infans imbiberat, vir ejuravit, et adnitente ill. Episcopo Meldensi Jacobo Benigno Bossuetio cujus nomen Benigni in confirmatione suscepit ad ecclesiam catholicam evocatus, stetit in ejus fide, vixit sub ejus lege, obiit in ejus sinu; vir æquè verax et pius, in pauperes summè misericors, nullâque erroris aut vitii pravitate afflatus. Regius linguarum teutonicarum interpres, saluberrimæ facultatis Parisiensis doctor-regens illum medicæ artis et præsertim anatomicæ doctorem ac professorem peritissimum regia eruditorum societas Berolini, regia scientiarum academia Lutetiæ socium communi suffragio elegere, et utraque dignissimum ejus scientia judicio comprobavit. Vita excessit V. nonas Aprilis, an. sal. M. DCC. LX. ætatis XCI.

Pio conjugi et parenti, uxor et liberi hoc monumentum mœrentes posuere.

N°. 506.

Vase, en marbre gris, posé sur une pierre, débris de celle qui couvrait Héloïse ; j'ai fait graver autour de cette pierre les noms de ces amans infortunés. Des cyprès et des roses ombragent ces noms dont le souvenir plaît encore.

Urnes sépulchrales, sous les n°s. 507, 508, 509, 510, 511, 512 et 513.

Les peuples les plus sauvages ont respecté les morts : ce sentiment religieux a dû naître dans le cœur de l'homme vertueux, et l'homme vivant voyant encore l'homme dans l'homme qui n'est plus, a mis son bonheur à conserver auprès de lui les restes d'un pere, d'une épouse, d'un fils ou d'un ami. Ces exemples de la piété sociale et d'un attachement particulier se sont généralisés, et ont nécessairement lié les hommes par les devoirs les plus sacrés : de ce moment la sépulture est devenue l'objet d'un culte public, et les cérémonies usitées dans les pompes funebres, ont pris une forme en raison de la superstition qui dirigeait les peuples.

Les Egyptiens embaumaient leurs morts, et les déposaient dans des coffres de bois de sicomore grossiérement sculptés, qu'ils chargeaient de figures et de caracteres hyéroglyphiques (1). « La disposition particuliere du pays des Egyptiens que le Nil inonde tous les ans vers le milieu de l'été, obligea ce peuple à prendre plus de précaution qu'on ne faisait ailleurs; pour prévenir la prompte destruction des tombeaux de leurs peres, ils essayerent d'en mettre les monumens hors d'insulte, et même de préserver le corps mort de la pourriture. C'est dans cette vue qu'ils les embaumaient, et qu'après les avoir étroitement enveloppés de bandelettes trempées dans des essences aromatiques, ils les enterraient pour l'ordinaire dans des caveaux adroitement taillés au fond du roc, ou d'un tuf qui se trouve sous le sable de la plaine d'Egypte ; quelquefois dans des masses de pierres et de briques impénétrables à l'eau ou même plus élevées que l'eau. Ce peuple attachait un grand prix, et portait une grande vénération aux momies de ses peres ; c'était dans les affaires particulieres le gage le plus

---

(1) On voyait dans la bibliotheque de Sainte-Genevieve, un de ces coffres de momie parfaitement conservé.

précieux qu'il pouvait offrir en nantissement d'une dette, et celui qui négligeait de retirer ce gage respectable, était déshonoré et demeurait privé de la sépulture s'il mourait sans y avoir satisfait.

Les Grecs aussi, aimaient à conserver les restes de ceux auxquels ils avaient été liés pendant la vie ; ils brûlaient leurs corps, et en déposaient les cendres dans des urnes, dans des tombeaux de marbre ou de pierre. Souvent dans la douleur ils sacrifiaient à l'amitié leur chevelure, même les animaux qu'ils chérissaient le plus, les déposaient sur le lit funebre de leur ami, qui se construisait communément sur un bûcher. Homere, dans son *Iliade, chant* 23, nous apprend qu'Achille après avoir pleuré la mort de Patrocle, lui a fait élever un monument à la place du bûcher qui avait consumé ses dépouilles mortelles.

Les Romains imiterent les Grecs dans leurs pompes funebres ; chaque famille eut le droit de se construire un tombeau particulier, et des catacombes furent établies pour déposer en commun les cendres des morts qu'ils étaient dans l'usage de vêtir avant de les déposer sur le bûcher. Et les Goths aussi respectaient les morts ; ils faisaient bouillir les corps pour en détacher les chairs, et conserver les ossemens dans des tombes de pierres creusées dans la masse. Enfin l'usage des embaumemens s'est propagé jusqu'à nous, et l'homme sensible peut encore élever des mausolées à la reconnaissance et à l'amitié.

Le sénat Français a rendu plusieurs décrets en faveur des sépultures particulieres et les monumens que j'ai élevés sur mes dessins, et qui contiennent les corps de Descartes, de Moliere, de la Fontaine, de Mabillon, de Montfaucon et de Turenne, sont une suite de sa reconnaissance en faveur des talens.

N°. 507.
Urne sépulchrale de Réné Descartes.

Sarcophage en pierre dure et creusé dans son intérieur, contenant les restes de Réné Descartes, mort en Suède, en 1650, supporté sur des griffons, animal astronomique, composé de l'aigle et du lion, tous deux consacrés à Jupiter, et l'emblême du soleil dont ils représentent le domicile. Des peupliers dont la cime monte jusqu'aux nues, des ifs et des fleurs ombragent ce monument érigé au Pere de la philosophie ; à celui qui le premier nous apprit à penser.

N°. 508.
Urne sépulchrale de Moliere.

Sarcophage en pierre dure et creusé dans son intérieur, contenant le corps de Jean-Baptiste Poquelin de Moliere, mort en 1673 ; porté sur quatre pilastres, aussi en pierre dure ; le tout orné de masques comiques et des attributs de Thalie. On y lit l'inscription suivante :

Moliere et Thalie reposent dans ce tombeau.

Le tout entouré de myrthe, de roses et de cyprès.

L'archevêque de Paris refusant de lui accorder la sépulture, la veuve de ce grand homme s'écria les yeux baignés de pleurs : *On refuse un tombeau à celui à qui la Gréce aurait dressé des autels.* Le pere Bouhours, en jésuite, qui savait apprécier les talens de ce philosophe, lui fit cette épitaphe :

> Tu réformas et la ville et la cour ;
> Mais quelle en fut la récompense ?
> Les Français rougiront un jour
> De leur peu de reconnaissance.
> Il leur fallait un comédien,
> Qui mît à les polir sa gloire et son étude ;
> Mais Moliere à ta gloire il ne manquerait rien,
> Si, parmi leurs défauts que tu peignis si bien,
> Tu les avais repris de leur ingratitude.

N°. 509.
Urne sépulchrale de Jean la Fontaine.

Sarcophage en pierre, creusé dans la masse, contenant le corps de Jean la Fontaine, mort en 1695 ; posé sur un socle dans lequel sont incrustés deux bas-reliefs, l'un représentant la fable du Loup et l'Agneau, et l'autre celle du Loup et la Gruë ; au-dessus du sarcophage sur lequel on lit d'un côté : *Jean s'en alla comme il était venu;* et de l'autre, *Jean la Fontaine est dans ce tombeau.* On voit un renard qui tourne sa tête vers le buste de ce philosophe.

Voici son épitaphe, composée par lui-même.

> Jean s'en alla comme il était venu,
> Mangeant son fonds avec son revenu,
> Croyant trésor chose peu nécessaire.
> Quant à son tems, bien sut le dispenser :
> Deux parts en fit dont il soulait passer,
> L'une à dormir et l'autre à ne rien faire.

Son portrait par lui-même.

Papillon du Parnasse, et semblable aux abeilles,
A qui le bon Platon compare nos merveilles,
Je suis chose légere et vole à tout sujet ;
Je vais de fleur en fleur et d'objet en objet :
A beaucoup de plaisir je mêle un peu de gloire.
J'irais plus haut peut-être au temple de mémoire ;
Mais quoi ! je suis volage en vers comme en amours.

Ces monumens dans mon Elysée sont placés sur le bord des allées, à la maniere des anciens, je les ai posés sur une pelouse en forme de coline, des pensées, des fleurs de toutes les especes caressent ces tombeaux, le cyprès même près d'eux paraît quitter sa teinte lugubre et s'éclaircir.

N°. 510.

Près des urnes précieuses dont je viens de parler, on voit un monument à quatre faces. Il s'éleve au-dessus des autres à la maniere des apothéoses, composé de quatre niches ; il contient les bustes de Moliere, de Jean la Fontaine, de Boileau et de Racine. Une amitié égale réunissait souvent ces hommes illustres dans une maison commune qu'ils occupaient à Auteuil.

N°. 511.

Urne sépulchrale de Turenne.

Un tombeau à quatre faces et de forme antique, exécuté en pierre dure, creusé dans son intérieur, contenant la momie de Turenne, exhumée en 1793, et conservée au Musée d'histoire naturelle, jusqu'au moment qu'un arrêté du directoire exécutif, en date du 27 germinal an 7, me permit de lui faire ce monument et de l'y déposer. Une couronne de chêne et des attributs de guerre décorent ce monument, avec cette simple inscription que j'ai fait graver :

Passant, va dire aux enfans de Mars que Turenne est dans ce tombeau.

En voici une autre proposée par le cit. Palissot :

Le tems a respecté ces débris d'un grand homme,
Frappé du coup mortel en combattant pour nous;
Héros de la Gréce et de Rome,
Turenne eût mérité de naître parmi vous.

Des lauriers, des chênes et des sapins ombragent ce monument.

N°. 512.

Urne sépulchrale de Mabillon.

Sarcophage en pierre dure, contenant le corps de dom Jean Mabillon, religieux Bénédictin de la congrégation de Saint-Maur, mort en 1707, savant critique et profond dans la diplomatique. Mabillon était plus grand encore par sa modestie; j'ai décoré son tombeau de plusieurs inscriptions anciennes qui tiennent à la science qu'il avait le plus affectionnée.

N°. 513.

Urne sépulchrale de Montfaucon.

Tombeau d'un style antique, contenant le corps de dom Bernard de Montfaucon, savant antiquaire, mort vers le milieu de ce siecle : des hyeroglyphes, des figures égyptiennes, des reliefs grecs, des figures du Bas-Empire, et des débris de monumens des premiers tems de la monarchie française, sont les matériaux avec lesquels j'ai composé le monument érigé à celui qui a traité toutes ces parties avec un égal succès. Ces monumens placés dans le bois sacré du Musée des monumens français attireront les regards du philosophe, et éléveront l'ame du poëte et du peintre.

Nota. Toutes les pieces justificatives que j'ai levées pour constater l'exhumation, les transports des corps dont je viens de parler, et les procès-verbaux qui ont été dressés sur leur dépôt dans les sarcophages, ont été remis chez le citoyen Potier, notaire, quai des Augustins. Ces pieces dont j'ai gardé les minutes et qui offrent des détails intéressans, seront imprimées dans mon ouvrage *in-folio*, et suivies des gravures, exécutées sur mes dessins originaux.

Fin du dix-huitieme siecle.

VITRAUX
REUNIS DANS CE MUSÉE,

Sur lesquels on trouvera des renseignemens dans le traité de la peinture sur verre.

SALLE DU 13e. SIECLE.

N°. 1.

Trois croisées garnies de vitraux, peints dans ce siecle; provenant du réfectoire de l'abbaye de Saint-Germain-des-Prés, représentant des sujets moraux, pris dans la vie domestique.

SALLE DES 14e. ET 15e. SIECLES.

N°. 2.

Des Célestins.

Les portraits en pied du roi Jean et celui de Charles VI, représentés à genoux.

N°. 16.

Le Christ allant au supplice, trouve sur sa route Sainte-Véronique qui lui essuie le visage.

N°. 17.

Noé sortant de l'Arche.

N°. 18.

L'Annonciation.

N°. 3.

Des Bons-Hommes de Passy.

Plusieurs panneaux, représentant des sujets de Piété, dans lesquels les auteurs ont représenté Anne de Bretagne, en plusieurs endroits.

SALLE

VITRAUX.

SALLE DU 16ᵉ. SIECLE.

N°. 4.

De la Sainte-Chapelle de Vincennes.

Deux grands tableaux, représentant des sujets de l'Apocalypse, peints sur verre; par Jean Cousin.

N°. 5. *Idem.*

Le portrait en pied, de François Iᵉʳ, représenté à genoux et en habit de cour, de grandeur naturelle; par le même auteur.

N°. 6.

Du château d'Ecouen.

Deux sujets en grisaille, représentant, l'un la nativité de Christ, et l'autre la Circoncision; exécutés d'après les cartons du Parmésan; par Bernard Palissy, artiste français.

N°. 7.

Du Temple.

Un Ecce-Homo, peint par Albert Durer.

N°. 8.

Du château d'Ecouen.

On voit dans les galeries de ce Musée, vingt-deux tableaux peints sur verre, d'après les cartons de Raphaël, représentant l'histoire de Psyché; par Palissy.

N°. 19.

De la chapelle intérieure du château d'Anet.

On voit dans la chapelle sépulchrale du tombeau de François Iᵉʳ, trois croisées magnifiques, exécutées en grisaille claire; par Jean Cousin, d'après ses dessins. Cette manière est ingénieuse, elle tempere l'ardeur du soleil sans ôter le jour, et produit l'effet d'un verre dépoli.

Ces vitraux représentent Jesus-Christ prêchant dans le désert, Abraham rendant à Agar son fils; et le dernier la bataille gagnée contre les Amalécites, par les Israélites, sous la conduite de Moïse.

SALLE DU 17ᵉ. SIECLE.

N°. 9.

De Saint-Gervais.

Les martyres de Saint-Gervais et Saint-Protais, peints en grisaille sur deux panneaux; par Perrin, d'après les dessins d'Eustache Lesueur.

N°. 10. *Idem.*

La fuite de la Vierge en Egypte, peinte aussi en grisaille; par le même, d'après Lesueur.

N°. 11. *Idem.*

Deux panneaux arabesques, exécutés en grisaille; par le même artiste, d'après Lesueur.

N°. 12.

Des Feuillans.

Dom Jean de la Barriere, fondateur du couvent de Feuillans, rue Honoré, tenant chapitre; par Sempy, d'après Elye.

N°. 13. *Idem.*

L'exposition d'une Relique aux fideles; par les mêmes.

N°. 14. *Idem.*

L'emprisonnement de dom Jean de la Barriere; par les mêmes.

N°. 15. *Idem.*

L'entrée d'Henri IV dans Paris; par les mêmes.

TROISIEME PARTIE.

TRAITÉ HISTORIQUE
DE LA PEINTURE
SUR VERRE.

TRAITÉ HISTORIQUE
DE LA PEINTURE
SUR VERRE.

L'ART de la verrerie date de la plus haute antiquité. Pline dit que cet art fut trouvé en Phénicie; mais rien n'autorise à le croire, puisque ces peuples ne nous ont laissé aucun monument qui puisse constater qu'ils sont les auteurs de cette découverte importante. Il n'en est pas de même des Egyptiens, dont nous voyons dans les cabinets des curieux des objets d'art en verre, comme statues en porcelaine, ustensiles propres au culte, et surtout des plaques d'émaux, dont ils ornaient les bandelettes de leurs morts, comme on en trouve à l'entour de leurs momies.

Nous ne connaissons des Grecs aucun monument de verrerie : cependant les historiens s'accordent à dire, qu'indépendamment des faisceaux (1) de verre aux usages domestiques, ils en avaient qui servaient à décorer leurs demeures, et que les bibliotheques renfermaient entr'autres objets d'instruction, des spheres, et des globes célestes en verre.

Les monumens de verrerie que les Romains nous ont laissés ne sont pas aussi précieux; mais la multitude énorme des vaisseaux de verre en

---

(1) Ces faisceaux étaient composés de plusieurs tubes coulés, que l'on réunissait au feu, et qu'après en avoir formé une masse, on sciait à volonté en façon de tranche, soit pour faire des vitres, soit pour d'autres objets.

différens genres, surtout de lacrymatoires, d'urnes cinéraires, et autres objets semblables, ne nous laissent aucun doute sur leurs connaissances dans cette partie. La régularité qu'ils mettaient, non-seulement dans les formes, mais encore dans les épaisseurs, annonce dans les procédés qu'ils employaient des moyens qui nous sont inconnus. Leurs vaisseaux d'airain, quoique grands, sont aussi d'une délicatesse étonnante; ce qui autoriserait à croire, que dans l'art de mouler ils avaient plus de talent que nous.

Quant à l'art des vitraux ou de former des verres plats, soit en table ou autrement, on a long-tems douté qu'ils en eussent; et s'ils en ont eu, rien ne prouve qu'ils en aient fait le même usage que nous; car tout le monde sait que les Romains aisés, pour se mettre à l'abri des injures de l'air, se servaient à leurs croisées de pierres semi-transparentes, telles que l'albâtre en plaque mince, ou de feuilles de mica. Dans les ruines d'Herculanum, aucune des croisées ne s'est trouvée garnie de verre en plaque.

Cependant le savant Caylus, dans son recueil d'antiquités, donne la description de verres romains, plus curieux dans leur genre que s'ils eussent été pris à des croisées, quoiqu'ils fussent plats. Un entr'autres était composé de zônes coloriées comme par assortiment. A une bande bleue succédaient des bandes de vert d'émeraude, de jaune, de bleu turquin, de blanc de lait et violet ou pourpre (1).

―――――――――

(1) Je citerai pour exemple le moyen dont se servent les lapidaires pour donner du feu ou des teintes coloriées à leurs pierres; ils y insinuent, en les montant, des plaques rouges, noires, jaunes ou d'argent.

Ces couleurs ne tiraient leur effet que du corps opaque qui était dessous ; car la couleur verte avait pour base le jaune, et le blanc en servait au bleu. Ce morceau de verre pouvait être vu dans les deux sens.

Les Romains avaient encore des morceaux de verre plus étonnans, qui ressemblaient à des tranches coupées, à des faisceaux de baguettes d'émaux transparens, réunis en vitraux par un gluten.

Nous connaissons de ces peuples, des verres coloriés unis, qui recelaient aussi des matieres vitrifiées qu'ils disséminaient de différentes manieres pour les employer. Tant de variétés dans ces morceaux de verres déterminerent Caylus, conjointement avec le citoyen Majault, (actuellement encore médecin à l'hospice de l'Humanité) qu'il avait associé à ses travaux chimiques, à faire des expériences aussi curieuses qu'intéressantes, qui leur donnerent des résultats semblables aux verres romains.

Le savant Winckelmann, dans ses remarques sur l'architecture des anciens, rapporte, d'après Philon et Lactance, que sous les empereurs Romains, les vitraux aux maisons étaient connus, et que dans Herculanum, il s'est trouvé des verres plats, sans entrer dans aucuns détails qui annonçassent qu'ils étaient fixés à des chassis, ou montés sur quelque meuble.

Il rapporte que chez le cardinal Albani, on voit un dessin, que l'on dit antique, et auquel il n'ajoute pas foi, qui représente des édifices romains avec des fenêtres à vitrage.

Samuel Pitiscus, dans son dictionnaire, *Lexicon*

Antiquitatum Romanarum, ne parle en aucune façon des vitres ou vitraux romains, mais seulement des plaques d'albâtre transparent qui donnaient un jour doux, qui, selon moi, devait ressembler à celui que procurerait des glaces doucies des deux côtés.

L'auteur qui parle avec le plus de précision sur le verre plat des Romains, sans cependant croire qu'ils en fissent pour leurs fenêtres le même usage que nous, c'est Boze, à qui feu Souflot, à son retour d'Italie, en avait donné un morceau qui venait d'Herculanum, qui avait près de trois lignes d'épaisseur. Il était bien étendu, fort transparent, d'une couleur approchant du vert, et qui avait évidemment été soufflé, puisque 3 cueilles (1) y étaient très-sensibles.

Tout le monde sait que le gendre de Sylla, Marcus Scaurus, pendant son édilité, avait fait construire à Rome un théâtre d'une magnificence extraordinaire, dont le second étage de la scene était incrusté de verre.

Les Romains tiraient aussi de Sidon du verre noir comme du jayet, qu'ils scellaient dans les murs de leurs chambres.

Pline dit en termes formels, que les anciens avaient le talent de peindre le verre de différentes couleurs, et d'imiter les pierres précieuses.

Néanmoins l'usage des vitres est beaucoup postérieur à la découverte du verre, et long-tems nos ayeux ne reçurent le jour que par des ouvertures

---

(1) Les cueilles sont des especes de creux ou matrices qui servent à placer un outil propre à retirer des creux, les objets moulés.

qui n'étaient défendues des injures de l'air que par des volets de bois, ensuite par des châssis garnis de cannevas, de papier, etc.

Ce qui fait qu'on ne peut reconnaître pour le moment les verres blancs qui doivent dater de la plus haute antiquité, c'est que l'œil ne peut appercevoir la différence d'un verre blanc de quelques siecles d'avec un verre blanc de quelques années.

Les vitraux peints sont plus faciles à reconnaître, soit par les costumes qu'ils offrent, les légendes gothiques qui y sont tracées, les sujets qu'ils représentent, etc.

Mais en général, plus nous remontons dans les vitraux gothiques, et plus nous appercevons qu'ils étaient d'une très-petite étendue. Les grands monumens qui nous les ont transmis sont les châteaux, les palais et les églises. Je crois que dans ces derniers édifices, les vitraux, ainsi peints, étaient d'une nécessité absolue, non-seulement pour retracer à l'imagination les sujets du culte, conserver un air de mysticité; mais encore préserver de l'action du soleil, des êtres réunis en plein jour dans un lieu où ils restaient long-tems; et qui religieusement ne pouvaient être privés de cet astre bienfaisant; ce qui fût arrivé en y mettant, soit des volets, soit des rideaux.

Saint-Jérôme, qui vivait vers la fin du quatrieme siecle, est l'auteur le plus reculé qui parle de vitres dans ses œuvres.

Grégoire de Tours, qui vivait au sixieme siecle, dit, en parlant d'un parti de soldats ennemis qui entrerent dans l'église de Saint-Julien de Brioude, qu'ayant trouvé la porte fermée, un de ces soldats cassa le vitrage d'une fenêtre derriere l'autel, et étant entré par-là dans l'église, il alla ouvrir la porte aux autres.

Le poëte Fortunat, qui vivait vers la fin du sixieme siecle, dans une description poétique qu'il fit alors de l'église de Paris, aujourd'hui Notre-Dame, fait une description pompeuse des vitres peintes.

Dans la vie de Saint-Benoît, abbé de Wirmouth, monastere en Ecosse, où il mourut en 690, on apprend qu'ayant fait bâtir le couvent de cette abbaye, il vint en France chercher des ouvriers pour lui construire une église, et des verriers pour lui clôre en vitres son église et son cloître. Car, à cette époque, les manufactures à vitres n'étaient pas encore connues dans la Grande-Bretagne; Bede, disciple de Benoit, en parle aussi dans ses œuvres. Les plus anciens vitraux que nous ayons dans ce moment, avec certitude du tems où ils ont été faits, sont ceux décrits ci-après.

Vitraux de Saint-Denis, sous l'abbé Suger.

On voit à Saint-Denis, des vitraux que l'abbé Suger fit poser vers 1150. Ils sont en général petits, et la partie qui reçoit la lumiere se trouve adoucie et comme apprêtée à recevoir un dessin; mais ces vitraux, tout gothiques qu'ils sont, donnent toujours une idée de l'état du dessin, de la peinture et des arts. Nous n'avons aucune notion des artistes qui ont été employés à ces travaux par Suger. Déjà six siecles se sont écoulés depuis l'exécution de ces vitraux précieux, que des barbares voulaient détruire.

Ce n'est que par la renommée que nous connaissons en France les talens de Cimabué, premier peintre verrier, connu. Il vivait un siecle plus tard que les artistes dont je viens de parler. Quoique le mérite de Cimabué ne fût pas au-dessus de celui de nos artistes verriers, qui alors n'étaient que les disciples d'autres maîtres, ses contemporains ont cependant rendu justice à son mérite, et ont su transmettre à la postérité son nom et l'époque de sa naissance; tandis que chez nous, les jaloux et les intrigans étouffent souvent le vrai mérite, et ne laissent pas même à leurs compatriotes amis des arts, la douce satisfaction de tracer dans l'histoire leur nom ou ceux des artistes qui les ont instruits. Je cite à ce sujet, l'exemple de Jean Gougeon et de Germain Pilon, les plus habiles sculpteurs Français, vivant dans les siecles derniers. Ces artistes pourraient être réclamés par toutes les nations, car on ne sait, ni où ils sont nés, ni où ils sont morts; et sans les registres mortuaires des paroisses, on ne pourrait savoir la date de leurs décès. Heureusement que pour la chronologie des arts, il s'est trouvé une maniere, pour ainsi dire immortelle, de transmettre à la postérité, par la peinture, des faits historiques, des allégories, etc., qui nous sont parvenus aussi frais que sortant des mains des artistes, sans que le tems ait pu les atteindre, ou que des procédés souvent barbares, employés par des restaurateurs ignorans, les aient altérés.

Vitraux du Temple, par Albert Durer.

Les plus grands vitraux qui viennent de l'église du Temple, que j'ai réunis dans ce Musée, ne datent point de l'époque de cet édifice qui remonte vers 1160. Ils garnissaient vingt croisées de cette église qui, au premier coup-d'œil, inspirait le respect.

Les vitraux dont je parle sont composés et peints par Albert Durer, fondateur de l'école allemande ; ils sont intéressans sous bien des rapports, et représentent les sujets les plus frappans de la vie du Christ, commençant depuis sa naissance, en le suivant jusqu'au tombeau. L'ordonnance en est grande, les compositions bien pensées, et les développemens sont riches. Albert Durer, né coloriste, y a répandu beaucoup de chaleur et de vivacité. Les couleurs en sont belles et vigoureuses, le dessin correct, et l'architecture d'un bon genre. La fabrique dans sa partie y offre une curiosité rare, c'est la grandeur des pieces. Ces monumens immortels pour Albert Durer annoncent que le gothicisme alors commençait à s'éloigner de la France.

Ils ont de remarquable que le verre en étant épais, et que l'artiste, ayant voulu rendre sensible la prunelle de ses personnages, a fait creuser à l'outil et user avec le foret cette partie de l'œil. Cette méthode a été exécutée plusieurs fois, comme nous le verrons par la suite.

Vitraux de Sainte-Marie Egyptienne, vulgairement la Jussienne.

Les vitraux de la chapelle dite de Marie-Egyptienne, fondée vers 1250, sont d'un bon dessin, mais infiniment plus gothiques que les derniers. Ils ont beaucoup souffert, soit par les grêles, soit par vétusté. Le peu que j'ai réuni dans ce

Musée est curieux à conserver pour la partie chronologique de cet art. Sur un de ces vitraux, était représenté un trait assez piquant de la vie de cette sainte : c'est le moment où elle se prostitue à un batelier, pour payer son passage ; dette qu'elle ne pouvait acquitter, vu sa grande pauvreté. Ce panneau était un des plus curieux, digne même d'un Muséum, par rapport au sujet qui donnait une idée exacte des mœurs du tems ; mais en 1660, un curé de Saint-Eustache le fit enlever ; on ignore ce qu'il est devenu.

Vitraux des Célestins.

Les vitraux de la maison dite des Célestins, construite vers 1390, sont de différentes mains et de différentes époques ; ce qui annonce qu'après avoir essuyé des dégradations, ils ont été refaits entièrement. Les plus anciens de ce temple sont deux portraits peints, dans la proportion de 18 pouces : l'un représentant le roi Jean, et l'autre Charles VI.

Ces deux vitraux, exécutés du tems de Charles VI, sont précieux pour le costume : puis après viennent ceux de la chapelle d'Orléans : toute cette famille y est représentée en pied. On y voit aussi François Ier, Henri II, Charles IX, etc. etc. L'exécution en est attribuée à Bernard Van Orlay, né à Bruxelles, et qui florissait en 1535. Charles-Quint, protecteur de ses talens, le fit surintendant des peintures et tapisseries de ses Etats. Ces vitraux offrent des difficultés vaincues bien singuliérement. Dans un ornement où l'artiste avait besoin d'une draperie bleue, semée de fleurs-de-lys, il s'est servi d'un verre, non pas bleu dans sa pâte, mais seulement bleu sur les deux faces, puis il a fait creuser dans son verre des fleurs-de-lys qu'il a peintes en jaune, et après cette opération, il a ombré le tout comme il convenait. Ils ont été détruits en partie.

Jean Cousin a peint pour ce monastere un vitrail, représentant un calvaire, dont j'ai recueilli quelques débris : ce qui en reste fait regretter ce qui a été détruit ; le dessin en est fier et vigoureux, la couleur belle et l'ajustement d'un grand style : on apperçoit aisément que ce maître était nourri des productions de Raphaël.

Vitraux de la Sainte-Chapelle de Vincennes.

Les plus beaux monumens de ce genre qui soient en France, sont les vitraux que Jean Cousin a peints dans la chapelle de Vincennes. J'ai long-tems sollicité leur déplacement pour les préserver des dégradations auxquelles ils ont été livrés depuis plusieurs années. Le ministre Benezech, dont le zele et l'amour pour les arts sont reconnus, m'a autorisé à les réunir dans le Musée que je dirige, pour completter une collection précieuse à la chimie et à l'histoire de l'art du dessin. Plusieurs de ces vitraux ont été totalement abîmés par la grêle ; ils représentaient divers passages de l'Apocalypse. Ceux qui sont conservés sont au nombre de sept. Les deux plus beaux étaient dans le sanctuaire ; la composition en est vigoureuse, elle représente la chûte du monde ou les approches du jugement dernier : la terre est ébranlée ; des flammes soulevent les flots de la mer roulant des malheureux qui cherchent à combattre la mort qui veut les frapper. Des anges au milieu des éclairs sonnent la trompette universelle. Ces contrastes sont frappans et touchent l'ame du spectateur. Chacun des sujets est divisé par des encadremens peints en grisailles, formant des voûtes de façon à donner de la fuite aux sujets. On voit dans les angles du haut, les chiffres d'Henri II et de Diane de Poitiers, et dans le bas des grouppes de trophées de guerre, ornés de salamandres. Les vitraux de la nef ont la même distribution; ils représentent les portraits en pied de François Ier et de Henri II, de grandeur naturelle. Plusieurs ont été très-dégradés par les passans qui y lançaient des pierres, etc. Au bas de l'un des deux, on voit la Vierge ayant l'enfant Jésus sur ses genoux.

Ces peintures sont sublimes; elles ont plutôt l'air d'être exécutées sur la toile que sur le verre. Jean Cousin y a réuni et employé toutes les ressources de son art. Son dessin semble être celui de Jules Romain; sa couleur et son faire, celui du Correge.

Une fausse tradition annonçait que Jean Cousin avait exécuté ces peintures sur des cartons de Jules Romain; c'est une erreur accréditée par des gens qui ne savent pas trouver dans les ouvrages des grands maîtres, ces traits fins de sensibilité qui les caractérisent, à n'en pas douter. Je suis heureux de combattre un bruit suscité, peut-être du tems même de l'auteur, par la jalousie des artistes ses contemporains, et que depuis, l'ignorance ou l'indifférence des artistes a laissé parvenir jusqu'à nous. C'est une palme de plus que j'ai l'orgueil d'attacher à la gloire de Jean Cousin.

On voyait dans la sacristie un vitrail de cet

auteur, représentant l'Annonciation, que j'ai recueilli.

Vitraux de Passy.

Les vitraux des Minimes de Passy datent du tems de Louis XII. Le peintre a représenté Anne de Bretagne dans plusieurs de ses tableaux. Plusieurs artistes verriers ont travaillé dans différentes parties de cette maison. Les plus beaux et les plus remarquables sont ceux qui étaient placés dans l'église : aussi ont-ils été les plus maltraités. Depuis le départ des religieux, les passans se faisaient un plaisir de lancer des pierres dans ces chefs-d'œuvre. Je ne puis leur assigner un auteur ; mais correction de dessin, grand style et belle couleur, tout annonce qu'ils ont été exécutés sur les cartons d'un artiste Italien.

Ceux du réfectoire paraissent avoir été exécutés antérieurement à ceux dont je viens de parler : le caractere du dessin et les idées libres que l'auteur s'est permis d'exécuter, tout m'autorise à l'affirmer ; aussi ont-ils été plus ménagés.

Le cloître était orné de vitraux précieux ; il n'en est pas resté le moindre vestige : comme ils étaient placés à hauteur d'homme, les ignorans ont eu peu de fatigue à les briser. Ceux du cloître des Chartreux de Paris ont éprouvé le même sort.

Les mutilations commises sur les monumens des arts ont été affreuses Je citerai pour exemple les destructions exercées avec acharnement dans la ci-devant abbaye de Saint Denis, que dix siecles avaient enrichie des plus belles productions de l'art.

l'art. Tout y est ravagé, malgré les sollicitudes de la Commission des arts, qui, à plusieurs reprises, y a envoyé des commissaires conservateurs. Pour arracher les grilles, on a brisé sans ressources les marbres précieux du sanctuaire : des balustrades en vert de mer ; de grands panneaux en *grand antique*, marbre extrêmement rare ; / le sarcophage de Dagobert, en lumachelle, a été réduit en petits morceaux ; j'ai eu soin d'en réunir les débris, et dans ce moment je le fais restaurer: (voyez le n°. 5) plus de 30 dalles de marbre noir de 8 pieds et demi, sur 5 pieds de large, ont été réduites en plus de 40 morceaux, des pavés mosaïques, exécutés dans le douzieme siecle, ont été arrachés. Voyez leur description, n°. 429. Ces barbares n'ont-ils pas voulu détruire les vitraux antiques, pour en retirer environ 600 livres de plomb (1), soi-disant pour faire des balles ? Enfin, la faulx du tems, qui toujours travaille pendant vingt siecles, n'aurait pas détruit ce que six mois de barbarie ont perdu. La Commission des arts, à qui la postérité devra beaucoup, a heureusement porté sur-le-champ sa main préservatrice sur ces vitraux, les plus anciens que nous connaissons.

---

(1) En 1527, lors du sac de Rome, par le connétable de Bourbon, les vitraux, peints au Vatican, environ quinze ans auparavant, par Claude, peintre sur verre, furent brisés pour faire des balles de mousquet. Ce sont les propres termes de l'auteur de l'*Abecedario Pittorico*, article CLAUDE, page 118.

Mà la disgrazia del sacco di Roma porto che fussero infracti i vetri dalli nemici per levare il piombo da formare balle da moschetto.

A Montmorency, même dégradation, etc. etc. Le tombeau d'Anne de Montmorency, par Prieur, et les quatre colonnes de brêche verte antique ont été heureusement respectées.

Sous François Ier, beaucoup de châteaux et de temples ont été achevés, et des beautés sans nombre dans leurs vitraux, tels que ceux de Saint-Victor, où se voyait l'histoire de l'Enfant-Prodigue, ceux de Saint-Lazare, et autres peints par Robert Pinaigrier. Ces monumens n'existent plus.

Vitraux d'Ecouën.

Les vitraux du château d'Ecouën, qui représentent l'histoire de Psyché, exécutés en 1545, en grisaille, d'après les cartons de Raphaël, sont au nombre de trente; j'en ai exposé 22 parties dans les galeries. Les compositions en sont agréables, savantes, et portent un grand style dans le dessin; l'exécution n'en a pas été extrêmement soignée, les couleurs à la cuisson se sont trop étendues, ce qui donne de la rondeur au dessin, et le denue de ses finesses.

Ces morceaux ont aussi souffert des mutilations et des dégradations. Voici un fait : un vitrier d'Ecouën, voulant les nettoyer, les frotta avec du grais en poudre, et enleva par ce moyen toutes les demi-teintes, et laissa de grandes parties de verre à nu. Cette peinture seulement fixée sur le verre, et non y incorporée, n'a pu résister à ce genre de frottement. Il en est de même pour les tableaux précieux qui tombent dans les mains des restaurateurs ignorans.

Les vitraux de la chapelle d'Ecouën, que j'ai également recueillis, sont beaucoup plus soignés et mieux conservés. Deux panneaux en forment la collection : ils ont été exécutés d'après le Primatice, et représentent la Nativité du Christ et sa Circoncision. Les compositions en sont belles, riches, et les airs de tête fort gracieux. Ils sont postérieurs de quelques années, à ceux ci-dessus cités. Je les ai placés dans la salle du 16e. siecle.

Pinaigrier, dont j'ai parlé plus haut, a peint beaucoup de vitraux à Paris : les principaux étaient à Saint-Jacques-la-Boucherie, à Saint Etienne-du-Mont, à la Magdeleine et à Sainte-Croix en la Cité ; ceux-ci, malgré mes observations, ont été détruits. Il avait aussi peint ceux de Saint-Méry et de Saint-Barthélemi.

L'histoire dit que Lebrun et Mignard allaient admirer à Saint-Médard, (je ne sais dans quelle chapelle) d'anciens vitraux pour la correction de leurs dessins et la pureté de leur style.

Vitraux de Saint-Gervais.

Les vitraux de ce temple sont précieux : trois artistes fameux y ont laissé de leurs productions. Jean Cousin a peint en 1587, les vitraux du chœur ; les plus beaux sont le martyre de Saint-Laurent, la Samaritaine conversant avec le Christ, et le Paralytique. Un de ces vitraux a été détruit.

Les autres vitraux moins précieux, sont de Pinaigrier, ci-dessus cité ; ils n'ont rien de piquant, et sont encore sur place, ainsi que ceux de Jean Cousin. Pinaigrier a peint dans la cathédrale de

Chartres plusieurs vitraux, signés de 1527 et de 1530.

Lesueur, employé à la décoration d'une des chapelles du temple, dit Saint-Gervais, dont on remarque un tableau, représentant le Christ porté au tombeau, (tableau que j'ai fait restaurer) qui maintenant est au Muséum, a fait peindre sur ses dessins en 1651, par Perrin, trois panneaux, représentant le martyre de Saint-Gervais, celui de Saint-Protais, et une fuite en Egypte. Ils ont été exécutés en grisaille. Ces trois morceaux ornés d'arabesques du même auteur, ont été réunis par mes soins dans ce Musée.

Vitraux de Saint-Paul.

Les vitraux du temple de Saint-Paul remontent vers 1430. On en voit un assez curieux d'un nommé Herron, représentant Adam et Eve; son exécution est un peu gothique.

Ceux des Charniers, maintenant réunis au Musée, ont été peints d'abord par Robert Pinaigrier, et ses fils Jean, Nicolas et Louis; par Desaugives ou Percher, Perrier et d'autres, auxquels Vignon, le pere, avait fourni les dessins, tels que ceux que l'on voyait à l'Ave-Maria, et dans d'autres temples.

Vitraux de Saint-Etienne-du-Mont.

Les vitraux de Saint-Etienne-du-Mont, peints par Robert Pinaigrier, offrent une des plus riches collections qui soit sortie de son pinceau. Ils ont été sauvés de la barbarie.

Vitraux des Feuillans.

Les tableaux qui étaient placés au centre des vitraux du cloître des Feuillans, rue Honoré, représentent des sujets de la vie de Jean de la Barriere; les plus beaux, au nombre de douze, ont été faits par Benoît Michu, en 1706, sur les dessins de Mathieu Elye, peintre flamand. Les autres sont médiocres, tant pour l'exécution que pour l'invention. Les cadres datent de 1711, et ne sont pas d'une main aussi habile. Tous sont au Musée ; ils n'ont éprouvé que de légeres mutilations, à l'exception des bordures qui ont été brisées. Le portrait d'Henri IV, qui y était représenté en pied en habit de cour, a été dérobé.

Vitraux de la chapelle de Versailles.

Les vitraux de la chapelle de Versailles sont à-peu-près du même tems, et présentent la même exécution.

Vitraux du parc de Versailles.

En 1740, sous Gabriel, architecte, Desosier, peintre sur verre, exécuta dans le parc de Versailles, sur les vitres du bosquet, dit du Dauphin, plusieurs sujets et emblêmes analogues à ce bosquet.

Vitraux de Notre-Dame.

En 1726, la rose du temple de Notre-Dame,

du côté de l'archevêché, fut construite à neuf, ainsi que ses vitraux. En 1781, on en fit autant à la rose au-dessus de l'orgue. Les deux plus belles que l'on puisse voir pour la variété des couleurs, sont celles de l'abbaye de Saint-Denis. Elles sont émaillées des plus vives couleurs.

En 1755, les deux freres, Pierre et Jean Levieil, peintres en verre, et vitriers de Paris, ont refait dans Notre-Dame les vitraux ornés de peintures, qui sont du côté du midi. Un de ces artistes a publié un ouvrage sur l'art de la peinture sur verre.

De la pratique de la peinture sur verre.

Si l'on voulait à présent exécuter des vitraux comme on en faisait autrefois, on y parviendrait très-aisément ; car les substances dont on se sert pour peindre l'émail, sont absolument les mêmes, à l'exception cependant que les teintes doivent être plus fortes ; que toujours dans les endroits ombrés on est obligé de peindre le verre de deux côtés, tels que pour les barbes, les cheveux, et les draperies foncées, ainsi qu'on sera à même de le vérifier sur les vitraux que j'ai mis en évidence dans le Musée que je dirige.

Voici la maniere d'exécuter de grands ouvrages de peinture sur verre.

On commence par tracer le dessin général sur des cartons assemblés de la même grandeur que doit être le tableau. Ensuite on partage les cartons en autant de parties qu'il doit y avoir de pieces de verre, et on leur donne précisément la même forme. On met sur chaque piece de carton un numéro que l'on répete sur le verre. On applique la piece de verre blanc, si c'est pour des carnations, ou coloriée, si c'est pour des vêtemens, sur la partie du dessin que l'on veut représenter, puis on trace avec le pinceau les contours et les ombres qu'on apperçoit à travers le verre. Le tout étant terminé, on le passe au four, pour que le feu, en les faisant rougir, parfonde les couleurs et les rende inaltérables à toute espece d'agent.

Les matieres qui entrent ordinairement pour colorier les grands carreaux de verre, et qu'on jette dans leurs creusets avant de les en retirer, sont toutes tirées du regne métallique.

Le cobalt sert pour le bleu.

Les différentes nuances de rouge, de brun, de brun-marron, se font avec des chaux de fer portées à différens degrés.

Le brun-rouge se fait aussi avec de la chaux de cuivre, obtenue lorsque les chaudronniers, pour des travaux quelconques plongent des barres de cuivre rouge dans l'eau.

Le vert s'obtient aussi du cuivre dissous par des acides végétaux, ou dissous par d'autres acides, mais précipités par de l'alkali fixe.

Les verres de couleur pourpre se font avec de la chaux d'or. Un grain d'or colore vivement quatre cents parties de verre.

Les chaux d'argent sont aussi teignantes, et donnent le jaune, qui se fait aussi avec de la chaux de plomb unie à de l'antimoine.

Le violet s'obtient d'une substance minérale appelée manganèse.

Les verres ainsi préparés, reçoivent de l'artiste le dessin des cartons, les ombres, les demi-teintes, puis on repasse le tout au feu (1).

---

(1) Le citoyen Ledru fils, chimiste distingué, a obtenu d'après cette pratique, des résultats très-satisfesans.

F I N.

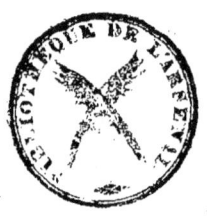

De l'Imprimerie du citoyen AGASSE, rue des Poitevins, n°. 13.

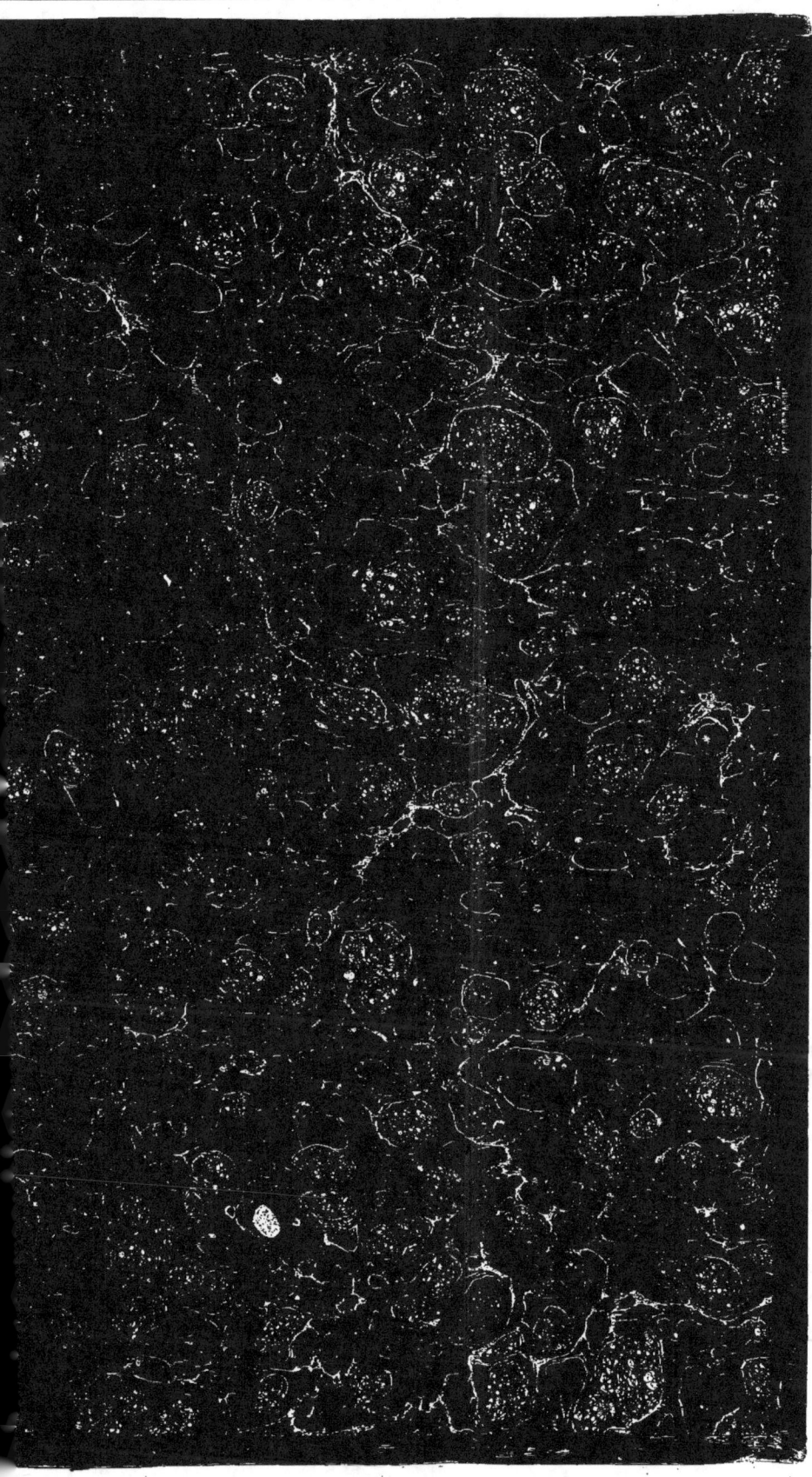

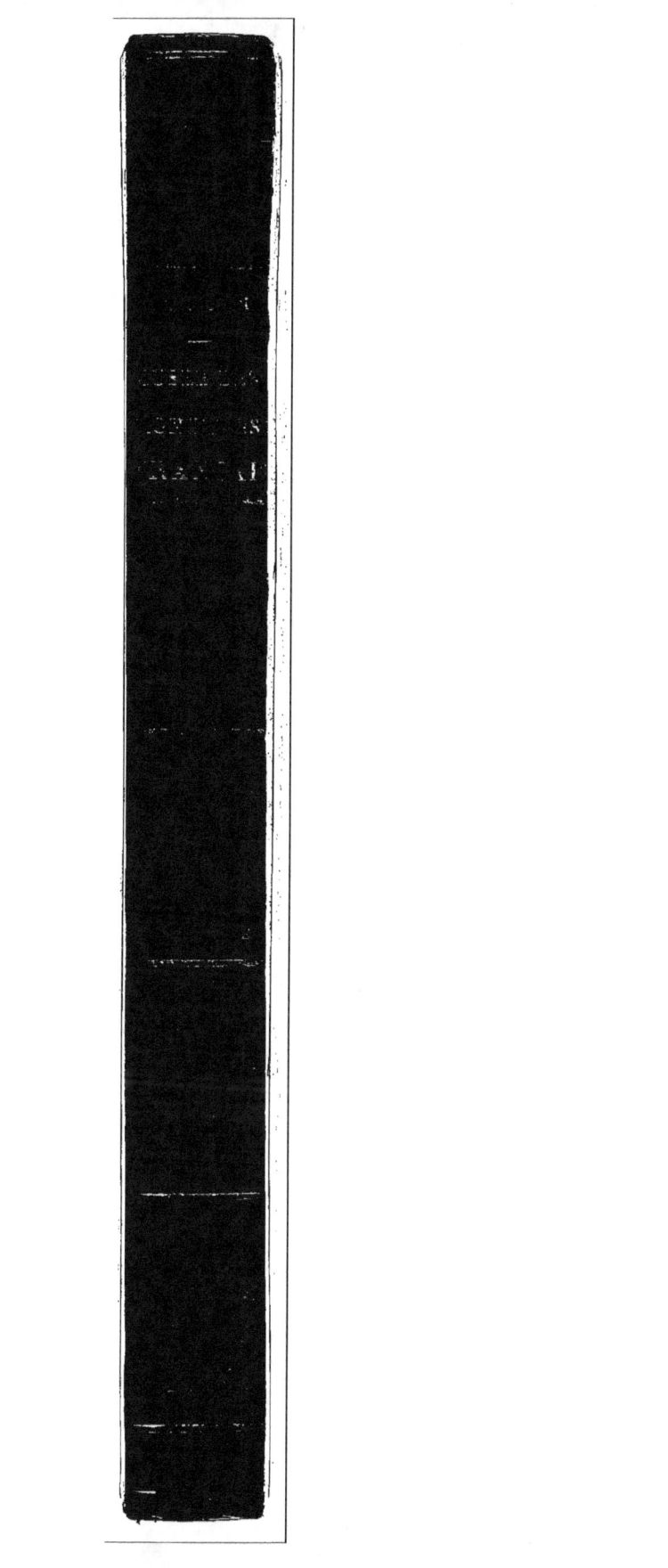

 www.ingramcontent.com/pod-product-compliance
Lightning Source LLC
Chambersburg PA
CBHW052234220526
45471CB00001B/46

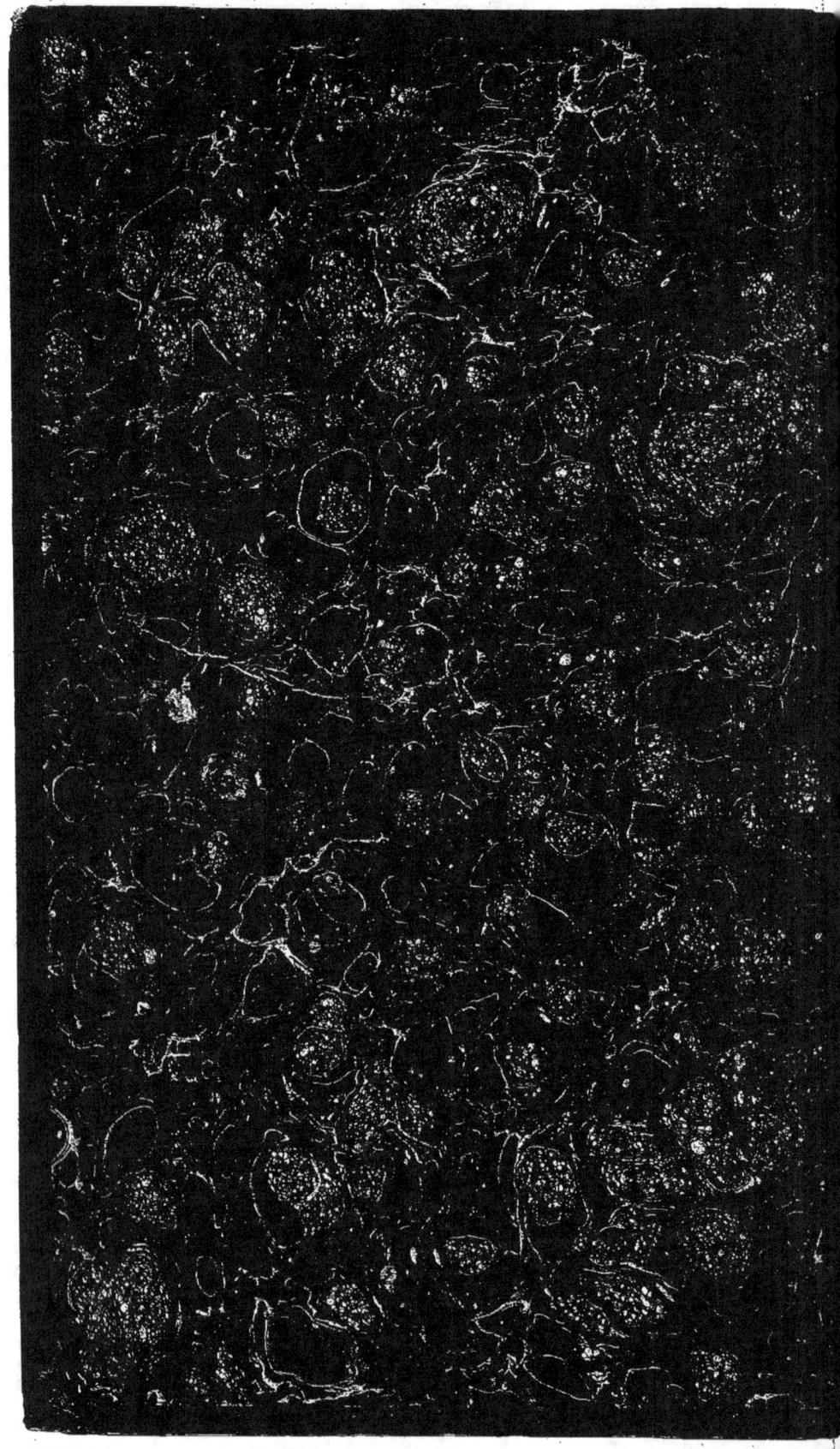

15927.
H.